악녀의 세계사

엮은이 김향 / 작가이자 전문 번역가. 옮긴 책으로 《하늘의 과학사》《인류의 출현과 고대의 지혜》《멋지다 다나카》 《고대의 여행 이야기》《여중생의 요절복통 과학실험》등 다수가 있으며, 저서 및 편저서로 《한국의 성지순례》등이 있다.

악녀의 세계사

초판 1쇄 펴낸 날 1991. 9. 5
증보판 1쇄 펴낸 날 2000. 5. 20
증보판 6쇄 펴낸 날 2010. 8. 27

엮은이	김향
발행인	홍정우
발행처	도서출판 가람기획
등록	제17-241(2007. 3. 17)
주소	(121-841)서울시 마포구 서교동 465-11 동진빌딩 3층
전화	(02)3275-2915~7
팩스	(02)3275-2918
이메일	garam815@chol.com

ⓒ 김향, 1991
ISBN 978-89-8435-036-6(03900)

값은 뒤표지에 있습니다.
잘못 만들어진 책은 구입하신 서점에서 바꾸어 드립니다.

증보판

세계사 속의 맹렬여성, '악녀'를 통해 보는 세계사

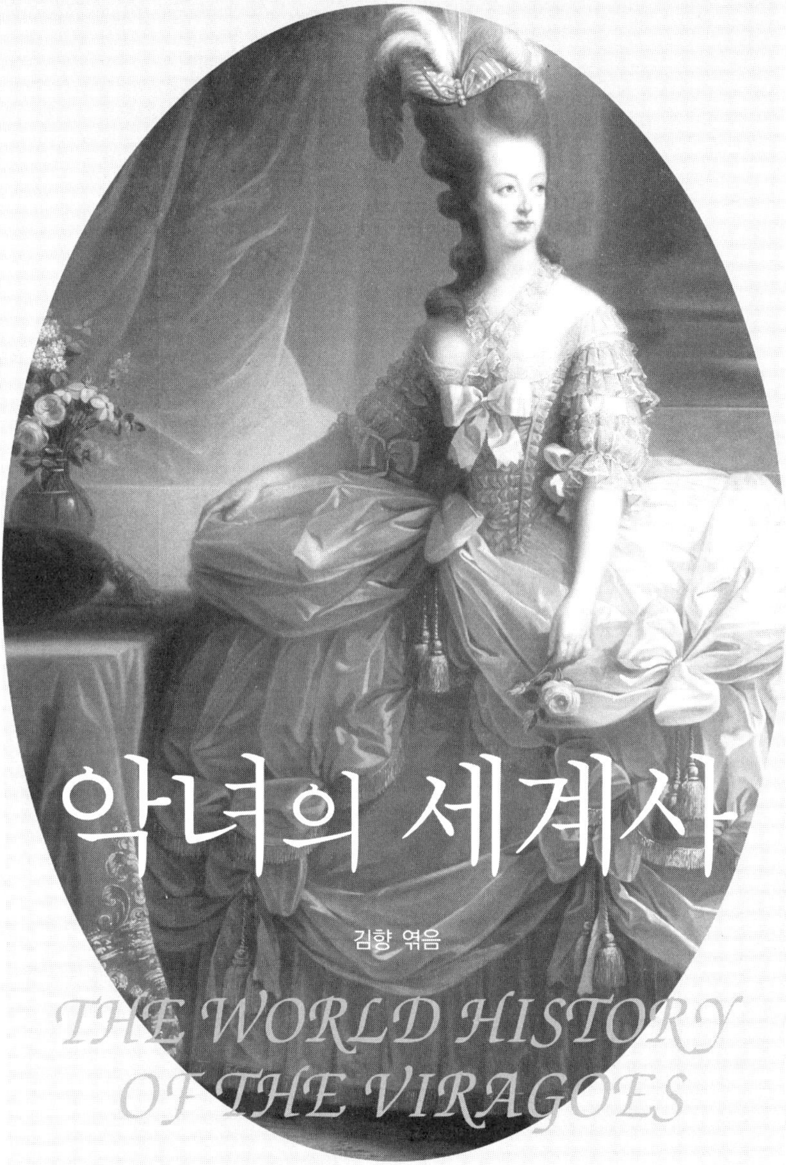

악녀의 세계사

김향 엮음

THE WORLD HISTORY OF THE VIRAGOES

가람기획

글머리에

역사의 흥망성쇠를 이야기하려면 우리는 흔히 그것을 주도해 간 영웅호걸들의 이야기를 먼저 풀어나가게 마련이다. 하지만 역사는 그러한 남자들만이 이루어냈던 것은 아니다. 그 뒤에는 항상 여자가 있었다. 이를 일컬어 흔히 '남자는 세계를 움직이고, 여자는 남자를 움직인다'고 이야기한다.

나라가 기울고 집안이 망하는 그 배후에는 종종 아름답고 무시무시한 여자들이 도사리고 있는 예들을 우리는 정사正史나 야사野史 속에서 드물지 않게 찾아볼 수 있다. 그런가 하면 평범한 인물을 영웅으로 만들고, 위기에 처한 나라를 구하는 데 큰 몫을 해낸 지혜롭고 용감한 여자들 또한 적지 않음을 알 수 있다.

이 책에는 그러한 여인들을 통칭하여 '악녀惡女'라 부르고 있다. 악녀란 사전적인 의미에서만 본다면 '성품이 나쁜 여자' 혹은 '용모가 흉악한 여자'를 뜻한다. 그러나 이 책에서 말하는 '악녀'의 테두리 안에는 그러한 악녀뿐 아니라, '하나의 목표를 성취하기 위해 맹렬하고 치열한 삶을 산 여자'를 모두 넣었다. 추구하는 그 목적이 선한 '악녀'가 있는 반면, 그 목적이 악한, 말 그대로의 악녀도 얼마든지 있다.

이 책에 수록된 42명의 악녀들은 하나같이 극적이고 기이한 삶을 살아낸 맹렬여성들로서, 가히 한 시대의 역사를 소용돌이치게 한 장본인들이라 할 수 있다. 이들의 탐욕과 기이한 행적은, 작게는 자신과 남자를 파멸시키고, 크게는 한 나라를 패망의 구렁텅이 속으로 몰아넣기도 했다.

반면에 빛나는 지혜와 삶에 대한 뜨거운 열정으로 남자를 리드해 갔던 '악녀'들도 적지 않았다.

이 책은 그 선악을 떠나 역사 속에 깊은 자국을 남긴 '악녀'들— 정열과 사랑, 잔혹과 음란, 야망과 탐욕의 화신들인 맹렬여성들이 엮어낸 또 하나의 세계사라고 할 수 있다.

끝으로 이 책은 1991년에 출간된 「세상을 뒤흔든 악녀들」이란 제목의 책을 새롭게 꾸며서 증보판으로 재출간한 것임을 밝힌다.

2000. 5월에
엮은이 씀

차례 악녀의 세계사

글머리에 ········ 4

달기 / 은왕조를 멸망시킨 악녀 ········ 9
하희 / '흡정도기' 방중술의 달인 ········ 15
여희 / 진나라 헌공의 오랑캐 출신 왕비 ········ 23
서시 / 중국 춘추시대 월나라의 미인 ········ 31
크산티페 / 철학자 소크라테스의 아내 ········ 37
맹모 / '맹모삼천'을 감행한 맹자의 어머니 ········ 45
주희 / 진시황의 어머니가 된 기녀 ········ 53
여태후 / 중국 역사상 최악의 잔혹녀 ········ 61
클레오파트라 / '나일 강의 마녀'라 불린 고대 이집트의 여왕 ········ 69
맹광 / 미녀가 갖지 못한 것을 가진 추녀 ········ 77
아그리피나 / 폭군 네로의 어머니 ········ 85
프레데군트 / 네우스트리아의 힐페리히 1세의 계비 ········ 93
하간의 여인 / 당나라 때의 희대의 음부 ········ 101
측천무후 / 공포정치로 대제국을 이끌었던 여걸 ········ 109
양귀비 / '경국지색'이라 일컬어진 절세미인 ········ 117
구스코 / 일본 헤이제이 천황의 후궁 ········ 125
이황후 / 관상대로 국모가 된 요부 ········ 131
원경왕후 민씨 / 조선조 3대 임금 방원의 아내 ········ 139
세자빈 봉씨 / 조선조 5대 임금 문종의 세자빈 ········ 147
만귀비 / 명나라 헌종의 후궁 ········ 153
루크레티아 / 음란·잔학으로 유명한 보르자 가의 여자 ········ 161

THE WORLD HISTORY OF THE VIRAGOES

문정왕후 윤비 / 조선조 11대 임금 중종의 세번째 비·········169
황진이 / 지족선사를 파계시킨 풍류 기생·········175
카트린 드 메디시스 / 프랑스 왕 앙리 2세의 왕비·········181
메리 스튜어트 / 스코틀랜드의 여왕·········189
엘리자베트 바토리 / 체이테 성의 잔혹한 악마·········197
브랑빌리에 후작부인 / 아버지·형제·남편을 독살시킨 독부·········205
마리 앙투아네트 / 베르사유의 장미로 잘 알려진 프랑스의 왕비·········213
마리아 안나 / 작곡가 하이든의 아내·········225
콘스탄체 / 모차르트의 아내·········231
베르니 부인 / 프랑스 문호 발자크의 연인·········237
조르주 상드 / 피아노의 시인 쇼팽의 연인·········243
나탈리야 / 러시아의 대문호 푸슈킨의 아내·········249
예니 베스트팔렌 마르크스 / 카를 마르크스의 아내·········255
클라라 비크 슈만 / 작곡가 슈만의 아내·········263
서태후 / 청나라의 근대화를 좌절시킨 여걸·········273
소피아 / 대문호 톨스토이의 아내·········281
명성황후 민비 / 조선조 고종황제의 황후·········287
루 살로메 / 라이너 마리아 릴케의 연인·········297
박마리아 / 퍼스트레이디를 꿈꾼 시골 소녀·········305
에바 페론 / 아르헨티나 노동자의 어머니·········315
이멜다 마르코스 / 필리핀의 독재자 마르코스의 아내·········321

찾아보기······328

달기妲己
— 은왕조를 멸망시킨 악녀

> 달기 자신은 악녀도, 독부도 아닌 그저 절세의 미인에 불과했으나, 포악한 주왕 탓에 악녀로 화했다고 볼 수도 있다.

은 나라의 주왕紂王이 유소씨有蘇氏의 나라를 공격했을 때, 유소씨는 항복의 징표로 자신의 딸을 주왕에게 바쳤다. 그녀가 바로 달기다.

"주왕은 본래 범용한 천자天子가 아니며, 아둔한 천자도 아니었다"고 〈사기〉는 기록하고 있다. 지혜가 넉넉하여 사람들의 꾸민 소리들을 물리칠 줄 알았으며, 변설이 능하여 자신의 비행을 그럴듯하게 꾸밀 줄도 알았다. 또한 힘이 다른 사람의 곱절은 강하여, 맹수를 맨손으로 때려잡았다는 이야기도 전한다.

그는 사치를 몹시 좋아했다. 처음 상아 젓가락을 사용했을 때, 주왕의 숙부이자 현인으로 널리 알려진 기자箕子가 개탄하며 이렇게 말했다.

"왕은 상아로 젓가락을 만들었다. 다음에는 보석으로 밥그릇을 만들 것이다. 상아 젓가락과 보석 밥그릇이 일상의 식기로 쓰인다면 거기에 담는 음식 또한 그와 걸맞는 것이 아니면 만족할 줄 모르게 될 것이다. 의복이나 집 또한 이와 마찬가지여서, 이윽고 금의를 입고, 금전옥루에 살려고 할 것이다. 그렇게 되면 천하의 부를 손에 다 넣어도 만족하지 못하여, 왕은 백성들의 원성의 표적이 될 것이다."

주왕이 달기를 얻었을 때, 기자의 그러한 예언은 보기 좋게 적중되었다. 달기는 절세의 미녀인 동시에, 또한 보기 드문 악녀였다고 일컬어진다. 주왕은 달기의 요염한 아름다움에 포로가 되어, 그녀의 환심을 사기 위해서라면 온갖 수단을 가리지 않았다.

사구沙丘의 이궁離宮은 화려하게 증축되었다. 이궁의 뜰에는 커다란 연못이 만들어졌으며, 그 못에는 늘 술이 가득했다. 연못가의 수목에는 가지마다 고기들이 주렁주렁 매달려 있었다고 한다.

달기를 기쁘게 하기 위해 주왕은 악사와 무희들을 동원하여 새로운 춤과 노래를 만들게 했다. 그리고 음악이 연주되는 동안 실오라기 하나 걸치지 않은 한 무리의 남녀가 술이 가득 찬 연못 속을 헤엄쳐 다니거나, 고기가 매달린 나무들 사이에서 새롱거렸다. 주왕은 달기와 함께 그 모습을 바라보면서 자신들도 주색의 음락에 빠졌다.

주왕은 달기와의 이러한 음락을 위해 쉴 새 없이 백성들을 사역으로 내몰았고, 연일 무거운 세금을 부과했다.

'왕이 달기를 얻고 나서는 요기가 천하에 감돌게 되었다. 달기는 요호妖狐의 화신이다.'

부역과 무거운 세금에 허덕이는 백성들 사이에서는 그러한 소문이 널리 퍼져나갔다.

주왕은 백성들의 원성을 막기 위해 포락炮烙이라는 형벌을 정했다. 이는 원망하는 사람들과 비방하는 사람들을 붙잡아 궁정 앞 광장의 나무에 오르게 한 뒤, 밑에서 불을 지펴 산 채로 태워 죽이는 형벌이다.

나무에는 기름이 발라져 있었다. 미끄러져 떨어지면 그 아래는 불바다. 떨어지지 않기 위해 필사적으로 매달려 있는 동안에 그 아래의 불길은 점점 세찬 기세로 타올라 나무를 뒤덮게 되는 것이다.

나무를 감싸고 있던 팔과 다리, 배가 차츰 불에 그을려지며, 짐승을 태우는 냄새가 사방에 진동하는 사이, 죄인은 마침내 불 속으로 떨어져 죽고 만다.

주왕은 달기를 껴안은 채 그 광경을 지켜보며 즐겼다고 한다.

은나라에는 천자를 보위하는 최고의 기관으로 삼공三公이 있었다. 제후 가운데 가장 인망이 있는 세 사람을 가려뽑아 그 자리에 오르게 했는데, 주왕 때의 삼공은 서백西伯·구후九侯·악후鄂侯 세 사람이었다.

그 삼공 중의 한 사람인 구후에게 아름다운 딸이 있어, 주왕의 비가 되었는데, 이 비는 음락을 별로 좋아하지 않았다. 이로 인해 왕의 노여움을 사게 된 그녀는 왕명을 거역했다는 죄로 죽임을 당했으며, 그의 아버지 구후 역시 온 몸이 난도질되어 소금에 절여지는 신세가 되었다.

악후는 뒤늦게 이 사실을 알고 왕에게 간곡한 충고를 했다. 그러자 주왕은 크게 노하여 악후를 죽인 뒤, 그의 팔과 다리를 잘라 육포로 만들어버렸다.

서백은 그 이야기를 듣고 은밀히 탄식했는데, 누군가 이 사실을 밀고함으로써 그 역시 옥에 갇히는 신세가 되었다. 그러나 서백의 신하들이 미녀를 상납하고 진귀한 보물과 좋은 말을 왕에게 보냄으로써, 겨우 왕의 마음을 누그러뜨려 서백을 석방시킬 수 있었다.

옥에서 나온 서백은 그의 영지인 낙서洛西의 땅을 헌상하고, 대신 포락의 형을 폐지해달라고 청했다. 주왕은 낙서의 땅에 혹하여 그 청을 들어주었으며, 서백을 자신의 고향으로 돌려보냈다. 이 서백이 바로 후일 주나라의 문왕文王이다.

이렇게 해서 삼공을 폐한 주왕은 비중費中·악래惡來라는 두 인물을 등용하여 정치를 맡기고, 자신은 달기와 함께 점점 더 음락의 늪 속으로 깊이 빠져들었다.

비중은 사람에게 아첨하는 데 능했으며, 악래는 사람을 계략에 빠뜨리는 데 능한 인물로, 두 사람 다 사리사욕을 채우는 일밖에는 안중에 없는 이들이었다.

그로 인해 은나라의 왕실은 물론 제후들에 이르기까지 주왕으로부터 멀어지고 점차로 서백에게 기울어지는 이들이 많아졌다. 고국에 돌아온 서백은 그 영내에서 선정을 베풀었으므로, 그의 명성은 날로 높아졌다.

주왕이 처음 상아 젓가락을 만들었을 때 개탄했던 기자와 같이, 은나라의 왕족 중에도 역시 몇몇 현명한 신하들이 있었다. 그들은 종종 왕에게 충고를 베풀었으나, 달기의 포로가 되어버린 왕은 충고를 전혀 귀담아 듣지 않았다. 또 끈질기게 충언하는 사람은 구후나 악후와 같이 소금절임이 되거나 육포가 되기 일쑤였다. 그러자 현명한 신하들은 충언을 포기하고 몸을 숨기거나, 나라 밖으로 피신하게 되었다.

기자는 짐짓 미치광이처럼 행동하다가 노예로 신분을 감추고 몸을 숨겼으나, 끝내 발각되어 옥에 갇히고 말았다.

딱한 것은 왕자인 비간比干이었다. 비간은 기회를 봐서 자주 왕에게 간언했으나, 여전히 주왕의 포악하고 음란한 행실은 그치지 않았다.

주나라에서 서백이 죽고, 그의 아들인 발發(뒷날의 武王)이 뒤를 이었다. 비간은 그가 은에 반기를 들었다는 소식을 듣고 있었다. 또한 맹진盟津에까지 나아간 발의 군대에 제후들이 합류하여 "포악하기 이를 데 없는 주왕을 쳐서 천하의 백성들을 구하라"고 진언했다는 이야기를 들었다.

비간은 이제 더이상 어찌해볼 도리가 없다고 판단하여 죽음을 각오하고 사흘 동안 주왕에게 호소했다. 하지만 주왕은 여전히 귀를 기울이지 않은 채, 크게 성을 낼 뿐이었다.

"성인의 창자 속에는 본래 일곱 개의 딴 구멍이 있는 법이다. 성인 낯짝을 하고 잘난 척 이런저런 이야기를 늘어놓는 네 뱃속에도 일곱 개의 딴 구멍이 있을지 모르겠다. 어디 한번 그것을 따서 살펴봐야겠다."

주왕은 이렇게 해서 아들인 비간을 죽인 뒤, 그 배를 갈라 내장을 모두 꺼내 던져버렸다.

이윽고 무왕이 제후들을 이끌고 은의 수도로 진격해 들어와 목야에 진지를 마련했다는 이야기가 〈서경〉에 실려 있다.

그러자 주왕은 70만 대군을 풀어 무왕의 군사들과 맞서게 했다. 그 정도의 군세라면 무왕의 군대쯤이야 순식간에 박살낼 수 있으리라 주왕은 호언장담했다.

하지만 은나라의 수많은 군사들은 주왕의 폭정에 대해 깊은 원한을 품고 있었던지라 전의를 거의 상실하고 있었다. 대부분의 군사들이 싸워보지도 않고 주나라에 항복했으며, 일부는 무기를 버리고 달아나버렸다.

이러한 보고를 접한 주왕은 이제 그 어디에도 달아날 구멍이 없음을 깨달았다. 그는 자신의 손으로 직접 궁전에 불을 질렀다. 백성들의 고혈을 짜서 지은 수많은 보물들이 훨훨 불타오르는 속으로 주왕과 달기는 함께 몸을 던졌다.

31대에 걸쳐 600여 년간 이어져온 은왕조는 이렇게 해서 멸망했던 것이다. 기원전 1122년의 일이다.

달기는 은나라를 멸망시킨 악녀로 일컬어지고 있다. 하지만 만일 아버지인 유소씨가 항복의 징표로 그녀를 주왕에게 보내지 않았더라면, 그녀도 착한 남자의 아리따운 아내가 되어 행복한 일생을 보냈을지도 모른다.

달기 자신은 악녀도, 독부도 아닌, 그저 절세의 미인에 불과했으나, 포악한 주왕 탓에 악녀로서 세인의 입에 오르내리게 되었다고도 볼 수 있다. 하지만 폭정의 시작이 달기의 환심을 사기 위해 사치스러운 궁전을 짓고 주지육림의 음락에 빠졌던 것이라면, 역시 그녀는 악녀였을지도 모른다. 그렇긴 하지만 여자를 악녀로 만들고 음부淫婦와 독부로 화하게 한 것은 역시 남자라고 할 수밖엔 없을 것이다. ■

하희夏姬
― '흡정도기' 방중술의 달인

> 그날 밤 하희는 '흡정도기'라는 방중술을 전수받았다. 그것은 남녀교접의 도취 속에서 양기를 빨아들여 음기를 북돋우는 비술이었다.

여자 나이 15세를 계년笄年이라 한다. 성인이 되었다는 징표로 비녀(笄)를 사용하여 머리를 올리기 때문이다.

정나라의 목공繆公이 그의 딸 하희를 위해 성대한 계년 축하연을 베풀어준 날 밤의 일이다. 깊은 밤, 하희는 끊임없이 자신의 이름을 부르는 소리에 잠을 깼다. 눈을 떠보니 침대 옆에 누군가가 서서 몸을 수그리고 있었다.

"하희여, 나는 하늘에서 내려온 사자요. 그대가 남다른 뛰어난 소질을 몸에 지니고 있어, 그 사실을 알리기 위해 찾아왔소."

하희는 비몽사몽간에 그러한 목소리를 들었다.

"그러한 소질을 기리고, 계년을 축하하기 위해, 그대에게 여자의 기쁨을 내려주러 왔소이다. 자아, 일어나서 잠옷을 벗으시오."

하늘에서 내려온 사자라는 남자는 그렇게 말하며, 먼저 옷을 벗기 시작했다. 하희는 그 모습을 지켜보며 역시 비몽사몽간에 자신도 옷을 벗기 시작했다. 하희가 알몸이 되자, 하늘나라의 사자는 그 늠름한 나신을 하희 쪽으로 가져왔다.

그날 밤, 하희는 '흡정도기吸精導氣'라는 방중술을 전수받았다. 그것은 남녀교접의 즐거움을 배우고, 그 도취 속에서 양기를 빨아들여 음기를 북돋우는 비술이었다. 천계의 사자는 하희와 몸을 섞으며 그녀에게 자세한 방중술을 일러주었다. 이윽고 하희가 무언가를 알아차린 듯싶자, 그는 움직임을 멈추었다.

"하희여, 그렇소. 그렇게 하면 되오. 이 방중술을 행하면 그대는 언제까지나 늙지 않고 젊음을 지킬 수가 있소. 이러한 방중술을 배울 수 있었던 것은 그대가 뛰어난 소질을 지니고 있었기 때문이지요. 그대를 탐탁치 않게 여기는 남자는 만나보기 어려울 것이오."

천계의 사자는 이렇게 말한 뒤, 다시 몸을 움직이기 시작했다. 하희는 자연스레 그에 응하며 몸을 움직여가는 사이 혼곤한 잠 속에 빠지게 되었다. 그녀가 다시 눈을 떴을 때는 주위에 아무도 없었다. 정신을 차려보니 혼자 알몸으로 침상에 있음을 깨닫고 얼른 이불을 끌어다 덮었다.

그날 밤 이후로 하희의 단단하던 봉오리는 농염한 꽃망울을 터뜨렸다. 향기 높은 꽃은 벌을 부르는 법, 하희도 얼마 안 있어 이복형제인 만蠻과 관계를 맺게 되었다.

만은 형제들 중에서 아버지인 목공과 가장 많이 닮았으며, 늠름한 체격을 지니고 있었다. 하희가 만에게 끌린 것도 바로 그의 몸 때문이었다. 그렇다고는 하지만 그는 이제 겨우 20살을 갓 넘은 약년이었다. 그래서인지 그날 밤 천계의 사자가 하희에게 준 것과 같은 도취는 얻을 수 없었다.

몸을 섞을 때마다 하희는 무언가 미진한 감을 느끼며 안달하곤 했다. 그리고 그 때문에 더더욱 격렬하게 그것을 구했다. 그러한 하희에게 정기를 빼앗겼음인지, 만은 점차 피골이 상접해지더니 1년을 채 못 넘기고 쓰러져 숨을 거두고 말았다.

하희는 종일 울며 밤을 밝혔다. 그것이 며칠이나 계속됐다. 이때 하희를 다정하게 위로해준 것이 만의 동생 이夷였다. 하희가 이와 관계를 맺게 된 것은 지극히 자연스러운 일이었는지도 모른다. 그가 바로 후일 왕위에 오르게 된 영공靈公이다.

하지만 이와의 관계에 있어서도 하희는 한 번도 충족감을 얻을 수 없었다. 만과 마찬가지로, 그날 밤에 느꼈던 도취는 두번 다시 얻을 수 없었기 때문이다. 하지만 하희의 선천적인 미모는 더더욱 빛을 발해갔다. 그것은 물론 '흡정도기'의 방중술 덕분이었다.

어느 날 밤, 하희는 이제까지 없었던 만족감을 느끼고 자신도 모르게 이렇게 중얼거렸다.

"어찌된 일이지? 평소보다 몇 배나 좋았어. 즐거움이 뼛속으로 스미는 것 같애!"

"오호, 그런가! 내가 형보다 몇 배 낫다는 말이지?"

그 소리에 깜짝 놀라 눈을 떠보니, 이라고만 생각했던 상대는 다름 아닌 이의 동생 공公이었다.

이렇게 해서 하희는 공과도 관계를 맺게 되었다. 이후 두 형제는 반목하는 사이가 되었다. 하희는 공의 늠름함을 좋아했지만, 이의 다정함도 잃고 싶지 않았다. 그러한 까닭에 두 사람 사이가 나쁜 것을 볼 때마다 가슴이 아팠다.

하희는 자신의 힘으로 어찌해볼 수가 없었으므로, 번갈아 찾아오는 두 사람을 똑같이 사랑했으며, 괴로움을 잊기 위해 더욱더 미친 듯이 쾌락 속으로 빠져들었다. 두 사람의 정기를 받은 하희는 날이 갈수록 아름다움이 더해갔다.

하희의 미모는 이웃 나라에도 널리 알려져, 그녀와 연을 맺고 싶어하는 자들이 적지 않았다. 하지만 손 안의 진주를 놓치고 싶지 않은 목공은 이를 물리칠 뿐이었다.

그중 가장 열심이었던 사람은 진陳나라의 하어숙夏御叔으로, 처음 그가 청혼을 한 것은 하희가 16살, 만이 죽던 해였다.

그로부터 4년 후 하희는 하어숙에게 시집을 갔다. 목공이 이를 허락한 것은 자신의 두 아들이 하희로 인해 사이가 점점 더 나빠진데다, 그녀가 이미 스무 살로 혼기를 놓친 나이가 되었기 때문이었다.

혼례날이 임박한 어느 날, 하희의 침실에 다시 천계의 사자가 찾아왔다. 이는 하희에게 처녀로 보이는 기술을 가르쳐주기 위해서였다. 그날 밤 하희는 천계의 사자로부터 그 기술을 자세히 배워 익혔다. 그리고 그때 처음으로 천계의 사자가 바로 아버지인 목공임을 알게 되었다.

기원전 606년, 목공이 죽고 아들인 이(영공)가 그 뒤를 이었으나, 이듬해 그는 동생인 공에게 죽임을 당했다.

영공이 즉위했을 때, 초나라는 이를 축하하기 위해 커다란 자라를 선물로 보내왔다. 영공은 당장 중신들을 불러모아 향연을 베풀었는데, 이때 공은 그의 친동생인 가家와 함께 궁궐 문을 들어서며 이렇게 말했다.

"오늘은 맛있는 걸 먹게 될 거야."

"어떻게 그걸 알지요?"

가가 묻자, 공은 오른손의 검지를 까딱까딱 움직이며 말했다.
"바로 이게 느끼지. 이것이 움직일 때는 상당한 진미가 나온단 말야."

과연 상에는 멋진 자라요리가 마련되어 있었다. 그런데 영공은 동생 공을 미워한 나머지, 하인에게 분부하여 그 요리를 공에게만은 주지 말도록 명했다.

이 말을 들은 공은 갑자기 손가락을 요리 속에 푹 찔렀다 꺼내더니, 그 손가락과 영공의 얼굴을 번갈아 보며 싸늘한 웃음을 흘리고는 그 자리를 떠나버렸다.

"공, 치미는 분노로 형을 죽이기로 결심, 가와 모의하여 여름, 영공을 죽이다"―〈사기〉는 이렇게 적고 있다.

영공이 공에게 죽임을 당했다는 소식을 접하자 가장 마음 아파한 사람은 진나라로 시집간 하희였다. 지난해에는 아버지가 죽고, 이어 일 년도 채 못되어 영공이 동생의 손에 의해 목숨을 잃다니! 게다가 남편인 하어숙도 지난 일 년 동안 병이 깊어져 자리에 누워만 있는 신세였다.

'나를 사랑해준 사람은 어째서 이렇게 모두 죽어가는 것일까?'

그렇게 생각하자 하희는 가슴이 터질 듯 괴로웠다.

그리고 한 달을 못 넘겨 남편인 하어숙도 세상을 떠났다. 하희가 그에게 시집온 것은 20살 때의 일이었으며, 이듬해에 얻은 단 한 점의 혈육 징서徵舒는 벌써 12살이 되어 있었다.

하희는 망부의 장례를 치른 뒤, 공부를 해야 하는 아들을 홀로 수도에 남겨두고, 가문의 영지인 주림株林으로 내려갔다. 그녀는 상복을 입고 생활하며, 아들이 어서 어른이 되어 사마司馬의 관직에 오를 날만을 기다렸다.

　하희가 주림에서 은거한 지 5년째 되던 해의 일이다. 아들인 징서는 이미 17살이 되었으나, 아직 세습의 관직에 임명되지 못하고 있었다. 그해 가을, 아버지와 절친했던 공녕과 사냥을 나갔던 징서는 주림 근처에서 날이 저물자 그를 모시고 어머니의 집으로 찾아갔다.

　하희의 나이 이미 37살이었으나, 여전히 20살 안팎으로밖에는 보이지 않았다. 너무도 젊은 하희를 보고 공녕은 크게 놀랐다. 그러한 공녕을 본 하희는 은근히 그를 유혹했다. 5년 동안이나 그녀는 이성의 양기를 받아 음기를 살찌우는 대신, 자신을 받드는 나이 어린 계집종과 가까이하고 있었던 것이다.

　그날 밤, 공녕은 하희의 방중술에 놀라 크게 기뻐하며, 이른 아침 그녀의 옷소매 하나를 얻어 집으로 돌아갔다. 그리고 조정에 들자, 동료인 대부大夫 의행부儀行父에게 옷소매를 내보이며 그녀에 대해 입이 마르도록 칭찬했다.

　그 일을 계기로 하희는 의행부와 밤을 보내게 되고, 그가 추천한 진나라의 영공과도 동침하게 되었다.

　이로 인해 결국 조정 안의 기강은 심히 문란해졌고, 군신간의 상하관계도 말이 아니었으며, 이를 간하던 신하는 죽임을 당했다고 〈사기〉는 적고 있다.

　이듬해 징서는 사마의 자리에 올라 아버지의 뒤를 잇게 되었다. 그런데 사마로서 군을 장악하게 된 징서는 이른바 '주림의 변'을 일으켜 영공을 죽인 뒤, 자립하여 진陳나라의 왕 자리에 올랐다.

　그러자 공녕과 의행부는 초楚나라로 도망쳐, 초의 장왕莊王으로

하여금 징서를 토벌케 하고 진을 부흥시켰다. 이때 초나라로 잡혀 온 하희는 자진하여 장왕에게 몸을 맡겼다. 장왕도 하희의 뛰어난 방중술에 실로 흡족해하며 기뻐하자, 신하인 굴무屈巫가 왕에게 이렇게 간했다.

"하희는 본디 이복형제들과 통하고, 과부가 되어서는 조정의 군신들과 통하여 나라를 어지럽힌 여자입니다. 그러한 여자를 총애하신다면 천하의 사람들은 우리 초에 도가 없다고 말할 것입니다."

그러자 초왕은 이렇게 잘라 말했다.

"그렇다면 하희를 원하는 자에게 내주어라."

하지만 그녀를 원하는 사람이 너무 많다는 것을 알자, 스스로 선발하여 힘센 장수 양로襄老에게 주었다. 그후 양로는 싸움터에서 전사했고, 고국인 정나라로 돌아온 하희는 48살의 나이에 다시 초나라의 신하 굴무와 맺어지게 되었다. 하희는 그때 굴무의 품에 안겨 기쁨에 들뜬 목소리로 이렇게 말했다.

"계년 축하연이 베풀어지던 날 밤, 하늘에서 내려온 사자를 만난 듯한 그런 느낌이옵니다"라고. ■

〈여인과 엉겅퀴〉, 1953, 윈 벌로크

여희驪姬
─ 진나라 헌공의 오랑캐 출신 왕비

> 여희는 자기 조국을 멸망시킨 이 나라를 아들에게 물려주리라 결심하자, 비로소 처음으로 삶의 목적을 가질 수 있었다.

주나라 경왕景王 7년, 진晋의 헌공獻公은 서쪽의 이민족인 여융驪戎을 정벌하여 여왕의 딸인 여희와 그의 여동생을 빼앗아 개선했다.

이때 여희의 나이는 16살, 그녀의 여동생은 14살로, 헌공의 세 아들인 신생申生·중이重耳·이오夷吾보다 10살이나 어렸다.

신생의 생모는 제강齊姜이라 하여, 제나라 환공桓公의 딸이었다. 제강은 헌공의 아버지인 무공이 제나라와의 우호의 징표로 맞이한 측실이었는데, 무공이 죽자 헌공은 아버지의 측실이었던 제강을 정부인으로 맞이하고, 그 아들 신생을 태자로 삼았던 것이다. 이때 신생의 나이 벌써 23살이었다.

헌공과 제강은 무공이 살아 있을 때부터 서로 은밀한 관계를 맺고 있었다. 그러한 제강은 헌공이 여융을 토벌하기 한 해 전에 세상을 떠났다.

중이와 이오의 생모는 북쪽의 이민족인 북적北狄의 호씨狐氏의 딸 호희 자매인데, 두 사람 모두 마흔이 넘은 나이였다.

헌공은 새롭게 맞은 젊고 아름다운 여희에게 마음을 빼앗겨 한시도 그녀 곁을 떠나려 하지 않았으며, 개선한 지 석 달 만에 그녀를 정부인의 자리에 앉혔다. 여희를 처음 진나라에 데려왔을 때는 흰 피부에 푸른 눈을 한 어린 꽃봉오리에 불과했으나, 순식간에 그 봉오리는 활짝 꽃망울을 터뜨렸다. 헌공이 여희를 정부인에 앉힌 것은 바로 그러한 때였다.

그리고 나서 일 년도 채 지나기 전에 여희는 헌공이 거느린 악사인 우시優施라는 자와 은밀히 정을 통하게 되었다. 우시도 여희와 같은 고향 출신이었기 때문이다.

여희는 헌공에 의해 꽃망울을 터뜨렸던 것처럼, 우시와의 만남을 통해서 여러 가지 방중술을 익히게 되었다. 이 사실을 모르는 헌공은 그것이 모두 자신의 공이라 믿었으므로, 그녀에 대한 총애는 날이 갈수록 깊어갔다.

한편 여희는 우시 이외에도, 남편의 세 아들인 신생과 중이 · 이오에게도 추파를 던지고 있었다.

어느 날 여희는 헌공의 처소에서 물러나오는 신생을 기다렸다가 정원의 구석으로 데리고 가 긴 의자에 앉게 했다.

그리고는 "신생마마, 나는 오래 전부터 마마님을 그리워하여……" 하며 교태어린 몸짓으로 매달려왔다.

"무슨 일이십니까, 어마마마?"

신생은 12살이나 연하인 여희더러 일부러 '어머니'라고 부르며,

"그것이 오랑캐 나라의 풍습인지는 모르나, 진에서는 진의 풍습

을 따르시기 바랍니다" 하며 그녀를 뿌리치고 돌아갔다. 아버지인 헌공과 달리 신생은 올곧은 사내였던 것이다.

여희는 중이에게도 똑같이 했다.

"나의 어머니도 오랑캐의 여인이었습니다. 아버지가 당신을 당신의 나라에서 빼앗아왔을 때, 나는 당신 자매가 나와 동생에게 주어질 것이라 생각하여 가슴을 두근거리고 있었습니다. 아버지와 당신은 나이 차가 너무 많아서……."

"그렇기 때문에 나는 마마를……."

"만일 아버지가 당신을 내게 주신다면, 그때는 기꺼이……."

중이는 신생과는 달랐으나 역시 순진한 남자였다.

여희는 이오에게도 똑같이 했다. 그러자 이오의 반응은 형들과 달랐다.

"나도 당신을 그리워하고 있었습니다. 여기는 남의 눈이 있사오니, 오늘 밤 제 방으로…… 기다리고 있겠습니다."

이렇게 해서 여희는 세 아들 중 이오와 관계를 맺게 되었다.

진나라에 온 지 7년째 되었을 때, 여희는 사내아이를 낳았다. 아이의 이름은 해제奚齊라 지었다. 헌공에게는 네번째 아들이었다. 이때 셋째아들인 이오의 나이 33살이었으니, 실로 32년 만에 얻은 아들이 된다. 그런만큼 헌공의 기쁨은 비길 데 없이 컸다.

하지만 여희에게는 해제의 아버지가 헌공이라는 확신이 서지 않았다. 어쩌면 우시일지도 모르고, 혹은 이오인지도 몰랐다. 여희는 그 점에 대해 특별히 신경을 쓰지는 않았다. 확실한 것은 해제가 자신이 낳은 아들이며, 누가 진짜 아버지든 여하튼 자신의 아들은 헌공의 넷째아들이 됐기 때문이다.

해제가 태어나기까지 여희는 헌공의 정부인 자리에 있긴 했으나, 진이 자신의 나라라는 생각은 갖지 못하고 있었다. 자신은 나라와 아버지를 잃고 이 나라에게 끌려온 오랑캐 여자에 불과하다는 생각을 떨쳐버릴 수가 없었던 것이다. 하지만 아들을 낳고 보니 여희의 마음은 완전히 달라졌다. 그 아이로 인해 그녀는 비로소 진을 자기의 나라로 여길 수 있게 된 것이다. 게다가 이 아이 덕분에 이 나라에 자신의 나라를 세울 수 있을 것이라 생각했다. 그런 생각 속에는 해제에게 나라를 물려받게 하여, 고국을 멸망시킨 이 나라에게 무언가를 보여줄 수 있을 것이란 기대감도 들어 있었다. 여희는 이때 처음으로 삶의 목적을 가질 수 있었다.

여희에게는 목적을 이루기 위해서라면 물불을 가리지 않는 성미가 있었다. 첫번째 그녀가 할 일은 신생을 없애는 것이었다. 비록 무사히 신생을 없앤다 하더라도, 그 뒤에는 또 중이와 이오가 있다. 여희는 고심에 빠지지 않을 수 없었다.

해제의 탄생 축하연이 베풀어진 날 밤, 우시와 한바탕 뜨거운 정사를 치른 뒤에 여희가 말했다.

"이 아이는 요즘 점점 더 당신을 닮아가는 듯하옵니다."

"……."

"이 아이에게 나라를 물려주고 싶습니다. 만일 이 아이가 당신의 아들이라면, 이 아이의 피는 모두 여국의 피입니다. 설령 폐하나 이오 마마의 아들이라 할지라도, 이 아이의 피 절반은 여국의 피입니다. 이 아이에게 나라를 이어받게 하고픈 제 마음을 당신도 아시겠지요?"

"알고말고요. 저도 은밀히 그 방법을 생각하고 있던 중입니다."

우시는 여희에게 그 방법을 털어놓았다. 헌공이 총애하는 신하로 '두 명의 오五'라고 불리는 양오梁五와 동관오東關五 두 사람을 끌어들여, 헌공에게 세 아들을 멀리로 보내도록 조처한 뒤, 세 왕자가 각기 모반을 기도하고 있다는 소문을 퍼뜨려 이 세 사람을 모두 제거한다는 계략이었다.

"그런데 어떻게 두 명의 오를 끌어들이지요?"

"두 명의 오에게는 제가 당신과 당신의 동생이 그들을 그리워하고 있다고 전하겠습니다. 폐하께서는 연로하신 탓에, 요즘 좀처럼 납시질 않으시니 두 분이 몹시 쓸쓸해하고 있다고 말입니다. 그들을 만나더라도 처음 얼마 동안은 해제에 관해 아무 말씀도 하지 마십시오. 그리고 한 달쯤 지나면 차츰 해제에게 이 나라를 물려주고 싶노라는 이야기를 흘리십시오. 그리고 동생분에게도 꼭 이 이야기를 전하십시오. 저도 두 명의 오에게 꼭 이 말을 할 테니. 그리고 이 일은 전부 제게 맡겨주십시오. 제가 두 명의 오와 잘 의논하여 반드시 세 왕자를 제거할 방책을 세우겠습니다."

그리고 두 달 후, 헌공은 두 명의 오의 진언에 따라 세 아들을 먼 변경지방으로 각기 파견했다. 신생은 땅을 넓혀 부도시를 만드는 소임을 맡았으며, 중이와 이오는 각기 성곽을 쌓아 오랑캐의 침입에 대비하는 일을 맡았다.

그리고 다시 한 달이 지났을 때 헌공이 여희에게 말했다.

"중신들 중에는 반대하는 이들도 있지만, 나는 신생 대신 해제를 태자로 책봉하고 싶소."

그러자 여희는 짐짓 어두운 표정을 지어 보이며 말했다.

"그 일은 제게 있어서는 매우 기쁜 일이지만, 각별한 과오도 없는 신생마마를 폐하고 해제를 태자로 정하는 것은 도리가 아닌 줄 아옵니다. 전하의 말씀은 눈물이 나도록 고마우나, 만일 무리하게 해제를 태자로 책봉하는 날엔 중신들이 제가 전하를 그리 하시도록 꾀었다고 할 것입니다. 만일 기필코 신생마마를 폐하고 해제를 태자에 책봉하시려거든 먼저 저를 죽이신 뒤에 하십시오."

여희는 양오의 가르침을 받은 대로 헌공에게 아뢰었다. 헌공은 여희의 그런 기특한 말을 듣자 더더욱 해제를 태자 자리에 앉히고 싶어졌다.

하지만 신생이나 중이·이오 모두 각자의 영지에서 선정을 베풀고 있었으므로, 우시와 두 명의 오가 꾸민 계략을 펼칠 틈이 좀처럼 보이지 않았다.

어느 날 헌공이 6일 동안 사냥을 떠나 있을 때, 여희는 신생이 있는 곳에 사자를 보내 편지를 전했다.

'돌아가신 생모 제강마마의 제사를 행하는데, 그때 쓸 고기를 궁전으로 보내주셨으면 하는 전하의 분부입니다.'

편지에는 그렇게 적혀 있었다.

헌공이 사냥에서 돌아와 그 고기를 먹으려 했을 때, 여희는 갑자기 "전하, 잠시만 기다려주십시오" 하고 만류하며 고기 한 점을 정원의 개에게 던져주었다. 개는 그것을 받아 먹자마자 그 자리에서 쓰러졌다.

이런 소식을 전해들은 신생은 진상을 밝히려면 아버지인 왕이 수치를 겪어야 할 것이라 생각하여, 죽음으로써 결백을 증명키 위해 스스로 목을 매달아 죽었다.

이 소식은 곧 나머지 두 형제의 귀에도 들어가게 되었다. 수도로 돌아온 중이와 이오는 여희의 마수에 화를 입을까 두려워 헌공에게 인사를 마치자마자 서둘러 각자의 도성으로 돌아가버렸다.

여희의 음모는 마침내 성공을 거두었다. 하지만 그로부터 5년 후, 헌공의 죽음과 함께 여희의 야망도 물거품이 되고 말았다.

중신인 순식荀息과 그 일파에 의해 해제는 헌공의 관 앞에서 죽임을 당했으며, 여희와 그녀의 동생은 정원으로 달아나 우물 속에 몸을 던짐으로써 오랑캐 출신인 두 여인의 거창한 꿈은 꿈으로서 끝나게 되었던 것이다. ■

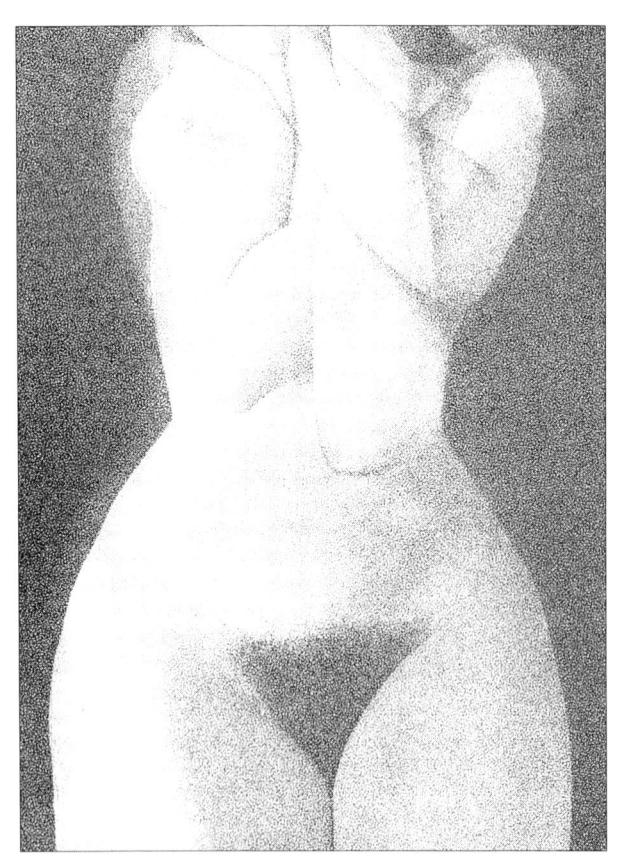

〈포토 몽타주〉, 1974, 얀 스피찰

서시西施
— 중국 춘추시대 월나라의 미인

> 서시는 본래 월나라에서 장작을 팔던 여인이었다. 한때 병을 얻어 한 손을 가슴에 얹고 눈썹을 찡그린 채 다녔지만, 그 모습이 더욱 매력적이어서 추녀까지도 그 흉내를 냈다고 한다.

춘추시대 말기 오월吳越 항쟁의 고사故事를 통해 지금도 널리 쓰이는 몇 가지 성어들이 생겨났다. '와신상담臥薪嘗膽'이나 '오월동주吳越同舟' '회계지치會稽之恥' 같은 것이 그 좋은 예들이다. 주나라 경왕敬王 24년(기원전 496년), 오왕인 합려闔盧는 월왕 구천勾踐과 취리檇李에서 싸워 크게 패한 뒤, 도망 중에 화살에 맞은 상처가 악화되어 세상을 하직했다.

"부차夫差여, 너의 아버지를 죽인 자가 월왕 구천임을 결코 잊어서는 안된다."

이것이 아들인 부차에게 남긴 합려의 마지막 말이었다. 이후 오왕 부차는 밤이나 낮이나 섶 위에 누워 쓰라린 고통 속에서 아버지의 원한을 마음 속에 새기며 복수의 염을 갈았다고 한다. 이것이 바로 '와신臥薪'이다.

그리고 2년 후 오왕 부차는 월왕 구천을 부초산夫椒山에서 크게 무찔렀다. 월왕 구천은 회계산會稽山으로 도망친 후 명신 범여范蠡의 간곡한 호소에 따라 '회계의 치욕'을 참으며, 오왕의 신하가 되겠다고 말하며 겨우 용서를 받았다. 이후 구천은 항시 쓸개를 곁에 놓고 틈이 날 때마다 수시로 그것을 혀로 핥아 맛보면서 '회계의 치욕'을 떠올리며 복수의 칼날을 갈았다. 이것이 바로 '상담嘗膽'이다.

  부차는 숙적인 월을 신하로 삼은 데 만족하여, 과거에 품었던 복수의 염 대신 마음 속에 사치가 가득 들어차게 되었다. 범여는 바로 이런 때를 기다리고 있었던 것이다.

  이윽고 범여는 부차가 새로 궁전을 짓는다는 소식을 듣게 되었다. 오나라에는 좋은 목재가 드물었다. 범여는 구천에게 권하여 월나라 구산龜山의 좋은 목재 200주와 미녀 50명을 선발하여 오왕에게 보내도록 조치를 취했다. 장려한 궁전을 통해 왕의 권위를 과시하려 한 부차에게 미녀들을 보내 그것을 부추기자는 것이 범여의 의도였다.

  부차는 그 목재들로 고소대姑蘇臺라는 화려한 궁전을 지었다. 하지만 부차를 더욱 기쁘게 한 것은 그러한 고소대보다도 구천이 보낸 50명의 미녀들 가운데 하나인 서시西施였다.

  서시는 본래 월나라에서 장작을 팔던 여인이었다. 오왕의 총애를 받은 서시는 한때 마음의 병을 일으켜 고향에 돌아갔던 적이 있었다. 그녀는 그때 한 손으로 가슴을 누르고 눈썹을 찡그린 채 마을을 다녔지만, 사람들은 모두 입을 모아 과연 오왕이 총애할 만하다느니, 이 세상 사람이 아닌 선녀가 환생한 모양이라느니 하며, 어른 아이 할 것 없이 그녀의 아름다움을 칭송했다.

한편 이 마을에는 지독히 못생긴 추녀 한 명이 살고 있었는데, 서시의 이러한 칭송을 부러워하여 자신도 어떻게든 남들의 시선을 끌고 싶어 그녀가 한 것처럼 흉내를 내보았다. 즉, 길을 걸을 때면 언제나 한 손으로 가슴을 누르고 눈썹을 찡그렸던 것이다. 하지만 사람들은 지독히 못생긴 그녀의 기묘한 행동을 보는 족족 모두 달아나버리고 말았다.

이러한 일화를 남길 만큼 서시의 미모는 빼어났다.

부차는 이러한 서시를 끔찍이도 사랑했다. 그는 고소대 외에도 그녀를 위해 8경八景을 조성케 하여, 그곳에서 그녀와 밤낮으로 향락에 빠져 헤어날 줄을 몰랐다.

과거 섶 위에 누워 복수의 칼날을 갈았던 부차가 이제는 서시와 세월 가는 줄 모르고 방탕과 사치를 다하고 있을 때, 월나라에서는 구천이 쓸개를 맛보며 복수의 기회를 엿보고 있었던 것이다.

구천에게 범여라는 충신이 있었던 것처럼, 부차의 곁에도 오자서五子胥라는 충신이 있었다. 오자서는 서시와의 사랑에 빠져 좀처럼 나랏일을 살피려 하지 않는 부차에게 여러 차례에 걸쳐 충언을 올렸으나, 궁궐 안에 득실거리던 간신배들의 모함으로 인해 번번이 그의 뜻을 펴지 못하고 있었다.

"전 어쩐지 저 사람이 마음에 들지 않사옵니다. 저자를 볼 때마다 기분이 언짢아진다구요."

서시의 그런 투정을 들을 적마다, 크게 의지했던 오자서에 대한 부차의 신망은 차츰 허물어져갔다.

부차 11년(기원전 493년), 오자서는 '촉루의 검'이라는 명검을 부차로부터 전해받았다. 사자로부터 그 검을 받아든 오자서는 이렇게 말했다.

"아아, 왕은 간교한 무리들에 둘러싸여 끝내 내게 죽음을 명하는구나. 이를 어찌하면 좋단 말인가. 이제 월이 이 나라를 쳐들어와 오를 멸망시키려 할 것인데…… 내가 죽거든 무덤에 가래나무를 심어주게. 나는 내 시신으로 그 나무를 키워 오왕을 담을 관을 만들겠네. 또 내 눈을 도려내어 오의 동문東門 위에 걸어주게. 그것으로 월이 쳐들어와 오가 멸하는 것을 똑똑히 지켜보겠네."

그렇게 말한 오자서는 한순간의 주저도 없이 오왕 부차가 내린 칼로 자신의 목을 찔렀다. 사자로부터 오자서가 마지막으로 남긴 말을 전해들은 부차는 크게 진노하여, 그의 시신을 포대에 담아 장강長江에 던져버리도록 명했다.

오나라 사람들은 모두 오자서의 죽음을 슬퍼했다. 그래서 장강 근처의 산에 사당을 지어 그의 원혼을 위로했으며, 그때부터 그 산을 서산胥山이라고 불렀다.

월왕 구천이 오나라를 공격해 들어온 것은 그로부터 3년 뒤이다.

오왕 부차는 기杞나라의 황지(하남성 杞縣)에서 노魯·위衛의 제후들과 만나 굳은 맹약을 확인하고 있었다.

그때 월에는 범여가 구천 곁에 있었다.

"지금 오나라의 정예부대는 모두 황지에 가 있습니다. 이미 오자서도 세상에 없습니다. 오를 지키는 것은 태자인 우友뿐입니다. 오나라를 칠 기회는 바로 지금인 줄 아옵니다."

구천은 범여와 함께 4만의 정예군을 이끌고 오를 공격했다. 승승장구한 그들은 별다른 어려움 없이 태자인 우를 잡아 죽였다.

부차는 그제서야 오자서의 충언에 귀를 기울이지 않은 일에 대해 크게 후회하며 월나라에 사람을 보내 화和를 청했다. 범여는 그에 응했다. 월나라 역시 아직은 일거에 오를 멸망시킬 만한 힘이 없음을 분명하게 깨닫고 있었기 때문이다.

그후 4년의 세월이 흐른 뒤, 월은 부지런히 힘을 길러 다시 오나라를 쳐들어왔다. 월의 군사는 입택笠澤에서 오의 군대를 크게 무찔렀으며, 2년 후에는 수도인 고소姑蘇에 육박, 이듬해에 그곳을 완전 포위하기에 이르렀다. 부차는 그때 거의 서시를 끌어안다시피 하여 정원으로 달아났다.

월의 군사가 정원으로 난입해 들어가자 여인 하나가 나무 밑에서 눈물을 흘리고 있었다. 단칼에 그녀를 베려 했던 월의 군사는 그녀의 아름다움에 눌려 숨을 삼킨 채, 어떤 행동을 취해야 할지 갈피를 잡지 못했다고 한다.

부차는 다시 구천에게 화를 청하여 그것이 받아들여졌으나, 이후 "지하에서 오자서를 만날 면목이 없다"는 말을 남기고 스스로 목숨을 끊고 말았다.

서시의 마지막은 분명치가 않다. 오나라 사람의 손에 의해 부대에 넣어져 장강에 던져졌다는 전설도 있다. 오자서를 위해 산 제물로 바쳐졌다는 것이다.

또는 범여와 함께 일생을 마쳤다는 이야기도 전한다. 서시는 오왕 부차에게 보내지기 전, 이미 범여와 관계를 맺어 오나라에 이르자마자 딸아이를 낳았다고 일컬어진다.

오나라가 멸망했을 때, 범여는 상장군이라 칭해져 큰 명성을 얻었으나 그의 생각은 이러했다.

"커다란 명성과 함께 장구한 일신의 안락을 얻기란 불가능하다. 월왕의 인품을 헤아리건대, 환란을 함께 할 수는 있어도 안락을 함께 하기란 불가능할 성싶다."

이렇게 생각한 범여는 지위를 버리고, 일족들과 함께 월을 떠나 제齊(산동성)로 이주했다. 그때 범여의 곁에는 서시가 있었다는 이야기다.

산동성에서 범여는 이름을 바꾸어 '치이자피鴟夷子皮'라 칭했다. 치이자피란 말 가죽으로 만든 신축자재한 자루를 일컫는 말이다. 그 가죽 자루의 자재함은 모든 것을 던져버리고 자유의 몸이 된 자기 자신을 비유한 동시에, 오왕 부차를 위해 애쓰다 결국은 그로 인해 목숨을 잃고 가죽 부대에 넣어져 장강에 버려진 오자서의 일을 떠올린 것이리라.

범여는 산동에서 교역을 시작하여 큰 부를 얻었는데, 그의 놀라운 재능을 사람들이 왕께 전하여 재상의 자리에 앉히려 하자, 그는 모든 재물을 사람들에게 다 나누어주고 다시 더 깊은 산골로 들어가버렸다.

만일 서시가 범여 곁에 계속 머물렀다고 한다면, 방탕하고 파란 많았던 젊은 날에 비해 편안한 만년을 보낼 수 있었으리라 짐작된다. ■

크산티페
— 철학자 소크라테스의 아내

> 무뚝뚝하고 거친 성격의 크산티페는 자나깨나 남편 소크라테스에게 소리지르며 잔소리를 퍼부었고, 동이의 물을 남편 머리에 뒤집어씌우기까지 했다.

고대 그리스의 철학자 소크라테스(기원전 470~399)에게는 크산티페라는 이름의 아내가 있었다. 그녀는 몹시 거칠고 포악한 성격의 소유자로, 틈만 나면 남편에게 시끄럽게 욕하는 그런 아내였다.

어느 날 친구가 소크라테스에게 "자네 부인이 저렇게 꽥꽥 소리치는 걸 시끄럽다고 생각하지 않나?" 하고 묻자, 소크라테스는 웃으며 이렇게 대답했다.

"시끄러운 건 사실이지."

"그런 걸 알고도 결혼했나? 자넨 참 잘도 참는군."

"마술馬術에 능한 사람은 일부러 거친 말을 고르는 법이지. 그 거친 말을 다룰 수 있다면 다른 어떤 말들도 쉽게 부릴 수 있으니까. 크산티페는 바로 그런 거친 말이라네. 그 여자를 참고 견딜 수만 있다면 다른 어떤 사람에 대해서도 능히 참고 견딜 수 있지 않겠나?"

어느 날은 한 제자가 또 이렇게 물었다.

"스승님은 부인의 끊임없는 잔소리를 참으로 잘 견디시는군요. 어떻게 하면 스승님처럼 신경을 쓰지 않을 수 있을까요?"

그러자 소크라테스는 역시 미소를 지으며 "익숙해지면 되는 것이지"라고 대답했다.

"익숙해지면 고통스럽지 않습니까?"

"그렇다네. 쉼없는 물레방아 소리도 계속 듣고 있노라면 그리 괴롭지 않지. 하기야 크산티페의 목소리는 물레방아 소리보다 한결 시끄럽지만……."

소크라테스는 크산티페에게 야멸차게 욕을 먹고 잔소리를 듣는 가운데, 그것을 참고 견딤으로써 자신의 정신을 정화시키고 강화하기 위해 그녀를 아내로 삼았다고 전해지는데, 과연 그것이 사실인지는 미지수다.

소크라테스가 세상의 다른 남편들처럼 일하려 하지 않고, 진종일 책상 앞에 앉아 사색인지 뭔지에 빠져 있는 것을 허구한 날 보고 있는 크산티페로서는 부아가 끓어올라 견딜 수 없었을 것이다. 제자들을 모아놓고 무슨 소리인지 통 알아들을 수 없는 이야기들을 늘어놓은 뒤, 그것으로 약간의 보수를 얻어오는 남편이 정말 한심스러워 보였는지도 모른다.

스스로를 '소피스트(지혜자)'라 칭하며 "난 무엇이든 알고 있다. 돈을 가져오면 무엇이든 가르쳐주겠다"고 선전하는 소피스트들에 비해, "나는 아무것도 모른다. 내가 알고 있는 것은 내 자신이 아무것도 모른다는 사실뿐이다"라고 말하며 논쟁을 일삼는 남편을 보고 있자니, 대체 무슨 일을 하는 것인지 화도 났을 법하다.

어느 날 소크라테스가 밖에서 제자 한 명과 함께 돌아와, 자신은 본 척도 하지 않고 방으로 들어가 무언가 열심히 토론을 벌이는 모습을 보자, 크산티페는 여느 때와 마찬가지로 심한 잔소리를 퍼부었다. 그래도 두 사람이 꿈쩍 않고 앉아 이야기를 계속하자 양동이에 물을 가득 퍼와 소크라테스의 머리 위에 부어버렸다. 하지만 소크라테스는 전혀 동요치 않고 태연한 목소리로 이렇게 말했다.

"천둥이 치면 그 다음엔 큰비가 오는 게 당연하지."

소크라테스는 소피스트들에게 미움을 사 급기야는 민심을 어지럽히는 위험한 인물로 고발을 당했다. 그때 소크라테스는 법정에서 아테네 시민들을 향해 당당하게 자신의 입장을 변명했다. 이것이 그 유명한 '소크라테스의 변명'이다.

"이별의 때가 왔다. 이제 서로 각자의 길을 가도록 하자. 나는 죽음의 길로, 그대들은 삶의 길로. 어느 길이 좋은지는 신만이 알고 있다."

소크라테스의 벗과 제자들은 모두 크게 슬퍼하며 눈물을 흘렸다. 그 모습을 본 소크라테스가 말했다.

"그대들은 어째서 우는가? 여자라면 이런 경우 눈물을 흘리며 슬퍼할 것이다. 그래서 나는 여자들을 이곳에서 나가도록 했다. 하지만 그대들은 남자가 아닌가. 남자는 죽음에 직면해서도 평정을 잃어서는 안된다. 부디 평정 속에서 나의 죽음을 지켜보기 바란다."

그리고는 천천히 손을 내밀어 독배를 받아 고요히 들이마셨다. 아무런 동요의 빛도 보이지 않고 홀로 죽음의 길로 떠난 것이다.

소크라테스가 "여자들이라면 이런 경우 눈물을 흘리며 슬퍼했을 것이다"라고 말했을 때, 그의 가슴 속에는 크산티페가 있었을지도 모른다. 무뚝뚝하고 거친 성격을 지녔고, 자나깨나 소리를 지르며 잔소리를 퍼부었던 크산티페이지만, 그 이면에는 눈물 많은 여린 마음이 자리하고 있었는지도 모른다. 아니면 또 크산티페는 법정 밖에서 울며불며 남편을 욕하고 있었는지도 모른다.

'소크라테스의 아내'라는 말은 지금도 악처의 대명사가 되어 있는데, 중국 송대에도 역시 하동河洞의 유씨柳氏라고 불리는 유명한 '소크라테스의 아내'가 있었다.
당송 팔대가의 한 사람으로 꼽히는 소동파蘇東坡와 절친한 친구였던 진계상陣季常의 처가 바로 그 주인공이다.
진계상은 어릴 적 칼싸움을 몹시 좋아하여 언제나 골목대장을 도맡았으며, 스스로 호사豪士라 칭했을 정도의 인물인만큼 결코 유약한 기질을 타고난 사내는 아니었다.
그는 나이가 들면서 학문에 정진하여 한때는 관직에 올랐던 적도 있었으나, 2~3년 만에 그만두고는 용구龍丘라는 곳에 은거하여 불심에 마음을 기울이고 살았다. 또한 그를 찾아오는 젊은이들에게 학문을 가르치고, 절친한 친구들을 불러 청담淸淡을 나누며 소일하는 것이 그의 커다란 즐거움이었다. 또한 속인들과 섞이는 것도 좋아했는데, 그 자리에 유녀들을 불러앉혀 이런저런 잡담을 나누기도 했다고 전해진다. 그런데 진계상의 아내 유씨는 남편이 손님들과 한창 환담을 나누고 있노라면 옆방으로 들어가 고래고래 고함을 치거나, 지팡이로 벽을 두드리며 남편 욕을 해댔다.
유씨로서는 크산티페의 심정과 마찬가지로, 그다지 돈도 되지 않는 학문 같은 것에 열중하여 일도 하지 않고, 날이면 날마다 사람들과 어울려 쓸데없는 입씨름이나 벌이고 있는 남편이 무척이나 한심스럽고 밉살스러웠을 것이다.

혹은 진계상도 소크라테스와 마찬가지로 아내의 욕설과 구박을 참고 견딤으로써 스스로의 정신을 정화하고 단련시키려 마음먹고 있었던 것인지도 모른다.

어쨌든 이들 부부의 행태가 하도 유별나서, 친구인 소동파는 〈오덕인吳德仁에게 보내며, 아울러 진계상에게 보낸다〉라는 제목으로 된 24행의 고시를 지어, 다음과 같이 진계상 부부를 노골적으로 비꼬며 놀려댔다.

"용구의 거사 또한 가련키 짝이 없도다
공空을 담하고 유有를 설하며 밤을 지새우건만
득달같이 들려오는 하동의 사자후獅子吼에
손에 든 지팡이 떨어뜨리고 망연자실하고 있네."

손님과 밤을 밝히며 불도를 논하고 있던 용구의 거사(진계상)는 아내의 사자후에 놀라 깨달음의 길도 잃어버린 듯, 손에 들고 있던 지팡이를 떨어뜨리고는 그저 망연자실해 있었을 뿐이었다고 한다.

"천둥이 치면 그 다음엔 큰비가 오는 게 당연하다"고 말하며, 물벼락을 맞고도 태연자약했던 소크라테스에 비한다면, 진계상은 그릇이 작았던 듯도 하지만, 한편으로는 인간적인 풍미를 물씬 풍김으로써 입가에 미소를 자아내게도 한다. 소동파의 시 또한 그러한 심정에서 노래되었을 것임은 두말할 나위도 없을 것이다.

크산티페와, 또한 동양의 '소크라테스의 아내'인 하동의 유씨가 악처의 전형으로 일컬어지고는 있지만, 두 사람 모두 생전에 남편과 헤어지는 일이 없었던 것을 보면, 예나 지금이나 바가지 긁는 아내는 그리 두려운(?) 존재가 아닌 듯도 싶다.

또 주나라의 서백西伯(文王)과 무왕武王 2대에 걸쳐 봉사하며, 그들의 사부師父로서 주나라의 번영에 힘을 보탰던 태공망太公望 여상呂尙은 서백의 눈에 들기까지는 아무 일도 하지 않고 독서에만 열중했다고 한다.

그의 아내 마씨馬氏는 남편 대신 집안을 꾸려가느라 고생이 말이 아니었다. 남의 집 밭일을 하고 곡식을 찧어주는 등 품을 팔아 간신히 남편과 함께 입에 풀칠을 하는 형편이었다.

그러던 어느 날 마씨는 이웃집 일을 봐주러 가면서 남편에게 당부의 말을 했다.

"마당에 곡식을 널어두었으니 비가 오면 걷어서 들여놓으세요."

책에 코를 박고 있던 여상은 아내를 돌아보지도 않은 채 고개만 끄덕거렸다. 그런데 그날 따라 소나기가 내려 마당에 널어두었던 곡식이 몽땅 빗물에 떠내려가고 말았다. 그래도 여상은 아무것도 모른 채 책에서 눈을 떼지 않고 있었다.

저녁에 집으로 돌아온 마씨는 마당에 널어두었던 곡식이 모두 떠내려가버린 것을 보고는 기가 막혀 말이 나오지 않을 지경이었다. 그렇게 당부하고 나갔건만, 곡식을 다 떠내려보내다니…… 그 곡식이 어떤 곡식인가. 뼈빠지게 품을 팔아 얻어온 것이 아닌가.

마침내 마씨는 발분하여 보따리를 싸고 말았다. 저런 남자와 평생을 살아봐도 속 편하기는 글렀다고 생각했던 것이다.

 그후 여상은 위수渭水 부근에서 낚싯바늘이 없는 낚싯줄을 드리우고 있다가 서백을 만나 그의 사부로 들어가게 되었다. 그 소식을 듣게 된 마씨는 게으름뱅이 남편이 그렇게 된 데 대해 크게 놀라며 때늦은 후회로 가슴을 쳐야 했다. 그리고 부끄러움을 무릅쓰고 여상을 찾아가 "다시 한번 제게 가까이서 모실 기회를 주신다면……" 하고 간곡히 청했다. 그러자 여상은 하인을 시켜 대야에 물을 가득 담아 대령케 했다. 그러더니 대야에 담긴 물을 마당에 쏟아버리며 이렇게 말하는 것이다.

 "그 물을 다시 대야에 담을 수 있다면 그렇게 하지. 하지만 한번 쏟아버린 물을 어찌 다시 그릇에 주워담을 수가 있겠는가?"

 이미 엎질러진 물이란 이야기다. 참으로 속 좁고 독선적인 처사라 하지 않을 수 없다.

 이와 비슷한 이야기가 한나라의 주매신朱買臣과 그의 아내에 대해서도 전해지고 있다.

 주매신은 몹시 가난하여 나무를 팔아 겨우 입에 풀칠을 하는 형편이었다. 그러나 그는 촌음을 아껴 독서에 열중했다.

 하지만 나이 40이 넘어서도 여전히 입신의 실마리를 찾지 못하고 있었다. 부인은 그런 남편을 경멸했으며, 처자식 하나 제대로 먹여살리지도 못하면서 매일 책만 읽고 있어봐야 무슨 득이 있겠느냐며 남편을 심하게 타박했다. 그러던 어느 날, 마을에서 자신의 남편이 아이들에게 놀림을 받고 있는 것을 보자 그녀마저도 완전히 정나미가 떨어져 집을 나간 뒤 그대로 돌아오지 않았다.

 그후 주매신은 뜻을 이루어 관직에 올랐으며, 몇 해가 지난 뒤 태수가 되어 향리에 부임했는데, 그때 마을을 맨발로 걷고 있는 자신의 옛 아내와 만나게 되었다. 여자는 천하디천한 사내의 아내가 되어 있었던 것이다. 여자는 주매신을 보자 크게 놀라며 옛날로 돌아가게 해줄 것을 청했으나, 역시 주매신은 "엎질러진 물은 다시 주워담을 수 없다"는 말로 이를 거절했다고 한다.

  소크라테스나 진계상은 성질이 거칠고 입이 험한 아내의 존재를 그저 꾹 참고 견디고 있었다. 크산티페나 하동의 유씨 역시 늘 남편을 욕했지만, 헤어지려는 생각은 하지 않았던 것 같다. 양쪽 모두 그릇의 물을 바닥에 쏟아버리는 데까지는 가지 않았던 것이다. 아마도 그 물에는 당사자들이 아니면 아무도 알 수 없는 어떤 '맛'이 들어 있었을 것이다.

  그렇다면 크산티페나 하동의 유씨 모두 몹쓸 악녀라고만은 볼 수 없지 않을까. ■

맹모孟母
— '맹모삼천'을 감행한 맹자의 어머니

> "……내가 베를 짜지 않으면 뒤주는 텅 빈 채로 있을 것이다. 네가 학문을 닦지 않는다면 네 머리도 텅 빈 채로 있을 것이다."

맹모孟母란 맹자(기원전 372~289)의 어머니를 이르는 말이다. 맹자의 이름은 가軻라고 했다. 맹자의 '자子'는 남자의 미칭으로, 오늘날을 예로 들자면 '맹선생' 정도의 의미를 갖는다고 볼 수 있다. 그의 어머니의 이름은 전해지지 않는다. 아버지의 이름도 알 수 없다.

부모의 이름을 알 수 없다는 것은 맹자의 가문이 이른바 명문가가 아니었다는 징표일 것이다. 맹자는 일찍이 아버지를 여의고 가난한 집안에서 홀어머니의 손에 의해 길러졌다고 전한다.

그의 집은 맨 처음 묘지 근처에 자리잡고 있었다. 그로 인해 어린 맹자는 장례식 흉내나 묘지 파는 장난을 하며 놀았다. 이를 본 맹자의 어머니는 교육상 좋지 않다고 판단하여 이사를 했다.

새로 이사한 곳은 시장 부근이었다. 그러자 맹자는 상인들이 물건 사고 파는 모습을 흉내내며 놀았다. 맹자의 어머니는 이 역시 교육상 좋지 않다고 생각하여 다시 이사를 갔다.

　이번에 이사한 곳은 서당 근처였다. 그러자 맹자는 예의범절을 차리고 책 읽는 흉내를 내며 놀게 되었다. 이를 본 맹자의 어머니는 이곳이야말로 자식을 교육시키기에 적합한 곳이라고 생각하여 그곳에 눌러 살았다고 한다. 이른바 '맹모삼천孟母三遷'의 가르침인 것이다.

　맹자가 소년이 되자 맹모는 자신의 아들에게 본격적으로 학문을 가르쳐야겠다고 생각했다. 그것도 자신의 곁에서가 아니라 유학을 보내기로 마음먹었던 것이다. 가난한 집안에서 자식을 유학 보낸다는 것은 그때나 지금이나 쉬운 일이 아니다. 아마도 맹모는 더욱 열심히 베짜는 일에 매달려야 했을 것이 분명하다.

　그런데 어느 날 맹자는 자신의 어머니가 몸을 축내가면서까지 일을 하여 학비를 보냈음에도 불구하고, 그런 어머니의 바람을 저버린 채 공부를 중단하고 돌아오고 말았다. 그 순간에도 맹자의 어머니는 구슬땀을 흘리며 베짜는 일에 여념이 없었다. 갑자기 나타난 아들을 보자 두 눈이 휘둥그레진 어머니는 놀라 물었다.

　"아니, 어찌된 일이냐, 벌써 집으로 돌아오다니? 학문을 벌써 다 익힌 것이냐?"

　"아니오, 전혀……."

　그러자 맹모는 그 자리에서 벌떡 일어나더니, 옆에 있던 작은 칼을 움켜쥐고는 자신이 짜고 있던 베를 썩둑 잘라버리는 것이었다.

　맹자가 깜짝 놀라 물었다.

　"어머니, 왜 그러십니까?"

　맹모는 나직한 목소리로 훈계를 시작했다.

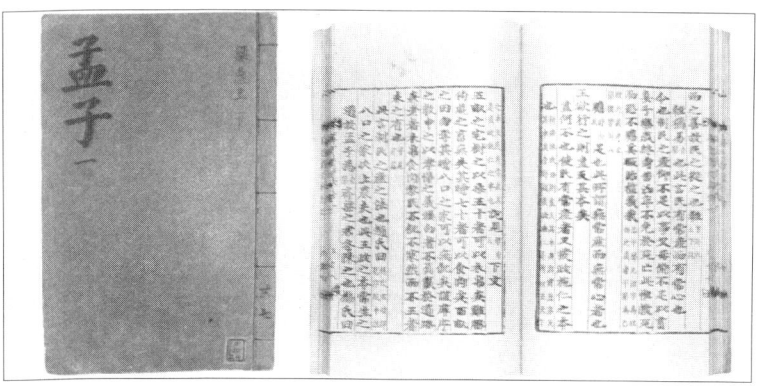

△맹자(왼쪽)와 그의 사상을 담은 〈맹자〉의 표지와 내용.

"네가 중도에서 학문을 포기하고 집에 돌아온 것은, 내가 지금 한창 짜고 있던 베를 끊어버린 것이나 조금도 다를 바가 없다. 우리 집안은 비록 넉넉지는 않지만, 선비의 가문이다. 선비 가문의 자식은 군자라 일컬어지는 인물이 되어야 하는 법. 군자가 되려면 끊임없이 학문을 갈고 닦아 지식을 넓히고, 도를 행하고, 이름을 높여야 하느니라. 그렇게 해야만 몸도 마음도 평안을 얻을 수 있느니라. 그런데 너는 중도에 학문을 그만두고 집으로 돌아왔으니, 기껏해야 남의 밑에서 잔일이나 거드는 수밖에는 없을 것이다. 그러고도 선비 집안의 자식이라 할 수 있겠느냐? 세상에 나가서도 잘못을 저지르는 사람밖엔 되지 못할 것이다. 내가 실을 자아서 베를 짜는 것은 먹고 살기 위해서다. 내가 베짜는 일을 그만둔다는 것은 먹고 살기를 그만두는 일이나 다를 바가 없다. 네가 학문을 하는 것은 군자가 되기 위함이다. 그런 네가 학문을 그만둔다는 것은 군자가 되기를 그만둔다는 것이다. 내가 베를 짜지 않으면 뒤주는 언제나 텅텅 빈 채로 있을 뿐이다. 마찬가지로 네가 학문을 닦지 않는다면, 네 머리는 언제나 텅 빈 채로 있을 것이며, 아무리 세월이 흘러도 도를 행할 수도, 세상에 이름을 떨칠 수도 없을 것이다……"

이것이 이른바 '맹모 단기斷機의 가르침'이다.

맹자는 그리하여 자신이 학업을 중단하고 돌아온 것에 대해 뼈저리게 뉘우치게 되었다. 그런 이후로 밤이나 낮이나 학문에 정진한 결과, 후일 공자의 손자인 자사子思의 문하에 들어가 마침내 천하의 명유名儒라 일컬어지는 인물이 된 것이다.

이 두 가지의 에피소드(三遷과 斷機)는 한나라 유향劉向의 〈열녀전〉에 미담으로 기록되어 있다.

이러한 맹모의 이야기를 하고 있노라면 우리 나라의 한석봉의 어머니를 떠올리지 않을 수 없다. 한석봉의 어머니 역시 자식의 미숙함을 깨우쳐주기 위해 불을 끈 채, 자신은 떡을 썰고 아들에게는 글씨를 쓰게 했다. 이는 또한 오늘날 그 어떤 일보다 자식의 교육을 우선 순위에 두는 이 땅의 어머니들의 원조인 듯한 생각도 든다.

맹모는 그 '삼천의 가르침'과 '단기의 가르침'을 통해 자식을

'명유'로 만든 데 대해 일단은 만족했었는지도 모른다. 하지만 맹자가 '명유'가 되고, 따라서 생활이 넉넉해지고 나서도 맹모는 역시 무서운 얼굴로 계속해서 재미없는 '훈계'를 이어갔던 사실이 같은 〈열녀전〉에 기록된 다음의 에피소드를 통해 알려져 있다.

 어느 날 맹자가 아내의 방으로 들어가보니, 아마도 한여름의 무더위가 기승을 부릴 때였는지 아내가 저고리를 벗은 채 앉아 있었다. '삼천'이나 '단기'의 가르침을 통해 인의도덕仁義道德의 화신이 되어버린 맹자는 아내의 그런 모습을 보자 노골적으로 불쾌한 얼굴을 하며 아무 말도 하지 않고 그 방을 나와버렸다.
 맹자의 아내는 그러한 남편의 태도를 보자 부아가 끓었다. 남도 아닌 아내이며, 게다가 자신의 방이 아니었던가. "뭐야, 그 모양이……" 하고 슬며시 웃어넘긴다고 해서 남편의 체면이라도 손상된다는 말인가. 그것이 바로 인정이자, 부부의 금실이 아니겠나. 인정머리도 없으면서 무엇이 인의란 말인가.
 마음이 상한 맹자의 아내는 시어머니인 맹모에게 가서 고향으로 돌아가게 해달라고 청했다.
 "제가 방에서 겉옷을 벗은 채 잠시 쉬고 있자니, 그분께서 갑자기 방으로 들어오셨습니다. 그리고는 대단히 불쾌한 낯빛을 하고는 아무 말 없이 휑하니 방을 나가버리셨지요. 이는 필시 그분께서 지금까지 절 아내로 여기시지 않았다는 증거임이 분명하옵니다. 여자가 시집을 와서 언제까지나 남의 집 사람 취급을 받는대서야 진정한 부부라고 할 수 없사옵니다. 대체 그분은 절 무엇이라 여기고 계신 걸까요? 절 남의 집 사람으로 여기신다면 도리가 없습니다. 절 고향으로 돌아가게 해주십시오."

맹자의 아내도 어지간한 여자였던 모양이다.

하지만 어쩌면 맹자는 그 동안 아내에게 잘못한 일이 많아, 쌓이고 쌓인 울분이 그런 식으로 한꺼번에 폭발해버린 것일지도 모른다.

맹모는 며느리의 그런 하소연을 듣자 당장 아들인 맹자를 불렀다. 그리고는 예의 그 '훈계'를 시작했다.

"네가 오늘 네 처에게 취한 행동은 예에 벗어나는 일이니라. 문을 들어설 때는 먼저 안에 누가 있는지 기침을 하는 것이 예이니라. 그리고 방으로 들어설 때는 먼저 들어가겠다는 기침을 하는 것이 예이니라. 그것은 안에 있는 사람에게 주의를 시키기 위함이니라. 방안에 들어갔을 때는 상대가 먼저 인사를 했을 때라도, 눈을 아래로 뜨고 상대를 보지 않는 것이 예이니라. 그것은 상대의 잘못을 보지 않기 위한 것인 동시에, 상대에게 잘못을 고칠 여유를 주기 위함이니라. 너는 기침을 하지 않았고, 눈을 아래로 뜨지 않았으며, 잠자코 방으로 들어가 아내에게 불쾌한 얼굴을 보이지 않았느냐. 자신이 예에 벗어난 일을 해놓고, 남에게 예에 벗어난 일을 했다고 책하는 것은 도리에 어긋나는 일이니라."

하지만 맹모는 며느리의 기분을 조금도 헤아리고 있지 못하다. 그것은 맹자가 자기 아내의 기분을 알지 못하는 것과 다를 바가 없다. 따라서 맹모의 '훈계'는 핀트가 어긋난 '훈계'에 불과했던 것이다.

아내가 원했던 것은 남편의 인간적인 풍모였지, 결코 자나깨나 예의만을 찾아달라는 게 아니었던 것이다.

맹자는 어머니의 이런 '훈계'를 듣자 달리 아무런 할 말이 없어 아내를 그대로 집에 머물게 했다고 전한다. 이 에피소드 역시 〈열녀전〉에는 미담으로서 기록되어 있다.

이러한 '미담'이 정말 사실이라면 맹모라는 인물은 도저히 대적할 수 없는 악녀가 아니었을까?

무라마쓰 아키라(村松暎) 씨가 쓴 〈이상의 패배―맹자론〉이라는 책을 보면 이런 대담한 이야기가 나온다. "맹자가 걸은 것은 패배의 길이었다. 하지만 이상을 높이 내걸고 분투한 그의 일생은 패배를 겪었기에 바로 우리에게 귀중한 교훈을 전해주는 것이다"라고.

맹자가 정말 '패배의 길'을 걸었다면 그것은 쉴 새 없이 보이지 않는 정상을 향해 오르도록 뒤에서 아들을 채찍질했던 그의 어머니와 무관한 일이 아니었을지도 모른다.

오늘날 우리 나라의 맹렬한 어머니들에 대해 맹모는 '귀중한 교훈을 가르쳐주고 있다'고도 할 수 있을 것이다. 하지만 자식의 제도교육 이외에는 안중에 없는 어머니들은 이렇게 말할 것이다. "무슨 일이 있어도 좋으니, 제발 내 아이를 명문대학에 가게 해달라"고.

하지만 무슨 과외다 무슨 과외다 해서 고생 끝에 명문대학을 졸업시켜봐야 대부분의 자식들은 졸업과 동시에 그저 어디에나 있는 평범한 사람이 되어버린다. 아니, 그저 평범한 사람이라도 되면 그나마 다행이고, 많은 수는 '치맛바람 센 어머니' 덕분에 자립심이 없는 딱한 남자가 되고 만다.

"어머니들이여, 그래도 자식을 위해 악녀가 되겠는가?" ■

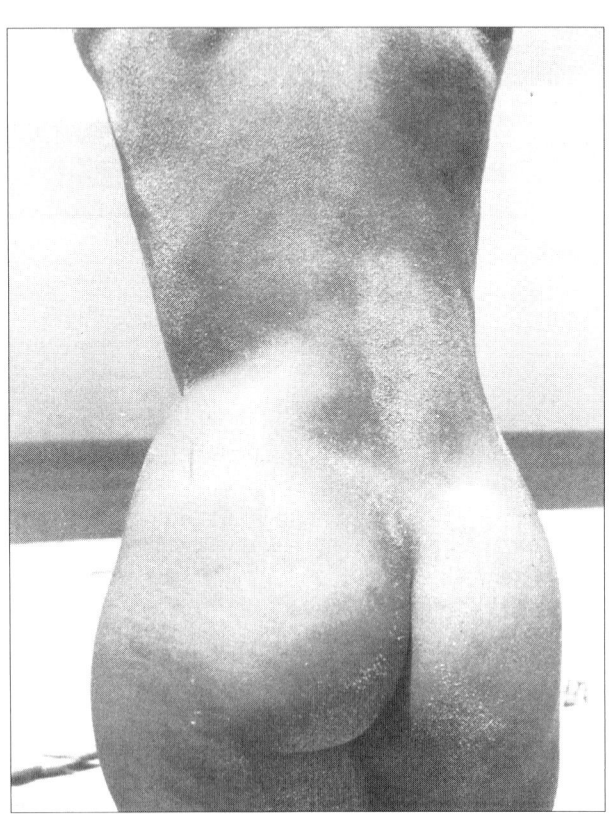

〈토르소〉, 1953, 프리츠 헨레

주희朱姬
— 진시황의 어머니가 된 기녀

> 장양왕인 자초가 그리 일찍 세상을 떠난 것도 주희의 황음 탓이었다. 게다가 왕이 죽기 전부터 주희는 여불위를 대담하게 유혹했다.

전국시대(기원전 403~221) 말년의 일이다. 대상인大商人으로 훗날 진秦나라의 재상을 지낸 여불위呂不韋는 조나라의 수도 한단邯鄲에서 한 여인과 만나게 된다.

그녀의 이름은 주희朱姬였는데, 춤과 노래에 있어서 한단의 기녀들 중 그녀와 대적할 자가 없었을 뿐 아니라, 미색 또한 필설로 다 표현할 수 없을 정도였다.

여불위는 여러 나라를 왕래하는 교역 상인이었으므로, 한단에도 호화로운 저택을 두고 있었다. 여불위는 그곳에서 주희와 며칠을 함께 지내다 그녀에게 담뿍 정이 들어, 기적에서 그녀의 이름을 빼온 뒤 그 저택에 아주 들어앉게 했다.

한편 여불위는 이보다 앞서 진나라 소양왕昭襄王의 손자로서 조나라의 인질로 한단에 와 있는 자초子楚라는 자를 알게 되었다.

소양왕의 태자인 안국군安國君에게는 20명이 넘는 아들이 있었는데, 자초도 그 가운데 하나였다. 그런데 그의 생모는 저 세상 사람이었고 게다가 이미 생전에 안국군의 사랑을 잃었기 때문에, 자초는 20명이 넘는 형제들 중 아버지의 사랑을 가장 못 받았다. 자초가 조나라에 인질로 보내진 것도 바로 그런 연유에서였다.

한단에서의 자초는 고국에서도 버림받은 신세였으며, 조나라로부터도 냉대를 받는 처지였다.

하지만 여불위는 그러한 자초에게 눈독을 들이고 있었다.

'좋은 기회는 붙잡아야 한다.'

'이는 진흙 속에 숨은 진주다. 사가지고 가자.'

여불위가 자초를 '진주'로 본 것은 안국군의 정부인인 화양華陽부인에게 아들이 없음을 떠올렸기 때문이다.

여불위는 자초에게 면회를 청하여 이렇게 말했다.

"내가 한단에 갖고 있는 전재산의 절반을 당신께 드릴 테니 당신은 그것으로 주변을 치장하고, 이 나라의 명사들이나 다른 나라에서 인질로 와 있는 왕족들과 친분을 두텁게 하여 당신의 명성을 높여주십시오. 나는 나머지 절반의 재산으로 본국에서의 당신 명성을 높이도록 노력하겠습니다."

여불위는 진나라의 수도인 함양咸陽으로 건너가 먼저 화양부인의 언니를 만나 간곡히 권했다.

"아들이 없는 화양부인에게 있어서는 어머니가 없는 자초를 양자로 삼아 적자로 세우는 것이 상책인 줄 아옵니다."

언니로부터 여불위의 이야기를 전해들은 화양부인은 아들이 없는 자신의 장래를 불안히 여겨 안국군에게 호소했다.

"이렇게 총애를 받고는 있으나, 아들이 없는 저의 앞날은 불안하기 짝이 없사옵니다. 전하, 부탁이옵니다. 조나라에 있는 자초를 아들로 삼아 적자로 세우도록 하여주소서. 왕자들 가운데 어미가 없는 것은 자초뿐인 줄 아옵니다. 많은 형제들 중 자초 혼자 인질로 잡혀 이국에 가 있으나 불평 한마디 없으며, 조나라에서도 많은 사람들의 신망을 얻을 만큼 훌륭히 처신하고 있다고 합니다. 자초라면 장래 저를 어머니로서 소중히 여겨줄 것이 틀림없사옵니다."

그러자 안국군도 이렇게 말했다.

"그가 조나라에서 명성을 드높이고 있다는 이야기는 나도 익히 들었소. 나는 그의 어미를 미워하여 그에게까지 냉대했지만, 생각해보면 그에게는 아무런 잘못도 없소. 그대의 말대로 자초는 효심이 깊고 인내심이 있는 아이인지도 모르지. 이 일은 그대의 뜻대로 하오."

안국군은 화양부인을 안심시키기 위해 옥으로 부절符節을 만들어 자초를 적자로 삼겠다는 징표로 주었다.

며칠 후 안국군과 화양부인은 여불위를 불러 자초의 후견인이 되어달라고 부탁하면서, 자초를 적자로 삼겠다는 징표로 부절과 함께 후한 선물을 내려주었다.

여불위는 한단으로 돌아와, 조나라의 중신들과 인질로 와 있는 열국의 왕족·명사들을 자초의 저택으로 초대하여, 자초가 태자인 안국군의 세자가 되었음을 알리고 축하연을 베풀었다. 이로 인해 자초의 명성은 열국 사이에 점차로 높아져갔다.

한단으로 돌아온 지 얼마 안되어, 여불위는 주희가 잉태했다는 사실을 알았다. 여불위에게 있어서는 이것이야말로 이중의 기쁨이었다.

"만일 그 아이가 사내아이라면 넌 이윽고 진나라의 국모가 될 것이다."

여불위는 주희에게 말했다.

"나는 자초를 진나라의 적자로 만들었느니라. 자초가 진왕이 된다면 네 뱃속의 아이도 진왕이 될 것이다. 그렇게 되면 너는 그 나라의 국모가 되는 것이지."

"어째서 그리 될 수 있다는 말씀이옵니까?"

"내일 자초를 이곳으로 부를 것이다. 나는 누구보다 자초를 잘 알고 있지. 자초는 필시 너를 보면 갖고 싶어할 것이 분명하다."

"아이가 태어나면 당신의 아이란 걸 알 텐데요."

"앞으로 8달 후에 태어날 테지. 의사에게 조산한 것으로 보이도록 조처할 터이니 너는 아무 염려 말거라. 오늘은 네가 내 것으로서 지낼 수 있는 마지막 밤이 될 것이야. 앞으로는 은밀히 만나야 할테니 말이다. 은밀한 만남도 특별한 즐거움이 있을 것이니, 지금은 최후의 밤을 즐겨보도록 하자꾸나."

이튿날, 여불위는 귀한 손님들과 더불어 자초를 집으로 초대했다. 자초는 주희가 춤추는 모습을 몸 한 번 흐트리지 않고 망연히 바라보고 있었다. 연회가 끝나기 무섭게 자초는 여불위를 찾았다.

"저 여인을 제게 주시지 않겠습니까?"

"나는 한단의 전재산을 전부 당신께 걸었습니다. 그런 당신을 위해서라면 무슨 일인들 못하겠습니까?"

그날 밤, 주희는 자초의 거처에서 밤을 밝혔다.

그리고 이듬해 정월, 주희는 사내아이를 낳았다. 정월에 태어났다고 하여 그 아이를 정政이라 이름지었다. 정은 정正과 통한다.

정이 태어난 해 겨울, 진나라가 조나라를 공격하여 한단에 육박해왔다. 여불위는 마차를 준비하여 자초를 마부로 변장시키고, 정과 주희를 짐 속에 숨겨서는 난민 속에 섞여 한단을 탈출케 했다.

자초가 귀국한 지 6년이 지났을 때, 소양이 죽고 안국군이 그 뒤를 이었다. 그가 바로 효문왕孝文王이며, 화양부인은 왕후의 자리에, 자초는 태자의 자리에 앉았다.

효문왕이 즉위 후 불과 1년 만에 세상을 떠나니, 자초가 예정대로 왕위에 올랐다. 그가 바로 장양왕莊襄王이다. 주희는 왕후가 되었으며, 여불위는 승상에 임명되어 하남 낙양의 봉토 10만 호를 하사받고 문신후文信侯라 불리게 되었다.

장양왕은 즉위 후 3년 만에 죽었다. 이때 주희의 나이 32살. 그의 아들인 정이 13살의 나이로 왕위에 오르니, 그가 바로 진시황이다. 주희는 태후가 되고, 여불위는 재상의 자리에 올랐으며, 중부仲父라는 존칭까지 얻게 되니 국권은 모두 그 손에 들어오게 되었다.

여불위는 1만 명의 가신과 3천 명의 식객들 중 글을 잘하는 학자들에게 명하여 책을 쓰도록 하니, 마침내 26권으로 된 〈여씨춘추〉의 완성을 보게 되었다.

3천 명의 식객 중에는 노애嫪毐 라는 자가 있었다. 당당한 체구의 미남자였는데, 처음 여불위의 집을 찾아왔을 때 한눈에 범상치 않은 인물임을 알아본 여불위는 그의 재주가 무엇인지를 물었다.

"별것은 아니옵니다만, 혹시 도움이 되실지도 모르겠습니다."

이렇게 말하고 그는 자신의 재주를 펼쳐보였다. 그는 입고 있던 옷들을 모두 훨훨 벗더니, 그 거근巨根을 늠름하게 발기시켜 오동나무로 만든 둥근 통을 다루어 보였다. 팽이를 돌리는 사람이 한 가닥의 실로 팽이를 다루듯, 그는 오동나무 통을 거근 끝에 걸어 풍차처럼 돌리기도 하고, 높이 던져올렸다가 받는가 하면, 바닥에 굴리다 주워올리기도 하며, 마치 손으로 다루듯 자유자재로 놀렸던 것이다.

장양왕인 자초가 그리 일찍 세상을 떠난 것도 주희의 황음 탓이었다. 장양왕이 죽기 전부터 주희는 정이 아직 어렸기 때문에 대담하게 여불위를 유혹하곤 했었다. 하지만 정도 언제까지나 소년은 아니었다. 게다가 남달리 매우 총명하기까지 했다. 여불위는 정이 눈치챌까 염려하여, 주희와의 관계를 끊으려 고심 중에 있던 차였다.

여불위는 노애를 환관의 자격으로 후궁에 넣어주었다.

주태후는 노애의 거근을 보자 기쁨을 감추지 못했다. 그리고는 그것을 탐하여 한시도 그의 곁을 떠나지 않았으며, 더이상 여불위를 유혹하려 들지도 않았다.

이윽고 주태후는 노애의 아이를 잉태했다. 주태후는 그 사실이 알려지는 것을 두려워하여, 여불위와 의논한 끝에 점쟁이에게 가짜 점괘를 내도록 하여, 옹擁의 이궁離宮으로 노애와 함께 거처를 옮겼다.

점점 더 노애의 거근에 정신을 빼앗긴 주태후는 "여불위의 아들인 정 대신, 당신의 아이를 왕으로 삼고 싶습니다"라고까지 말하는 지경에 이르게 되었다.

이듬해 둘째아들이 세상에 태어났다. 노애는 주태후의 총애 덕분에 많은 권력을 손에 넣고, 그를 따르는 가신 천여 명과, 식객 천 명을 거느리는 실력자로 부상하게 되었다.

정이 왕위에 오른 지 9년 째 되던 해, 노애를 미워하는 자의 밀고로 정은 비로소 주태후와 노애의 일을 알아차리게 되었다. 그러자 노애와 주태후는 기선을 제압하기 위해 옹의 이궁에서 반기를 들고자 모의했다. 정은 군사를 일으켜 이들을 무찔렀으며, 노애를 붙잡아 능지처참형을 내리고 주태후가 낳은 두 아들도 죽인 뒤, 부양궁이라는 작은 궁으로 주태후의 거처를 옮기도록 하였다.

　이듬해 여불위는 해임되었으며, 다시 2년 뒤 봉토마저 몰수당하자 자신의 운명이 다했음을 깨닫고 스스로 목숨을 끊었다.

　주태후는 그로부터 7년 뒤, 50세의 나이로 병사하게 되는데, 부양궁으로 옮겨와 죽기까지 10년 동안 번갈아 남자들을 불러들여 노느라 세월 가는 줄을 몰랐다고 한다. ■

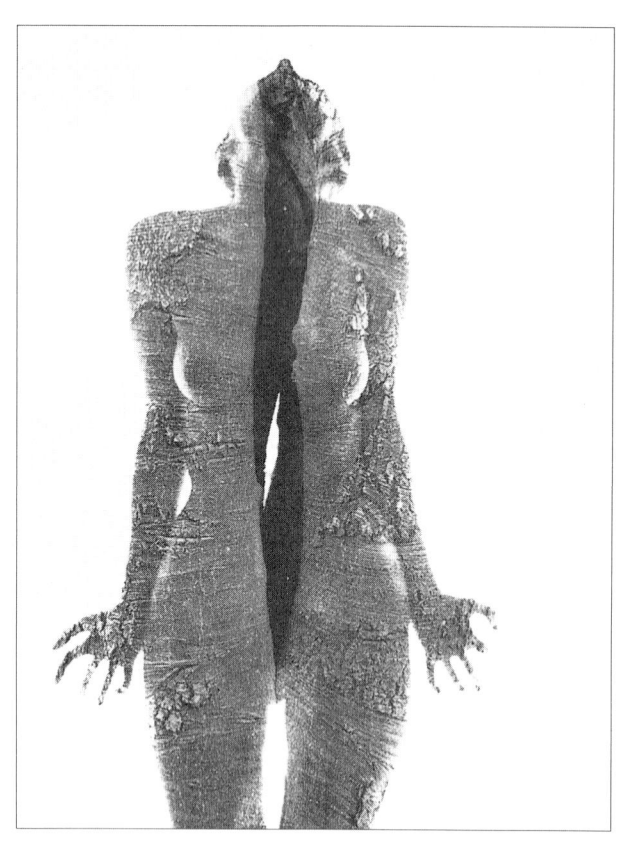

〈반전 포스트〉, 1970, 바클로 노바크

여태후呂太后
— 중국 역사상 최악의 잔혹녀

> 여태후는 환관 차림을 한 흉악범 두 명을 데리고 척부인이 갇혀 있는 감옥으로 가서는 역사상 최악의 잔혹한 복수를 척부인에게 퍼부었다.

진秦나라의 시황제 말년, 강소江蘇의 동쪽 사상泗上이라는 곳에 정장亭長 벼슬을 하는 유방劉邦이라는 자가 있었다.

정후이란 공도公道의 요소요소에 설치해둔 숙소를 일컫는 것으로, 숙소 관리를 하는 동시에 주변 지역의 치안을 돌보는 것이 정장의 임무였다. 정장은 힘으로 밀어붙일 수 있는 그런 인물을 필요로 했지만, 관리로서는 비천한 지위에 지나지 않았다.

유방은 비천한 관직이었음에도 불구하고, 언제나 그곳 현의 관리쯤은 안중에도 없다는 듯 방약무인격으로 행동하며 늘 거들먹거리는 사내였다.

여치呂雉라는 낭자의 아버지가 그러한 유방을 눈여겨보고는 자신의 딸인 여치를 그에게 시집보냈다. 유방에게는 이미 조씨曹氏라는 부인이 있었으며, 두 사람 사이에서 난 비肥라는 아들도 있었다. 유방의 집은 가난했고, 정장의 녹만으로는 일가가 먹고 살기가 매우 어려웠다.

여치는 시집온 다음날부터 조씨와 함께 밭에 나가 일을 해야만 했다. 난생 처음 호미를 손에 들었던 것이다. 여치는 밭일을 하며 아버지를 원망했다.

하지만 여치 아버지의 판단은 빗나가지 않았다. 유방은 여치를 데려온 지 3년 후에 병사들을 모아 진에 반기를 들었으며, 다시 3년 뒤에는 진의 수도 함양을 함락시켜 한왕漢王이 되었다. 그리고 다시 4년이 흐른 뒤에는 숙적인 항우項羽를 무찌르고 마침내 황제의 자리에 올랐던 것이다. 그가 바로 한의 고조高祖이다.

고조가 제위에 올랐을 때 여치는 황후가 되었다. 처음 조부인에게 호미 잡는 법을 배웠던 여후呂后는 고조가 한왕이 되었을 때 이미 조부인을 누르고 왕비가 되었다. 그리고 조부인의 아들인 장남 비를 제치고 자신의 아들인 차남 영盈을 태자의 자리에 앉혔다.

고조가 천하를 통일하고 제위에 올랐을 때, 그는 유방의 3걸이라 일컬어지던 인물 중의 하나로 한조 창업의 최대 공신인 한신韓信에게 초왕楚王의 자리를 주었다.

그러한 한신을 여후는 가장 먼저 처치했다. 모반을 계획했다는 이유를 들어 그를 죽인 뒤에는 3족까지 멸해버렸다. 천하의 명장 한신은 죽는 자리에서 "내 일찍이 독립하라고 권한 괴철의 계책을 쓰지 않다가 이제 여자에게 당하는구나!" 하며 통분을 금치 못했다고 한다.

이어 여후는 한조의 창업 공신으로 양왕梁王에 봉해졌던 팽월彭越 역시 모반을 기도했다고 하여 3족에 이르기까지 한 명도 남기지 않고 죽였으며, 팽월의 살을 도려내 소금에 절이게 하여 한 사람도 빠짐없이 제후들에게 나누어주도록 했다.

 여후는 기회 있을 때마다 왕이나 제후가 된 한조의 창업 공신들을 죽이기 위해 애썼다. 그것은 자신의 아들인 태자 영이 고조의 뒤를 이어 제위에 올랐을 때, 세력 있는 옛 공신들이야말로 제위를 위협할 원흉이라 여겼기 때문이다.

 옛 공신들뿐만이 아니었다. 영의 이복형제들이나, 그들의 생모인 부인들 또한 여후 모자에게 있어서는 눈엣가시 같은 존재들이었다. 비록 그들이 야심을 품지 않았다 하더라도 세력있는 신하들이 그들을 이용하여 자신의 야망을 달성할지도 모르는 일이었다. 눈엣가시는 뽑아버려야만 했다. 여후는 그러한 일들을 착착 진행시켜나갔다.

 한신과 팽월이 죽임을 당하자, 회남왕淮南王인 경포黥布가 반기를 들었다. 고조는 친히 나서서 경포를 제압했는데, 그때 빗나간 화살에 맞은 상처가 악화됨으로써 그는 이듬해 봄 장안으로 돌아와 죽고 말았다. 향년 62세. 일개 정장으로 거병한 지 15년, 천하를 통일하여 제위에 오른 지 8년째 되던 해의 일이다.

 그해 5월 태자 영이 제위에 올랐다. 그가 바로 혜제惠帝이다. 이때 혜제의 나이 16세. 아버지인 고조와는 달리 허약한 체질을 타고난 그는 어머니인 여후와 달리 고운 심성을 지니고 있었다. 따라서 여후는 태후로서 정치의 실권을 거머쥐게 되었으며, 날이 갈수록 자신의 뜻대로 권력을 휘둘렀다.

 6월, 여태후는 고조가 생전에 가장 총애하던 척戚부인을 잡아 영항永巷에 감금시켰다. 영항이란 후궁인 여관女官들의 방이 늘어서 있는 건물로, 그곳에는 죄를 지은 여관을 수용하는 옥사도 있었다.

척부인은 고조가 진의 수도 함양을 함락시켜 한왕이 된 지 얼마 안 있어 산동에서 얻은 여인이었다. 그후 척부인은 고조의 총애를 한몸에 받았으며, 고조가 어디를 가든 항상 그림자처럼 그의 뒤를 따랐었다.

1년 후 척부인은 여의如意를 낳았다. 고조는 자기를 꼭 닮은 여의를 손 안의 구슬처럼 귀여워했다. 이미 여후의 아들인 영을 태자로 책봉한 뒤였으나, 고조는 여의를 볼 적마다 마음이 흔들렸다. 척부인이 자주 여의를 태자의 자리에 명해달라고 간청했기 때문이었다. 고조는 몇 번인가 태자 폐위의 문제를 거론해보았으나, 그때마다 중신들의 강력한 반대에 부딪혀 결국 뜻을 이루지 못했다. 하지만 자신의 지위를 위협당하며 여후가 품었던 원한은 이제부터 불꽃을 발하게 되었다.

여태후는 척부인을 감금시키고 여의를 불러 무참하게 죽인 뒤, 건장한 환관 두 명을 데리고 영항의 옥사로 가 격자창 속을 들여다보며 "이 음탕한 년!" 하고 소리쳤다. 고개를 든 척부인의 얼굴은 창백하게 야위어 있었으나, 타고난 미모는 조금도 그 빛을 잃지 않고 있었다. 여태후는 바로 그 미모가 자신을 괴롭혔다는 생각이 들자 원한이 불기둥을 이루며 가슴 속에서 활활 타오르는 것을 느꼈다.

"이 음탕한 년! 네게 여의의 일을 말해주러 왔노라. 여의는 지금 저 세상으로 가서 갓난아기 때와 마찬가지로 선제의 무릎에 안겨 귀여움을 독차지하고 있을 게다!"

"이 살인자 투기꾼! 나의 여의를 죽였단 말인가! 어서 빨리 나도 죽여라. 저 세상에 가서 선제께 호소해 나의 아들과 함께 원귀가 되어 살인자 투기꾼을 가만두지 않겠다!"

"이 음탕한 년! 저 세상에 가서도 또 선제의 총애를 받아 나를 괴롭힐 작정인 모양이로구나!"

여태후는 옥 안으로 들어가 두 명의 환관에게 척부인의 옷을 모두 벗기게 하고, 각기 좌우에서 양다리를 잡아당기게 하더니, "이것이 바로 선제를 꾀었던 그 음탕한 구멍이더냐!" 하며 그 위를 발로 짓밟았다.

며칠이 지난 뒤, 여태후는 또다시 두 명의 남자를 데리고 옥사로 갔다. 두 사람은 환관의 차림새를 하고 있었으나, 실은 형장에서 데려온 가장 흉악한 두 명의 죄수였다.

"요 음탕한 년, 오늘은 내가 널 죽여주겠노라. 이것이 네게 주는 이승의 마지막 선물이니 마음껏 즐겨라."

그렇게 말한 여태후는 두 명의 죄수에게 번갈아 그녀를 범하도록 했다. 일이 끝나자 그 두 명 외에 여러 명의 환관들을 불러 척부인을 죽이는 일을 본격적으로 거들게 했다. 먼저 목에 흘려넣으면 목구멍이 부어서 벙어리가 되는 음약瘖藥을 마시게 하여 벙어리로 만들고, 이어 귀 속에 유황을 흘려넣어 귀머거리로 만들었다.

들을 수 없고 말도 할 수 없게 된 척부인은 아름다운 눈에 눈물을 가득 담은 채 공포에 질려 있었다. 태후는 죄수들에게 명하여 그녀의 눈알을 도려내도록 했다. 척부인이 비명을 지르며 실신하자, 태후는 물을 끼얹어 정신이 들게 했다.

정신이 돌아와 고통 속에 발버둥치던 척부인이 허공을 향해 손을 들어올리자 태후는 그것을 자르도록 했다. 피투성이가 된 채 어쩔 줄 몰라하는 척부인의 처참한 몰골을 냉혹하게 바라보던 태후는 다시 양다리도 자르도록 명했다.

　마지막으로 태후는 사지를 잃은 척부인의 몸통을 돼지우리를 겸하고 있는 변소에 갖다 버리게 하고, '인간돼지'라 부르면서 짐승처럼 다루며 복수의 쾌감을 만끽했다.

　이튿날 여태후는 혜제를 불러 웃으며 말했다.

　"뒷간에 가보시오, 재미있는 것이 있을 터이니."

　혜제는 변소에 가서 살펴보았으나, 꿈틀거리는 둥그스름한 그 물체가 무엇인지 알 길이 없었다. 곁에 있던 이들에게 물어 그것이 척부인임을 알자, 그는 온몸을 부르르 떨었다. 얼굴이 창백해진 혜제는 태후 앞에 나아가 소리 높여 울었다.

　"이것이 어찌 인간이 할 도리란 말입니까? 인간으로서 이렇게 잔혹한 일을 저지를 수 있으리라고는 소자는 꿈에도 생각지 못했습니다. 나는 어마마마의 자식으로서 어마마마의 몸과 마음을 빌려 천하를 다스려나가야 하건만, 이제는 더이상 그 일을 못할 줄로 아옵니다."

　그 일이 있은 직후부터 혜제는 정무를 돌보지 않고 오로지 주색에만 빠져들었다. 그로 인해 병을 얻게 되어 1년 가까이 병석에서 일어나지 못하는 몸이 되었다.

　혜제는 즉위한 지 7년째 되던 가을에 세상을 떠났다. 불과 23살의 나이였다. 혜제의 단명은 모질게 목숨을 부지한 척부인의 또다른 복수인지도 모를 일이었다.

　혜제의 황후는 장씨에게 시집간 노원공주(혜제의 누나)가 낳은 딸이었다. 즉, 혜제는 장태후의 숙부이자 남편이었으며, 장태후는 혜제의 조카이자 아내였던 셈이다. 그리고 혜제에게 있어 노원공주는 누이이자 장모였던 것이다. 이러한 근친결혼은 한나라의 왕통을 여씨의 피로 바꿔가겠다는 여태후의 계획에 따른 것이었다.

그런데 장태후에게는 자식이 없었다. 그러자 여태후는 후궁들의 임신을 이용해 장태후가 임신한 것처럼 꾸미기로 작정했다. 그래서 후궁이 사내아이를 낳게 되면 즉각 빼앗아와 장태후가 낳은 것으로 만들었다. 그것이 태자 공恭 이하 6명의 아이들이었다. 그리고 그 아이들의 생모는 모두 여태후의 손에 의해 목숨을 잃었다.

혜제가 죽자, 그 6명의 아이 중 하나인 태자 공이 제위에 올랐다. 그가 바로 소제少帝 공恭이다. 다른 5명은 각기 왕의 자리에 앉게 되었는데, 나이는 모두 5세 전후였다.

그후 여태후는 황실을 여씨 일족만으로 이루기 위해 살육을 계속해나갔다. 도대체 몇 명이나 죽였는지 여태후 자신도 다 셀 수 없을 지경이었다. 만년이 되어 여태후는 이렇게 말했다.

"지금은 유씨를 대신하여 여씨가 모두 왕이나 제후가 되어 있지요. 유씨 일족이나 고조 이래의 중신들은 이를 불만으로 여기고 있습니다. 내가 죽으면 필시 그들은 변괴를 일으킬 것이오. 그들이 끼어들 틈을 주어서는 결코 안됩니다."

그러나 여태후의 죽음과 함께 여씨 일족이 쥐고 있던 권력은 다시 유씨 손으로 넘어가고 만다. 살인이라는 행위에 의해 권력을 잡는다는 것은, 생각해보면 여태후만이 했던 일은 아니다. 세상의 권력자들은 모두 어떠한 형태로든 이와 유사한 점을 지니고 있다고 해도 지나친 말이 아닐 것이다. ■

〈콤퍼지션〉, 1930년대, 호르스트 P. 호르스트

클레오파트라
— '나일 강의 마녀'라 불린 고대 이집트의 여왕

> 옥좌에 앉은 그녀는 이미 숨이 끊어져 있었다. 바구니 밑에 숨겨둔 아스피스라는 작은 독사에게 자신의 유방을 깨물게 했던 것이다.

고대 이집트의 프톨레마이오스 왕조에는 클레오파트라는 이름의 여왕이나 왕비가 무려 7명이나 있었다.

로마에서 '창부 여왕'이라든가 '나일의 마녀'라 불렸던 클레오파트라는 프톨레마이오스 왕조의 마지막 여왕인 클레오파트라 7세 (기원전 69~30)를 일컫는다.

프톨레마이오스 일족은 이집트 인이 아니라 정복자인 마케도니아 인이었다. 따라서 이들은 정복자의 긍지에 따라 이집트 토착어를 사용하지 않았다. 하지만 클레오파트라는 토착어에 능통했으며, 또한 스스로를 이집트의 태양신인 라의 딸이라 공언하며 이집트 신들을 숭배했다. 이는 모두 민중의 마음을 손에 넣기 위함이었다.

클레오파트라는 17살 때, 아버지 프톨레마이오스 12세의 유언에 따라 8살 연하인 남동생 프톨레마이오스 13세와 결혼하여 여왕의 자리에 올랐다. 누나와 남동생, 혹은 오빠와 여동생이 결혼하는 풍습은 고대 이집트 왕가의 독특한 전통이었다.

젊고 아름다운 여왕은 백성들의 인기의 표적이 되었으며, 그러는 가운데 클레오파트라는 날로 오만해져갔다. 프톨레마이오스 13세의 측근들이 이를 달가워하지 않았음은 당연한 일이었다. 클레오파트라에게는 그러한 무리들이 매우 신경에 거슬렸다.

그녀는 자신이 백성들의 인기를 얻고 있는 점을 이용하여, 은밀히 군대를 움직여 동생 프톨레마이오스 13세의 측근들을 일소하려 마음먹었다. 그런데 그 일이 사전에 누설됨으로써, 그녀는 도리어 궁전에서 쫓겨나 아라비아 국경으로 유배당하는 처지에 놓이게 되었다.

그리고 3년의 세월이 흘렀을 때, 로마에서는 카이사르(시저)와 폼페이우스 양대 거두의 대립이 격화되어, 마침내 B.C. 48년 그리스에서 파르살로스의 결전을 치르게 되었다. 여기서 패한 폼페이우스는 이집트로 도망쳤으나, 환관인 포테이노스에 의해 죽임을 당했다.

폼페이우스를 쫓아 이집트로 온 카이사르는 자신의 원수가 죽었음을 알고 크게 기뻐했다. 그렇지만 한편으로는 그곳 왕국의 귀빈으로 머물면서도 조금도 방심할 수 없는 처지였다. 자신도 언제 폼페이우스와 같은 처지가 될지 알 수 없었기 때문이다. 때문에 카이사르는 밤에도 잠을 자지 않고 연회를 베풀며 지냈다.

그러던 어느 날 밤, 수도인 알렉산드리아의 항구에 한 척의 작은 배가 닿았다. 배에서 내린 한 사내는 커다란 화물을 들고 상륙하여 곧장 왕궁으로 향했다. 왕궁 문지기가 그것이 무엇인지를 묻자,

△클레오파트라의 상.

"카이사르 님께 드릴 선물입니다"라고 대답했다.

사내는 클레오파트라의 심복으로, 시칠리아의 아폴로도로스라는 자였다.

카이사르는 자신의 방에 운반된 화물의 끈을 푸는 순간 "앗!" 하고 소리를 질렀다. 그 안에는 거의 아무것도 걸치지 않은 눈부신 미녀가 들어 있었기 때문이다.

"이집트의 여왕 클레오파트라입니다. 마음에 드신다면 부디 받아주십시오."

미녀는 거침없이 말했다. 로마의 영웅 카이사르는 저항 한 번 해보지 못하고 클레오파트라의 미모와 풍만한 육체의 포로가 되어버렸다.

놀란 것은 프톨레마이오스 13세와 그 측근들이었다. 환관 포테이노스 일파도 발을 동동 굴렀으나 이미 때가 늦은 일이었다. 누이이자 아내인 클레오파트라와 로마 인의 밀통에 대해 분통을 터뜨리는 프톨레마이오스 13세에게, 카이사르는 압력을 가하여 클레오파트라와의 화해를 성사시켰다. 이렇게 해서 클레오파트라는 다시 이집트의 여왕 자리를 되찾게 되었다.

그후, 프톨레마이오스 13세가 환관들의 반란에 의해 피살되자, 클레오파트라는 막내 동생인 프톨레마이오스 14세와 다시 결혼식을 올렸다. 막내 동생은 아직 나이가 어려 달리 측근들도 없었으므로, 이집트는 사실상 클레오파트라 한 사람의 것이 되었다. 이때 클레오파트라는 카이사르의 아기를 잉태하고 있었다.

카이사르는 이집트에서 반년 동안 머문 뒤, 소아시아를 정복하고 아프리카에 있는 폼페이우스의 잔당을 일소한 다음 로마에 개선했다. 로마에서 10년 임기의 독재관이 되자, 카이사르는 이집트에 남겨두고 온 클레오파트라의 일이 머릿속에서 떠나지 않았다.

클레오파트라도 카이사르와의 사이에 낳은 케사리온을 키우며, 카이사르와 다시 만나게 될 날을 기다리고 있었다. 클레오파트라에게는 로마를 자신의 손에 넣은 카이사르를 다시 사로잡을 자신이 있었던 것이다. 카이사르를 손에 넣는다는 것은 곧 로마를 자신의 것으로 만든다는 뜻이었다.

마침내 그날이 왔음을 클레오파트라는 깨달았다. 로마로부터 자신을 국빈으로 초대한다는 전갈이 왔기 때문이다. 클레오파트라는 케사리온을 데리고, 남편인 막내 동생 프톨레마이오스 14세와 이집트 왕궁의 고관들을 따라 화려한 행렬을 이루어 로마로 향했다.

카이사르에게는 카르푸르니아라는 네번째 부인이 있었는데, 그녀 역시 자신의 남편의 연인이자 남편의 아이를 데리고 온 아름다운 이집트의 여왕을 카이사르 가의 주부로서 환영했다고 한다.

△클레오파트라의 죽음. 고통 없이 죽을 수 있는 방법으로 독사에 물려 조용히 숨을 거두었다. 게르치노 그림. 1611년.

카이사르는 이제 나는 새도 떨어뜨릴 만한 세력을 떨치고 있었다. 아름다운 클레오파트라가 언제나 그의 곁에 있음으로써 카이사르의 존재는 한층 더 화려해지게 되었던 것이다. 이윽고 그는 제위에 대한 야심을 품기 시작했다.

이로 인해 카이사르는 로마의 공화정 옹호파로부터 공격의 표적이 되어, 기원전 44년 카시우스·브루투스 일당에 의해 암살되었다. 카이사르가 죽자 클레오파트라는 서둘러 이집트로 돌아왔다. 로마를 자신의 것으로 만들려 했던 그녀의 꿈은 덧없이 깨져버리고 말았던 것이다.

이집트로 돌아온 클레오파트라는 남편이자 동생인 프톨레마이오스 14세를 죽인 뒤, 자신의 아들 케사리온을 남편으로 삼았다.

그로부터 3년 뒤인 기원전 41년, 클레오파트라는 소아시아의 타르수스에서 안토니우스와 만나게 되었다.

카이사르 사후, 안토니우스는 로마 제일의 실력자가 되어 있었다. 그와 겨룰 자로는 카이사르의 양자인 옥타비아누스 정도가 있을 뿐이었다.

타르수스에서 클레오파트라와 만난 안토니우스는 그녀의 미모와 재치에 한눈에 반하고 말았다. 알렉산드리아까지 그녀 뒤를 따라온 안토니우스는 이집트에서 여장을 풀었다. 클레오파트라는 또다시 옛날에 품었던 꿈을 꾸게 되었다. 그를 포로로 삼음으로써 로마를 자신의 것으로 만들려는 것이었다. 그러는 동안 클레오파트라는 안토니우스의 아기를 갖게 된다.

기원전 40년 안토니우스는 로마로 돌아갔다. 옥타비아누스의 움직임이 마음에 걸렸기 때문이다. 로마로 돌아가 그는 옥타비아누스와 화약和約을 맺고, 화약에 대한 징표로 자신의 누이를 그와 혼인시켰다.

하지만 그는 밤이나 낮이나 클레오파트라를 잊을 수가 없었다. 기원전 37년, 안토니우스는 다시 알렉산드리아로 건너와 클레오파트라와 함께 생활했다. 그들 사이에는 쌍둥이 사내아이와 예쁜 딸 하나가 태어났다.

하지만 정상의 자리를 두 사람이 지킬 수는 없는 법. 안토니우스와 옥타비아누스는 결국 언젠가 싸울 수밖에 없는 상황에 놓여 있었다. 그 결전은 그리스의 서북쪽 악티움 만에서 이루어졌다. 기원전 31년의 일이었다. 해전을 주장한 것은 클레오파트라였다.

그런데 해전이 시작된 지 얼마 안 있어 클레오파트라의 함대는 전열을 벗어나 외해로 탈주하기 시작했다. 이미 클레오파트라는 안토니우스에 대해 가망이 없다고 생각했던 것이다. 안토니우스는 클레오파트라가 달아나는 것을 보자, 자신의 부하들을 버리고 그녀의 뒤를 쫓아갔다. 싸움은 물론 안토니우스 군의 대패로 끝났다.

이듬해 옥타비아누스는 알렉산드리아로 와서 안토니우스에게 싸움을 청했다. 안토니우스는 싸움에서 죽을 각오를 한 뒤 개전 준비를 시작했다.

그러나 싸움이 시작되자 안토니우스 군은 방향을 바꾸어 옥타비아누스 군과 하나가 되어 알렉산드리아의 마을을 공격해 들어왔다. 이 역시 클레오파트라의 음모였다. 안토니우스의 광란을 두려워한 클레오파트라는 과거에 지어둔 자신의 궁전으로 도망친 후, 이미 그녀 스스로 목숨을 끊었다는 소문을 퍼뜨렸다. 이러한 소문을 접한 안토니우스는 칼로 자신의 가슴을 찔러 목숨을 끊었다.

클레오파트라는 결국 옥타비아누스 군에게 체포되었는데, 그녀는 아직 희망을 버리지 않고 있었다. 카이사르나 안토니우스에게 했던 것처럼, 옥타비아누스도 자신의 미모를 미끼로 포로로 만들 수 있을지 모른다는 한 가닥 기대가 있었기 때문이다.

하지만 그는 클레오파트라를 눈앞에 두고도 조금도 동요하는 기색을 보이지 않았다.

"과연 듣던 대로군. 승리의 장식물로 로마로 끌고가자!"

"절 로마로 데려가 어찌하실 작정인지요?"

클레오파트라가 미소를 흘리며 묻자, 그는 차갑게 대꾸했다.

"데려가는 것이 아니다, 끌고가는 거지. 로마에 가서 사람들에게 널 구경시킨 뒤 저 세상으로 보내주겠다."

　자신의 미모에 대한 자신감이 한순간 나락으로 무너져내렸다.

　모든 것을 체념한 클레오파트라는 은밀히 노예 한 명에게 연락을 취하여 무화과 열매가 가득 담긴 바구니를 가져오게 했다. 그녀는 여왕의 정장을 갖춘 뒤, 그 무화과 바구니를 손에 들고 황금의 옥좌에 앉았다.

　병사가 그녀를 발견했을 때는 이미 그녀의 숨이 끊어진 뒤였다. 옥좌에 앉은 그녀는 바구니 밑에 숨겨둔 아스피스라는 작은 독사에게 자신의 유방을 깨물게 했던 것이다.

　이러한 클레오파트라에 대해, 거대한 로마에 대항하여 이집트를 지키려고 노력했던 헬레니즘 세계 최후의 여왕으로 평가하는 사람도 있다. ■

맹광孟光
— 미녀가 갖지 못한 것을 가진 추녀

> 맹광이 지닌 장기란 다름아니라, 얼굴 한번 찡그리지 않고 돌절구를 들어올릴 만큼 힘이 장사였다는 점이다.

'형처荊妻'라는 말이 있다. 남자가 다른 사람에 대해 자신의 아내를 낮추어 이르는 말인데, 이 말은 후한의 양홍梁鴻이라는 사람의 아내인 맹광孟光의 고사에서 나온 말이다.

맹광은 몸의 여기저기에 군살이 많이 붙어 있었으며, 용모도 볼 것이 없는데다 피부색까지도 새카맸다. 즉, 전형적인 추녀였던 셈인데, 그럼에도 불구하고 맹광은 미녀가 갖지 못한 어떤 것을 지니고 있었다.

맹광이 지닌 장기를 이야기하기 전에, 여자와 미모에 대해 잠시 생각해보는 것도 좋을 듯싶다.

세상의 남자들 중에는 여자는 뭐니뭐니해도 얼굴이 예뻐야 한다는 생각을 가진 자들이 적지 않은 듯하다. 그런 한편에서는 얼굴만 반반한 게 무슨 소용이냐, 여자도 사람인데 뭐니뭐니해도 속이 차야 하지 않겠느냐는 제법 속찬 소리를 하는 축들도 있다. 물론 속도 여물고 얼굴도 고운 여자라면 금상첨화, 더 바랄 것이 없겠지만, 조물주가 세상을 그리 빚어놓진 않은 듯싶다.

그렇다면 여자를 선택할 때, 과연 어느 쪽을 택해야 두고두고 속으로 잘 골랐다는 말을 할 수 있을까? 여기에 나오는 맹광이라는 귀여운 악녀(?)의 이야기를 참고로 삼아보는 것도 그리 나쁘지 않을 것 같다.

맹광이 지닌 장기란 다름아니라, 얼굴 한번 찡그리지 않고 돌절구를 들어올릴 수 있을 만큼 힘이 장사였다는 점이다. 게다가 그녀의 언동은 한 점 흠잡을 데가 없었으며, 대단히 덕이 높아 마을 사람들 사이에서 평판이 자자했다. 그런만큼 곳곳에서 혼담이 끊이지 않았다고, 진나라의 황보밀皇甫謐이 쓴 〈열녀전〉에 기록되어 있다. 어쩌면 농촌이라서 얼굴보다는 심성이, 무엇보다도 힘이 장사라는 점이 사람들로부터 더 사랑을 받게 했는지도 모른다.

그런데 맹광은 그 어떤 혼처 자리도 계속해서 싫다고 고개를 가로저을 뿐이었다.

"네 외모가 걱정이 돼서 그러는 게냐? 상대는 이미 네 얼굴에 대해 알고 있고, 그런 너를 아내로 맞이하겠다는 것이다. 그러니 걱정할 게 무엇이 있겠느냐?"

아버지가 그렇게 말하자, 맹광은 고개를 흔들며 말했다.

"외모는 태어날 때 이미 그렇게 정해진 것이니, 근심을 해봐야 아무런 소용이 없습니다. 제가 거절을 하는 것은 상대의 인품이 아내로서 받들기에는……"

"인품이 변변치 않다는 게냐? 네 얼굴 생각도 좀 해야지."

아버지가 아무리 딸을 설득해도 맹광은 여전히 고개를 설레설레

흔들 뿐이었다.

그러다 보니 어느새 그녀의 나이 서른이 되었다. 당시 여성의 결혼 적령기는 16~17살이었으니, 맹광은 십수 년을 계속 고개만 흔들어댔다는 셈이 된다. 그녀가 서른이 되었을 때, 아버지는 탄식하며 이렇게 말했다.

"지금까지 여러 차례 좋은 자리가 나섰음에도, 이러니 저러니 하여 계속 싫다고만 하더니 이미 혼기를 놓쳤지 않느냐. 도대체 어찌할 셈으로 그러느냐. 평생 이 집에만 있을 작정이냐?"

"그럴 작정은 아니옵니다만, 좋은 사람이 없으면 할 수 없는 일이라 생각합니다."

"대체 어떤 남자가 좋은 사람이라는 것이냐?"

"이를테면…… 양홍梁鴻님 같은 분이……."

"뭣이, 양홍이라구? 양홍이라면 가난뱅이에다 돼지를 치는 그 별난 양홍을 말하는 것이냐? 그런 남자가 정말 좋다는 것이냐?"

"기개가 있는 분입니다."

"기개라구? 기개가 뭐지? 그런 게 있다손 치더라도, 밥을 굶는다면 아무 소용이 없질 않느냐. 어째서 그런 남자를……."

아버지는 부아가 나서 그렇게 말했으나, 이야기 도중 갑자기 소리 내어 웃어버리고 말았다.

"과연 그자는 너와 어울리는 사내다. 별난 돼지치기와 검은 돼지 같은 너와 말이다. 그런데 진정으로 지금 그리 말하는 것이냐?"

"네, 만일 양홍님 같은 훌륭한 분이 저처럼 못생긴 여자라도 데려가 주시겠다 하시면, 저는 그분을 섬기겠습니다."

돼지치기 양홍은 시간만 나면 서책을 가까이했다. 돼지를 치는 사람이 무슨 책을 읽는 걸까 사람들은 이상히 여겼지만, 그를 찾아오는 선비 풍모의 몇몇 사람에게 듣자니, 해박한 지식을 갖추었을 뿐만 아니라, 게다가 기개가 있는 처사라고 입을 모으는 것이었다.

어느 날 맹광의 부친이 돼지우리 옆에 있는 양홍의 처소를 찾아갔다. 그는 책상 앞에 앉아 글을 읽고 있는 중이었다. 맹광의 아버지가 방문 앞에서 기침을 하자, 양홍은 밝은 얼굴로 얼른 그를 맞이하고는 손수 차를 끓여 내오며, "아직 점심 준비가 안돼서……"라고 말하고 이어서 물었다.

"그런데 어쩐 일이십니까?"

"자네는 학문이 대단하다고 들었는데, 그렇다면 돼지를 기르는 것보다 관리가 되는 게 더 낫지 않겠나?"

"벗들로부터도 그런 이야기를 듣고 있습니다만, 저는 입신출세를 하기보다는 돼지를 기르는 편이 더 즐겁습니다."

"돼지 치는 걸 좋아한다면, 어째서 책을 읽고 있는가? 책을 읽고 공부하는 것은 관리가 되기 위해서가 아닌가?"

"아니오, 그저 제 자신을 위해 학문을 하고 있을 뿐입니다."

"뭐, 자신을 위해서라구? 나처럼 학문이 없는 사람은 무슨 소리인지 통 모르겠구먼. 그래서 마을에서 자네를 별난 사람이라고 하는 게지. 그런데 그런 별난 자네를 우리 딸이……"

맹광의 부친은 그간의 사정을 들려주었다.

양홍은 이야기를 끝까지 경청하더니, 입을 열었다.

"따님께서 그렇게 말씀하셨다면, 기꺼이 댁의 따님을 아내로 맞아들이겠습니다."

그렇게 하여 맹광은 양홍의 희망대로 쓰던 물건 몇 가지만을 갖고 시집을 갔는데, 어찌된 일인지 양홍은 며칠이 지나도록 부부의 연을 맺으려 하질 않았다. 그렇게 며칠이 지났을 때, 맹광은 어렵게 남편에게 운을 떼었다.

"저는 여러 곳에서 혼삿말이 있었습니다만, 모두 거절하고 당신을 선택했습니다. 당신도 여러 곳에서 혼담이 있으신 것을 물리고 저를 택하신 것이라 생각합니다."

"아니, 내게는 혼담 같은 것은 들어오질 않았소. 이처럼 가난한 돼지치기의 집에 누가……."

"그러셨습니까? 그렇다면 절 맞이하신 것은 처음 들어온 혼담이어서 응낙하신 것인지요?"

"아니, 그렇지 않소. 난 나와 함께 난세를 헤쳐갈 동반자가 필요했소. 당신이 바로 그런 여자라고 생각해서 혼인한 것이오."

"제가 당신이 생각하고 계셨던 그런 여자가 아니어서, 그래서 아직 부부의 연을 맺지 않으시는 겁니까?"

맹광이 그렇게 말하자, 양홍은 고개를 가로저었다.

"그렇다면 혹시 제가 너무 추해서……."

그러자 양홍은 다시 고개를 저으며, "머리를 올리고, 옷을 차려 입은 그 모습이……"라면서 말끝을 흐렸다.

맹광은 이튿날 헌옷으로 갈아입은 뒤, 머리도 소박하게 묶어 전에 하던 차림새로 돌아왔다. 양홍은 그런 아내의 모습을 보자 비로소 환한 미소를 지으며, "이제야말로 진짜 내 아내가 됐구려" 하고 말한 뒤, 그날 밤 부부의 연을 맺었다. 맹광은 나이 서른이 되어 비로소 남녀 화합의 기쁨을 알게 된 것이다.

당시는 왕망王莽(기원전 45~후 23)이 정권을 잡아, 그의 악정 아래 각지에서 반란이 일어나 세상이 몹시 어지러운 때였다. 양홍의 학문에 관한 평판이 여러 사람들의 입을 통해 이야기되고 있던 터라, 양홍에게는 곳곳의 반란자나 그 수하에 있는 사람들로부터 자신들을 위해 일해주지 않겠냐는 권유가 끊이지 않았다. 하지만 양홍은 난세에 몸을 맡기고 싶지 않았기에 그러한 권유로부터 벗어나기 위하여 돼지치기를 그만두고 아내와 함께 산속으로 들어갔다.

산에서 양홍은 약간의 땅을 일구어 경작하고, 맹광은 베를 짜며 2년간 생활했다. 이윽고 산속까지도 유혹의 손길이 뻗치게 되자, 두 사람은 오나라로 건너가 이름을 바꾸고 어느 집의 작은 방 한 칸을 빌려 생활했다.

양홍은 매일 맷돌질을 하는 인부로 일했으므로, 거기서 얻어지는 보잘것없는 수입으로는 부부가 겨우 입에 풀칠을 하기에도 버거운 정도의 살림이었다. 하지만 맹광은 매일 저녁 몸단장을 깔끔히 갖춘 뒤 남편이 오기를 기다렸다. 그녀의 몸단장이란 가시나무(荊) 가지로 만든 비녀로 머리를 올리고, 목면 치마를 깨끗하게 손질하여 입는 것이었다.

그런 맹광은 남편이 돌아오면 정성껏 마련한 밥상을 눈썹 높이까지 들어올려 내온 뒤, 얌전하고 공손하게 남편에게 식사를 권했다고 한다. 〈열녀전〉의 원문에는 이를 '거안제미擧案齊眉'라 적고 있다.

'형처荊妻'란 말은 바로 맹광이 머리에 꽂았던 가시나무에서 유래한 것이다. 또한 '거안제미'는 밥상을 눈썹과 가지런하도록 공손히 들어 남편 앞에 가져간다는 뜻으로, 지어미가 예절을 다하여 지아비를 섬기는 것을 지칭하는 말이 되었다. 이런 연유로 맹광은 부덕을 갖춘 참한 아내의 한 전형으로 이야기되고 있다.

맹광을 악녀의 대열에 세운 것은 바로 그러한 점 때문이다. 힘이 장사이며, 두리뭉실한 몸매에 시커먼 얼굴, 게다가 이목구비가 모두 제멋대로 생긴 맹광이 가시나무 가지로 비녀를 해 꽂고, 밥상을 눈 높이까지 들어올려 공손히 남편에게 식사를 권하는 모습이라니…… 악녀가 아니라면 어찌 그런 일을 해낼 수 있단 말인가! ■

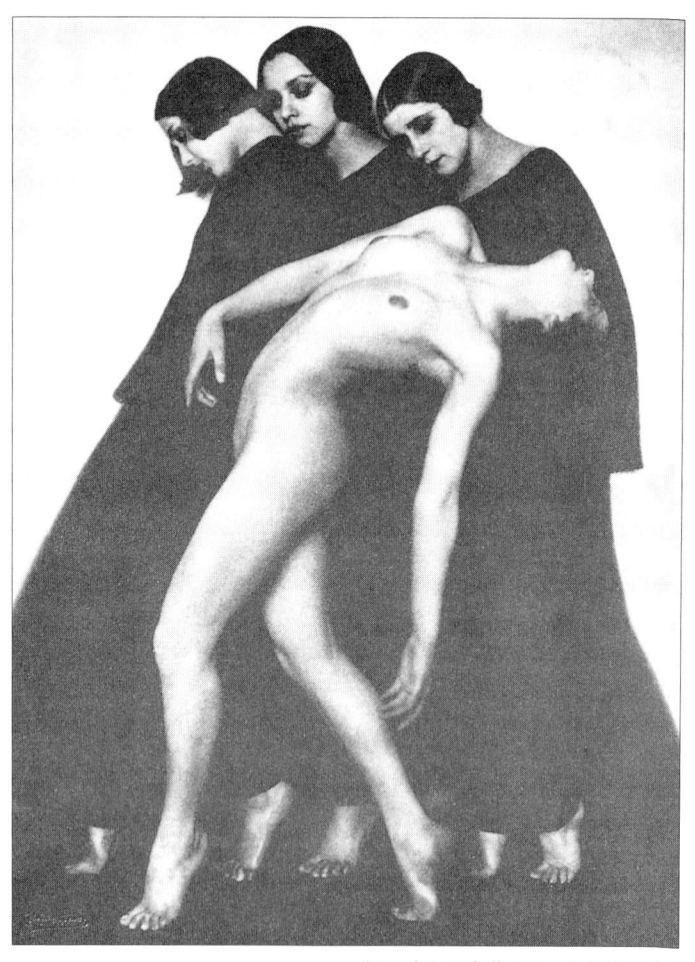

〈무브먼트 스터디〉, 1923, 루돌프 코퍼츠

아그리피나
— 폭군 네로의 어머니

> 아그리피나는 피를 흘리며 바닥에 쓰러진 채 병사들을 향해 자신의 배를 가리키며 소리쳤다. "여기를 찔러 죽이는 게 좋을 것이다. 네로가 바로 이곳에서 나왔으니까!"

아그리피나는 로마 황제 칼리굴라(재위 37~41)의 누이동생이자, 폭군 네로의 어머니이다.

14살 때 아그리피나는 오빠인 칼리굴라와 관계를 맺었다. 기원전 1세기 로마 시대에는 오누이가 육체적 관계를 맺는 일은 그리 드문 일이 아니었던 모양이다.

아그리피나는 15살 때 크리스푸스라는 귀족과 결혼했으나, 얼마 못 가 남편이 죽었으므로, 이번에는 아헤노바르부스라는 명문가의 귀족과 재혼했다.

이 아헤노바르부스와 아그리피나 사이에서 태어난 것이 바로 네로이다. 네로가 3살 때 아그리피나는 다시 과부가 되었다.

이후 그녀는 오빠 칼리굴라 황제가 총애했던 미청년 레피두스와 관계를 맺은 뒤, 그를 부추겨 오빠인 황제의 암살을 꾀했다. 황제의 지위를 빼앗아 여제가 되려 했던 것이다. 하지만 사전에 음모가 발각되어 레피두스는 처형되었으며, 아그리피나는 칠레니아 해의 섬으로 유배를 당했다.

41년 칼리굴라 황제가 이집트 병사에게 암살당하자, 아그리피나의 숙부인 클라우디우스가 제위에 올랐다. 이때 아그리피나는 죄를 용서받고 다시 로마로 돌아오게 되었다.

클라우디우스는 역사학에 조예가 깊고, 에트루리아 어를 자유롭게 구사했다고 전해지는 것을 보면 학문을 좋아한 황제처럼 보이지만, 사실 그는 무서운 대식가였을 뿐 아니라 술과 여자를 지독스레 밝혔으며, 형장에 나가 죄인들이 처형되는 모습을 지켜보기를 매우 좋아했다고도 전한다.

그는 제위에 오른 뒤 세번째 아내를 맞이했다. 그녀가 바로 악녀로서 이름난 메살리나이다.

메살리나에게는 이것이 네번째 결혼이었다. 클라우디우스 황제가 어떤 일을 계기로 메살리나를 황후로 맞아들였는지는 분명치 않지만, 아마도 그녀의 분방함이 마음에 들어서였을 것이다. 황후가 되어서도 메살리나는 여전히 분방했다. 그녀는 클라우디우스 한 사람에게 만족하지 못하여, 매일 밤 뒷골목의 매춘가로 나가 남자들을 사냥했다고 전해지고 있다.

자신은 남자 사냥을 하면서도, 황제가 다른 여인을 사랑하는 것을 메살리나는 결코 용서치 않았다. 따라서 궁중의 미녀들에게는 매섭고 엄한 감시의 눈초리가 따랐다. 죄를 용서받아 칠레니아 해의 섬에서 돌아온 아그리피나에 대해서도 메살리나는 감시의 눈길을 거두지 않았다.

메살리나는 클라우디우스 황제와의 사이에(라고 되어 있으나, 진

△역사상 최악의 어머니와 아들. 작자 미상의 아그리피나 흉상(왼쪽)과 네로 상. 아들은 어머니를 죽이고, 어머니는 자신이 낳은 아들을 저주했다.

실은 메살리나 자신밖에는 모른다) 아들 하나와 딸 하나를 두었다. 바로 브리타니쿠스와 옥타비아였다.

어느 날 자객 한 사람이 아그리피나의 침실로 숨어든 일이 있었다. 하지만 그때 아그리피나는 방에 없었다. 또 다른 자객이 네로의 침실을 습격했던 일이 있었다. 자객은 그 자리에서 체포되었고, 자신은 황비인 메살리나에게 네로의 암살을 부탁받았노라고 실토했다. 메살리나에게 있어 아그리피나는 자신의 지위를 위협하는 존재였으며, 네로는 장래 자신의 아들인 브리타니쿠스의 제위 계승을 위협하는 존재였기 때문이다.

하지만 메살리나는 아그리피나와 네로 그 어느 쪽도 죽이지 못한 채 나르키스라는 환관의 손에 죽고 만다. 나르키스는 메살리나와 육체적인 관계를 맺은 사이였으나, 메살리나의 사랑이 자신으로부터 멀어져 다른 남자에게로 옮겨간 것을 보고는 질투를 참지 못한 끝에 그녀를 죽이고 말았던 것이다.

황후 메살리나가 죽자 궁중의 여인들은 모두 안도의 숨을 내쉬었다. 의혹의 매서운 눈초리로부터 벗어나게 되었으며, 자객을 두려워할 필요도 없어졌기 때문이다.

클라우디우스 황제는 아내의 죽음을 듣고도 "그래?"라고 말했을 뿐, 특별히 동요하는 기색을 보이지 않았다고 한다.

메살리나가 죽자 환관들은 제각기 앞다투어 자신과 관계가 깊은 여성을 새로운 황후로 천거했다. 격심한 경쟁이 벌어진 끝에 환관 파룰라스가 추천한 아그리피나가 황후의 지위를 얻었다.

아그리피나는 클라우디우스 황제의 조카였다. 숙부와 조카의 결혼은 로마의 혼인법상에는 금지되어 있었으나, 파룰라스는 클라우디우스 황제와 모의하여 혼인법을 개정케 했던 것이다.

황후가 된 아그리피나는 파룰라스가 쥐고 있던 정치권력을 이용하여 황제를 능가하는 권력을 갖게 되었다. 아그리피나는 본래 파룰라스와 내연의 관계를 맺고 있었으며, 황후가 된 후에도 그를 공공연한 정부로 삼고 있었다. 또한 그들은 함께 국사를 간섭했으며, 원로원 회의에도 참석하여 자신의 주장을 관철시키곤 했다.

황후 아그리피나의 초상을 새긴 화폐가 만들어졌으며, 그 초상화를 배부받은 집집마다에서는 그것을 숭배하도록 강요받았다.

카르프루니아라는 귀부인이 있었다. 아그리피나는 황제가 카르프루니아의 미모를 칭찬하는 말을 듣자, 당장 그녀를 잡아다 황제를 유혹했다는 죄를 뒤집어씌워 나라 밖으로 추방시켜버렸다.

또 파울리니아라는 귀부인은 황후 간택 때 아그리피나와 최후까지 경쟁을 벌인 상대였다. 그녀를 살려두었다가는 자신의 지위를 위협받게 될지도 모른다고 생각한 아그리피나는 죄 없는 파울리니아를 처형시켜버렸다. 형이 집행된 뒤, 잘린 파울리니아의 목을 자기 방으로 가져오게 한 아그리피나는 시체의 입을 벌려 치열의 특징을 확인한 후에야 비로소 만족한 미소를 지었다고 한다.

아그리피나의 아들인 네로는 클라우디우스 황제에게 있어서는 남이었다. 메살리나와의 사이에 낳은 브리타니쿠스야말로 자신의 진짜 아들이라 여기고 있었던 것이다. 아그리피나에게 있어서는 그러한 점이 장래에 대한 불안의 싹이었다.

아헤노바르부스와의 사이에 네로를 낳았을 때, 아그리피나는 갓난아기인 네로를 레피다라는 숙모에게 맡긴 채 그 양육에는 전혀 신경을 쓰지 않았다. 그로 인해 네로는 생모인 아그리피나에게는 친근감을 느끼지 않았으며, 자신을 길러준 레피다를 사모하게 되었다. 생모가 자신에게 냉담했던만큼 길러준 부모에 대한 사랑이 더욱더 깊어갔으며, 그러한 감정이 점차 연정으로 변모해갔던 모양이다.

레피다는 음탕한 여인으로, 자신을 사모하는 어린 네로에게 여색의 즐거움을 가르쳤다고 전해진다. 네로가 어른이 된 뒤에도 레피다는 연상의 정부로서 그 자리를 굳혀가게 되었다.

아그리피나에게 있어서는 자신의 아들이 다른 여자의 손에 의해 좌지우지되는 것을 가만히 두고 볼 수 없는 일이었다. 네로를 레피다로부터 되찾아오는 가장 확실한 방법은 레피다를 죽이는 일이었다. 아그리피나는 그 일을 실행에 옮겼다. 그리고 클라우디우스 황제를 졸라 메살리나가 낳은 딸 옥타비아와의 혼인을 허락받음으로써 네로를 황제의 양자로 삼게 하는 데 성공했다.

네로를 황제의 양자로 만든 아그리피나는 곧이어 그 다음 일을 실행해나갔다. 그 다음 일이란 바로 황제를 죽이고 네로를 황제의 자리에 앉히는 일이었다.

　54년 10월, 클라우디우스 황제의 생일 축하연이 궁중에서 베풀어졌다. 테이블에는 대식가인 황제가 가장 좋아하는 버섯요리들이 즐비하게 차려져 있었다. 그중 황제 앞에 놓인 접시 하나에는 거대한 버섯이 담겨져 있었다. 그 특별한 버섯에는 아그리피나가 바른 독약이 듬뿍 칠해져 있었다. 그러나 황제는 좀처럼 그 버섯에 손을 대려 하지 않고, 다른 요리들만 정신없이 먹어댔다.

　보다 못한 아그리피나는 "저 큰 버섯이 맛있을 것 같군요" 하며 황제를 부추겼다.

　그러자 클라우디우스는 "나중을 위해 남겨두고 있는 것이네"라고 대답했다. 이윽고 연회가 끝날 무렵, 황제가 드디어 문제의 버섯에 손을 댔다.

　"음, 맛이 아주 기막히군."

　그것을 몽땅 먹어치웠을 때, 클라우디우스는 갑자기 "구역질이 난다"며 자리에서 일어났다.

　아그리피나가 급히 그 뒤를 따라가보니 황제는 먹은 것을 모두 토해내고 있었다. 덕분에 독기운이 몸 안으로 퍼지질 않았다.

　아그리피나가 시의侍醫인 크세노폰에게 눈짓을 하자, 그는 고개를 끄덕인 뒤 황제에게 다가가 "좀더 토하십시오" 하며, 황제의 목 안에 깃털을 밀어넣었다. 그 깃털에는 맹독이 칠해져 있었다. 황제는 몸부림을 치며 피를 토하다 그 자리에서 죽고 말았다.

　네로는 황제의 자리에 오르고 나서 몇년 동안은 선정을 베풀었다. 그로 인해 백성의 신망도 두터웠다.

　황제 네로는 어머니의 정부인 파룰라스가 선제 때와 마찬가지로 방자한 태도를 보이는 것을 용서할 수가 없었다. 네로는 마음을 굳게 먹고 파룰라스를 추방시켰다. 아들의 이러한 처사에 대해 아그리피나가 분노한 것은 당연한 일이었다. 그녀는 네로를 저주하며 발악하듯 외쳤다.

"너 따윈 황제의 자격이 없어. 정통한 제위 계승자는 브리타니쿠스라구!"

그후 네로는 브리타니쿠스의 존재를 두려워하게 되었으며, 마침내 아그리피나가 클라우디우스를 죽인 방법을 모방하여 연회석상에서 그를 독살하고 말았다.

이 사실을 안 아그리피나는 갑자기 네로를 겁내기 시작했으며, 자신의 미모로 네로를 유혹하려 했다. 아그리피나가 어떤 방법을 써서 네로를 유혹했는지는 분명치 않으나, 그녀에게는 일반의 상상을 초월하는 특별한 성적 매력이 있었던 모양이다. 네로는 곧 생모의 성의 포로가 되었으며, 그러한 모자가 백주에 벌이는 추행을 보고 환관들이 모두 아연해 하지 않을 수가 없었다고 전한다.

그러나 두 사람의 비정상적인 관계는 그리 오래 가지 못했다. 네로가 이에 대해 곧 싫증을 느끼고 두려움을 갖기 시작했기 때문이다. 네로는 아그리피나를 팔라티누스 언덕에서 로마 시내의 안토니아 궁전으로 옮겨가게 했으며, 그후로는 만나기를 거절했다.

이윽고 안토니아 궁전은 네로에 대한 불평분자들의 집회장이 되어갔다. 과거에는 아그리피나를 미워했던 옥타비아(메살리나의 딸)도 네로로부터 냉대를 받아 안토니아 궁전을 드나들게 되었다.

네로는 그 무렵 포파에아라는 미녀에게 몸과 마음을 빼앗기고 있었다. 포파에아는 네로의 남색男色 상대인 오토의 아내였으나, 오토는 네로가 아내에게 마음이 있음을 알고 이혼하여 그녀를 양보했던 것이다.

　네로의 정부가 된 포파에아는 옥타비아를 누르고 황후가 되려고 기도했다. 그런데 자신의 야망을 실현시키는 데 있어 옥타비아보다는 오히려 아그리피나의 존재가 더 방해가 되었다. 그래서 포파에아는 기회 있을 때마다 네로를 부추겨 아그리피나를 없애도록 충동질했다.

　59년, 네로의 심복인 아니케토우스가 부하들을 이끌고 안토니아 궁전을 습격했다. 그때 아그리피나는 "내 아들이 어머니를 죽일 리 없어!"라고 말했으나, 병사들은 그대로 아그리피나를 칼로 찔렀다. 그러자 아그리피나는 피를 흘리며 바닥에 쓰러진 채, 병사들을 향해 자신의 배를 가리키며 소리쳤다.

　"여기를 찔러 죽이는 게 좋을 것이다. 네로가 바로 이곳에서 나왔으니까!"

　그리하여 그녀는 칼로 무수히 배를 찔린 채 숨을 거두었다고 한다. ■

프레데군트
— 네우스트리아의 힐페리히 1세의 계비

> 프레데군트는 수도원에 들어가 있던 옛 왕비인 오드베르를 이리저리 어르다가 죽였으며, 그녀의 아들 클로비스의 아내도 산 채로 태워 죽이더니, 마지막에는 남편 힐페리히 1세까지도 독살해버렸다.

기원후 561년, 프랑크 왕국의 클로타르 1세가 죽자 왕국은 4개로 분열되어, 장자인 지게베르트 1세는 아우스트라시아(라인 강 중류의 북동지방)의 왕이 되었으며, 차남인 힐페리히 1세는 네우스트리아(현재 프랑스의 북부지방)의 왕이 되었다.

그러한 힐페리히 1세의 왕비인 오드베르의 시녀 중에 프레데군트라는 요염한 미녀가 있었다. 색을 밝혔던 힐페리히는 프레데군트가 왕비의 시녀가 되었을 때부터 그녀에게 눈독을 들이고 있었다. 왕비나 당사자인 프레데군트도 그러한 점을 눈치채고 있었다.

"프레데군트, 정신을 바짝 차리렴. 왕이 너를 바라보는 눈이 심상치 않다는 사실은 너도 벌써 눈치챘겠지?"

왕비가 그렇게 말했을 때부터 프레데군트는 어쩌면 자신이 이 매력 없는 여자 대신 왕비가 될 수 있을지도 모른다는 생각을 갖게 되었다.

프레데군트는 먼저 왕과 마찬가지로 자신에게 군침을 흘리고 있는 두 남자를 농락하는 일부터 시작했다. 두 사람이란 왕의 신변을 호위하는 건장한 젊은이들이었다. 프레데군트는 그들에게 번갈아 자신의 몸을 허락했던 것이다. 그리고 두 사람을 완전히 자신의 손에 넣게 되자, 서서히 왕비의 자리를 공략하기 위한 계획을 추진해 갔다.

어느 날 밤, 프레데군트는 호위병과 미리 짜고 왕비의 처소로 자신을 부르러 오도록 시켰다.

"왕이 프레데군트 님을 부르십니다"라는 소리가 왕비의 귀에 들리도록 하기 위해서였다.

호위병은 프레데군트를 왕의 침실로 안내한 뒤, "왕비님의 분부로 프레데군트 님을 데려왔습니다"라고 말하고는 그 자리를 물러나왔다.

왕은 다소 어리둥절한 얼굴로 "왕비가 널 보냈다고? 이게 어찌된 일이지?" 하고 묻자, 프레데군트는 새침한 얼굴로 이렇게 대답했다.

"왕비님은 아마도 폐하를 시험해보시려는 듯하옵니다."

"나를 시험해? 그렇다면 너는 어떠냐? 시험을 한번 당해보겠느냐?"

"그럴 수만 있다면 분에 넘치는 영광이옵지요."

"그러냐! 그렇다면 나도 기꺼이 널 시험해보겠노라."

그날 밤부터 프레데군트는 온몸을 던져 힐페리히 1세를 자신의 포로로 만들어버렸다.

프레데군트는 그후부터 은근히 왕비를 헐뜯는 베갯밑 송사를 벌이기 시작했으며, 호위병 두 사람도 왕에게 질문을 받을 때마다 프레데군트의 이야기를 뒷받침했음은 두말할 나위도 없다.

힐페리히 1세는 그러한 험담을 믿어서라기보다도, 아무런 거리낌 없이 프레데군트를 탐하기 위해 오드베르 왕비를 망스의 수도원에 감금시켜버렸다. 이로써 프레데군트의 야망은 이제 거의 그 실현을 눈앞에 두게 되었다.

하지만 그 이듬해인 566년 봄, 힐페리히 1세의 형인 아우스트라시아 왕국 지게베르트 1세가 서고트 왕국의 왕 아타나길트의 딸인 브룬힐트를 왕비로 맞이했다는 소식을 듣자, 힐페리히 1세는 프레데군트를 왕비의 자리에 앉히려는 계획을 단념해야 했다. 프레데군트와 같은 서민 출신의 여자를 왕비로 삼았다가는 자신의 왕으로서의 권위에 먹칠을 하게 될지도 몰랐기 때문이다. 그래서 서고트 국왕에게 브룬힐트의 언니인 갈스빈타를 왕비로 맞이하겠다는 뜻을 전했다.

서고트의 왕은 힐페리히 1세에 대한 좋지 않은 평판을 듣고 있었으므로, 딸을 시집보내는 일에 대해 여러 가지로 주저했으나, 어쩔 수 없는 사정에 의해 그 이듬해에 딸을 시집보낼 수밖에 없었다. 그 어쩔 수 없는 사정이란, 힐페리히 1세의 동생인 샤리벨이 죽자 그 영토의 일부가 네우스트리아로 귀속됨으로써, 강력해진 국권이 이웃 나라인 서고트까지도 위협할 우려가 생겨났기 때문이었다.

네우스트리아의 왕비가 된 갈스빈타는 동생인 브룬힐트처럼 미인은 아니었지만, 착하고 어진 성품을 지니고 있었으므로 궁정의 사람들로부터 널리 사랑을 받았다. 하지만 프레데군트만은 새 왕비를 미워하여 그녀도 반드시 내쫓고야 말겠다고 벼르고 있었다.

'그런 정도의 외모를 가진 여자라면 왕도 금방 싫증을 낼 것이 틀림없다'고 여기고 있었던 것이다.

과연 그녀의 생각대로 왕은 정숙하고 얌전한 갈스빈타를 싫어하기 시작하여 다시 프레데군트를 규방으로 불러들였다. 상심한 갈스빈타는 왕에게 서고트로 돌려보내줄 것을 청했으나, 힐페리히 1세는 서고트 국왕의 보복을 두려워하여 그녀의 청을 들어주지 않았다. 그러한 사실을 안 프레데군트는 여전히 왕의 호위병으로 있는 두 남자를 꼬드겨 갈스빈타 왕비의 침실로 숨어들어 그녀를 목졸라 죽이게 했다. 그리고 그녀는 정식 왕비의 자리에 앉게 되었다.

한편 언니가 죽임을 당했다는 사실을 알게 된 아우스트라시아 왕국의 브룬힐트 왕비는 지게베르트 1세에게 기회 있을 때마다 언니의 원수를 갚아줄 것을 호소했다.

이렇게 해서 드디어 형제인 두 왕 사이에 전쟁이 시작되었다. 지게베르트 1세가 이끈 게르만 군은 네우스트리아를 석권하고, 힐페리히 1세는 벨기에 지방의 투르네로 도망쳤다. 그러나 그곳도 이내 아우스트라시아 군에게 포위되고 말았다. 이때 프레데군트는 그 두 사람의 호위병을 자신의 방으로 불러들였다.

"여기 독을 바른 단검 두 개가 있네. 그대들이 이것을 하나씩 갖고 가서 적국의 왕 지게베르트를 찌르고 오게. 왕의 피가 묻은 단검을 갖고 빨리 내게 돌아오는 사람에게 나의 몸을 맡기지. 만일 일이 잘 된다면 그대들 중 한 사람이 왕비의 남편이 될 수 있을지도 모르는 일이네. 힐페리히 왕을 대신해서……"

두 사람은 앞을 다투어 네우스트리아 국경 근처의 비토리라는 마을로 가서 승전에 들떠 있는 지게베르트 1세의 진영으로 숨어들었다. 그리고 기회를 틈타 왕에게 달려들어 두 사람이 동시에 왕의 옆구리에 단도를 꽂았다. 그러나 두 호위병은 왕의 부하들에 의해 그 자리에서 잡혀 죽임을 당하고 말았으며, 지게베르트 1세 또한 몸 속에 퍼진 독 때문에 목숨을 잃었다. 프레데군트의 계획은 멋진 성공을 거두었던 것이다.

지게베르트 1세가 암살되자 아우스트라시아 군은 큰 혼란에 빠졌다. 이윽고 군대는 점령한 마을을 버리고 라인 강변의 근거지까지 퇴각했다.

남편을 잃은 브룬힐트는 갓 태어난 왕자 실데베르트를 가장 신뢰하는 부하인 뤼퓨스 백작에게 맡겨 멀리 피신하게 한 뒤 성 안에 머물렀다. 이윽고 전세가 역전되자 힐페리히 1세와 그의 아들 메로베(오드베르 왕비의 아들)가 브룬힐트의 앞에 나타났다.

"나를 죽이더라도 아우스트라시아 왕국을 멸망시킬 수 없을 것이오. 지금쯤 이미 내 아들 실데베르트가 왕위에 올랐을 테니까요."

브룬힐트가 차가운 미소를 지으며 그렇게 말했다.

프레데군트는 포로가 된 브룬힐트를 죽이려 했다. 하지만 힐페리히 1세와 그의 아들 메로베가 전에 없이 그녀에 대한 처형에 강력하게 반대의사를 표명했다. 힐페리히 1세로서는 아름답고 고귀한 브룬힐트를 새로운 왕비로 맞이해 두 나라를 하나로 합쳐 통일왕국을 만들고 싶다는 생각을 품고 있었고, 메로베는 브룬힐트에게 한눈에 매료되어 그녀를 위해서라면 목숨이라도 아까울 것이 없으리라 생각하고 있었기 때문이다.

메로베는 부친에게 브룬힐트를 루앙의 수도원으로 보내도록 간곡히 설득했다. 파리에 그냥 두었다가는 언제 프레데군트의 손에 죽게 될지 알 수 없었기 때문이다. 힐페리히 1세가 그에 찬성하여 브룬힐트를 출발시키자, 메로베는 몰래 그녀의 뒤를 따랐다. 그리고 두 사람은 루앙에서 만나 결혼식을 올린 뒤 바르의 수도원으로 도망쳤다. 뒤늦게 이 사실을 안 힐페리히는 크게 화를 냈으며, 프레데군트는 그런 남편을 조소했다.

힐페리히 1세는 메로베를 바르 수도원에서 끌어내어 승원에 감금시켰으며, 브룬힐트의 거처를 루앙으로 옮겼다. 그러나 얼마 되지 않아 그녀는 뤼퓨스 백작의 도움을 얻어 메츠의 성으로 몸을 숨겼다. 곧이어 메로베도 승원을 도망쳐 나와 연인의 뒤를 따라 메츠로 갔으나, 그녀가 이미 뤼퓨스 백작과 관계를 맺은 것을 알고는 절망하여 바르로 되돌아오고 말았다. 프레데군트는 메로베를 감옥에 가두었는데, 그는 거기에서 스스로 목숨을 끊었다.

그리고 나서 얼마 안 있어 프레데군트는 메로베의 동생인 클로비스(역시 오드베르 왕비의 아들)를 죽여 마른 강에 던져버렸으며, 이어 수도원에 들어가 있던 옛 왕비인 오드베르를 이리저리 어르다 죽여버렸다. 또한 클로비스의 아내도 잡아다 산 채로 태워 죽였으며, 메로베의 결혼식에 입회했던 루앙의 사제도 교회 안에서 처형시켰고, 마지막에는 남편인 힐페리히 1세까지 독살해버렸다. 584년 9월, 힐페리히 1세는 사냥에서 돌아와 목을 축이기 위해 한 잔의 포도주를 마셨는데, 그 포도주 안에 독이 들어 있었던 것이다.

왕이 죽자 프레데군트는 대망의 절대권력을 손에 쥐게 되었다. 뒤이어 왕위에 오른 것은 생후 몇 개월 된 갓난아이였다.

하지만 프레데군트와 브룬힐트의 원한에 불탄 싸움은 그후 10년 동안이나 계속됐다. 서로 끊임없이 자객을 보내 숙적을 쓰러뜨리려 했으나, 그 어느 쪽에서도 성공을 거두지 못했다. 이미 두 사람은 50살을 넘겨 미색이 빛을 잃고 있었으나, 증오심만은 조금도 누그러들 줄을 모르고 있었다.

596년, 브룬힐트의 아들 실데베르트가 26살의 나이로 죽자, 프레데군트는 그 기회를 틈타 파리를 공격하여 함락시켰다. 네우스트리아 군은 대승을 거두었으며, 브룬힐트의 연인 뤼퓨스 백작도 그 싸움에서 전사하고 말았다. 브룬힐트가 말을 달려 정신없이 도망치는 모습을 언덕 위에서 지켜보고 있던 프레데군트는 "어서 저것을 산 채로, 산 채로 잡아!" 하고 절규했다.

그런데 그 순간 심한 기침이 튀어나왔고, 그녀는 기침을 멈추기 위해 몸을 굽힌 채 안간힘을 썼으나 이미 입 안에는 붉은 피가 그득했다. 폐병에 걸려 객혈을 했던 것이다. 이후 프레데군트는 병상에 누워 1년을 앓다가 세상을 떴다. ■

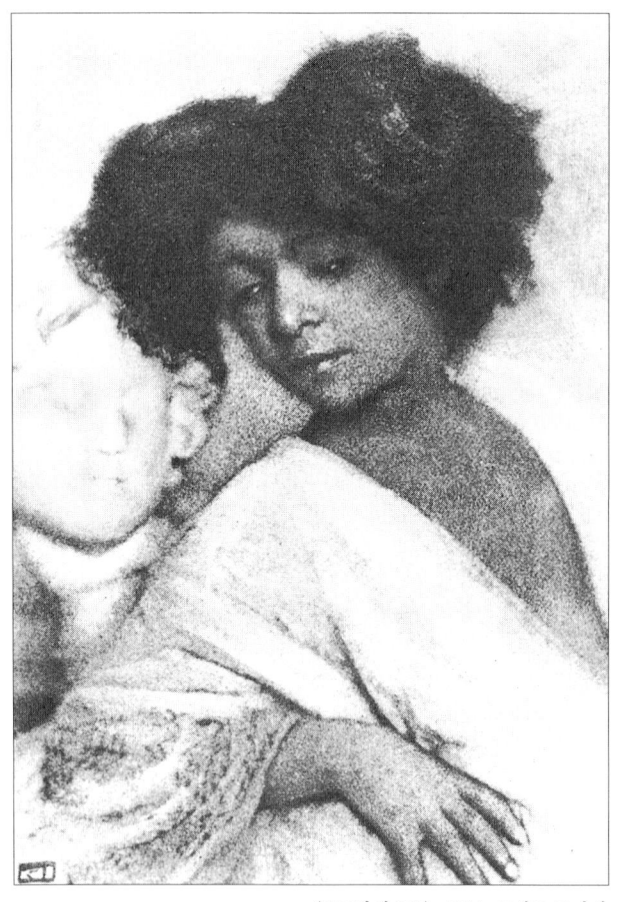

〈콘트라베스트〉, 1904, 로베르 드마시

하간河間의 여인
― 당나라 때의 희대의 음부

> '하간'이란 당나라 때 살았던 희대의 음부가 지녔던 가명이다. 그녀는 천자의 인척이었기 때문에 본명을 말하는 것이 금지되어 '하간의 여인'으로 불리었다.

하간河間이란 당나라 때에 살았던 희대의 음부淫婦가 지녔던 가명이다. 그녀는 장안 시내의 척리戚里라는 곳에서 태어나 그곳에서 자랐다. 척리란 '인척이 사는 곳'이라는 의미로 이름지어진 지역이며, 그 이름대로 이 지역에는 천자天子의 인척들이 모여 살고 있었다.

그녀가 후일 하간이라는 이름으로 불리게 된 것은 천자의 인척이었기에, 그 진짜 이름을 말하는 것이 금지되었기 때문이다.

'하간'이란 당나라 때 호북성에 두었던 군郡의 이름이다. 어떠한 사정이 있었는지는 알려져 있지 않으나, 그녀는 장안의 척리에서 그 하간군의 호족 집으로 이른바 낮추어 시집을 갔던 셈이다.

그녀는 결혼 전부터 빼어나게 정조가 굳은 여자로서, 척리에 사는 부인들의 해이한 정조관념을 부끄럽게 여겼으며, 그러한 여자들과 어울리는 것을 되도록 삼가며 거의 혼자 집안에 틀어박혀 수

예나 바느질만을 하며 지냈다.

결혼 후에는 늙은 시부모님께 효도를 다하고 남편을 잘 공경하여, 결혼 후 1년이 지나자 정숙함의 표본으로서 그 소문이 군내에 널리 퍼졌을 정도였다.

그런데 남편의 친척들 가운데 평소 품행이 방정치 못한 이들에게는 그녀의 존재가 눈엣가시처럼 여겨질 수밖에 없었다. 그들은 정숙한 그녀를 타락시키기로 마음먹은 뒤, 마침내 날을 잡아 무리지어 그녀의 집으로 찾아갔다.

"우리의 본가에 하간님이 들어오고 나서부터는 장안의 척리 사람들까지 행동을 삼가게 되었지요. 혹시라도 좋지 못한 일을 하여 그것이 하간님의 귀에 들어가지 않을까 걱정이 되었기 때문이지요. 우리도 마음을 고쳐먹고 하간님을 본받아 행동을 바르게 하려고 하는데, 그러려면 우선 우리 일족들과 친해져야 하겠기에, 겸사겸사 오늘 함께 나들이라도 할까 하여 이렇게 찾아온 것입니다."

하지만 하간은 이를 딱 잘라 거절했다.

그런데 시어머니는 이런 하간을 나무랐다.

"얘야, 이분들이 그렇게까지 말씀하시는데 그리 박절하게 거절하는 게 아니다. 이분들이 널 모범으로 삼고 싶다고 하시는데 무엇을 거절하는 게냐. 친척분들과는 모두 사이 좋게 지내야 하느니라."

시어머니께 그런 말을 듣자 더 이상 거절을 할 수만도 없었으므로, 하간은 마지못해 외출 준비를 마친 뒤 그들 일행과 함께 수레에 올랐다.

시장 주위를 한 바퀴 돌아본 뒤 하간이 입을 열었다.

"이제 그만 돌아가시지요."

"마을 밖의 절 담벼락에 요즘 오수五叟라는 명인이 그림을 그리고 있습니다. 솜씨가 보통이 아니라던데 보러들 가시지 않겠어요?"

한 사람이 말을 꺼내 좌중의 의견을 물었다. 모두들 좋다고 하여 일행은 다시 수레를 돌려 절로 향했다.

절 구경을 마치자 일행은 객실로 안내되어 간단한 요기를 했는데, 그때 장막 뒤편에 있는 침실 쪽에서 남자의 기침소리가 들려왔다. 하간은 깜짝 놀라 그 자리를 달려나와, 마부에게 부탁하여 급히 집으로 향하게 했다.

그런 일이 있은 다음부터 하간은 점점 더 집안에만 틀어박혀 친척들과 가까이하려 들지 않았다.

1년이 지났을 때, 친척들 가운데 몇몇은 또다시 시어머니를 중간에 세워 하간이 거절하지 못하도록 일을 꾸민 뒤, 풍수 근방에 있는 절로 그녀를 데리고 나갔다.

절은 연못으로 둘러싸여 있었다. 난간을 두드리니 여러 가지 고기들이 물 위로 얼굴을 내밀었다. 그러자 하간은 고기들에게 먹이를 던져주며, 이제까지 굳어 있던 얼굴에 미소를 떠올렸다. 그것을 본 일행은 서로 눈짓을 하며 오늘은 일이 잘 풀릴 것 같다고 소근거렸다.

이윽고 일행은 하간을 방 안에 있는 잘 차려진 밥상 앞으로 인도했다. 방 안은 모든 장막들이 걷혀져 있었고, 바깥쪽 마루에도 아무것도 놓여 있지 않았다. 하간은 그것을 보자 안심하고 방으로 들어갔다. 하지만 일동은 북쪽에 난 창 쪽으로 이중벽을 마련하여 그 안에 늠름한 체구에 도구도 크고, 방중술 역시 뛰어난 남자 한 명을 숨겨두고 있었다.

　식사가 끝나자 그때까지 시중을 들고 있던 여자들이 노래를 부르며 춤을 추기 시작했다. 그런 시간이 얼마쯤 흐르자, 이중벽 안에서 남자가 뛰쳐나왔다. 하간이 이를 눈치채고 도망치려 하기도 전에 벌써 그 남자는 하간을 껴안고 치맛자락 속에 손을 넣었다. 하간은 울며불며 남자를 밀쳐내려 했으나, 시중드는 여자들로 변장해 있던 기녀들이 하간의 손과 발을 누르며 그녀를 놀리는 것이었다.

　"좋게 해준다는데 무엇이 그리 싫다고 이러시는 걸까?"

　"지금은 싫다고 울지만, 나중에는 좋아 죽겠다고 울게 될걸."

　하간은 자신을 안고 있는 남자의 얼굴을 슬쩍 쳐다보았다. 이런 일을 하는 남자라고는 도저히 생각되지 않을 정도로 수려한 용모를 지닌 젊은이였다.

　옆에서는 이미 일행이 각기 다른 사내들을 껴안고 거친 숨을 몰아쉬고 있었다. 남자의 손은 이미 옷 속 깊은 곳까지 닿아 있었다. 하간은 자신도 모르게 묘한 기분에 젖어 남자를 물리치려는 힘이 미약해져갔다. 그때 남자는 그대로 하간을 안은 채 일어서더니 침실로 건너갔다.

　남자가 그 커다란 도구를 꺼냈을 때 하간은 겁을 먹고 "안돼요!" 하고 소리를 질렀다. 하지만 남자는 전혀 상관치 않고 그것을 하간 앞으로 가져갔다.

　이윽고 하간은 울음을 멈추고 남자에게 물었다.

　"제가 어찌한 것이지요?"

　그것이 안에 담기리라고는 도저히 생각지 못했는데, 마치 들이마시듯 슬슬 담겼기 때문이다. 남자가 몸을 움직이기 시작하자, 하간은 끊임없이 가쁜 신음을 내뱉으며 이렇게 말했다.

"전 이리 좋은 줄은 처음 알았지요."

일행이 침실을 들여다보기 위해 왔으나, 하간은 그것조차 알아차리지 못한 채 몸을 비틀고 있었다.

남자가 일을 끝내고 하간의 그곳을 닦으니, 하간은 몸을 내던진 채 그대로 잠에 빠져버렸으며, 다시 잠에서 깨어났을 때는 자기 쪽에서 먼저 남자를 구하는 형상이었다.

이윽고 날이 저물었으나, 남자와 하간은 침실에서 나올 줄을 몰랐다. 저녁 준비를 마치고 부르러 가니 하간은 남자 품에 안긴 채 "저는 들지 않겠어요"라고 말했다.

일행은 저녁 식사를 마치자 수레에 말을 매어 돌아갈 준비를 시작했다. 그래도 하간은 돌아가려 하지 않았다.

"저는 돌아가지 않겠어요. 무슨 일이 있어도 돌아가야만 한다고 하신다면 전 차라리 죽고 말겠어요."

그들은 하는 수 없이 하간과 남자를 남겨두고 집으로 돌아갔다.

이튿날 그들은 하간의 남편을 데리고 그녀를 맞으러 갔으나, 하간은 끝내 돌아가지 않겠노라고 버텼다. 겨우겨우 설득하여 남자로부터 떼어내 집으로 데려오긴 했지만, 집으로 돌아오자마자 자신의 방에 틀어박힌 채 남편도 시어머니도 가까이하려 들지 않았다. 그리고는 4~5일이 지나자 하간은 이렇게 말하는 것이었다.

"저는 지독한 병에 걸려 지금 당장에라도 죽을 것만 같습니다. 무당을 불러 어서 악귀를 쫓아주십시오. 그것도 한밤중에 해야만 합니다."

당시에는 한밤중에 의식을 행하는 것이 금지되어 있었으나, 남편은 하는 수 없이 준비를 하도록 일렀다. 그러자 하간은 심부름꾼을 장안으로 보내어, '나의 남편은 한밤중에 무당을 불러 무엇인지 무서운 일을 꾸미고 있습니다' 라고 천자께 아뢰도록 일렀다. 그러자 천자는 당장 군사들을 풀어 하간의 남편을 붙잡아왔으며, 채찍으로 때려 죽게 하고 말았다.

하간은 남편이 죽었는데 상복을 입을 생각도 하지 않았다. 그러기는커녕 절에서 만난 남자를 집안으로 불러들여 대낮에도 알몸으로 지냈다.

그렇게 1년이 지나자 남자는 기력이 쇠약해져 더이상 하간의 요구에 응해줄 수가 없게 되었다. 그러자 그녀는 남자를 쫓아내고, 대신 장안의 한량들을 차례로 불러들여 그들과 끊임없이 쾌락을 탐했다.

이윽고 하간은 이제 그것으로도 만족할 수 없게 되어, 저택의 서남쪽 구석에 주점을 만들고 2층에서 주점 안을 들여다볼 수 있도록 했다. 주점 벽에는 작은 문을 만들어두었으며, 계집종을 그곳으로 보내 자신이 점찍은 남자를 불러들이도록 일렀다.

주점에 오는 사내들 중 코가 큰 남자, 젊고 체격이 우람한 남자, 잘생긴 남자, 음탕한 농담을 잘하는 남자, 음탕한 느낌이 감도는 남자 등은 모두 2층으로 불려가 그녀와 교합했는데, 그녀는 남자를 안고 있는 중에도 계속 아래층을 감시하여 한 명의 남자도 놓치지 않았다.

하간의 소문은 척리에도 널리 퍼지게 되었다. 척리의 여인들은 처음에는 자신들조차 백안시하던 절개 굳은 그녀가 그럴 리 없다며 믿지 않았으나, 이윽고 소문이 사실임을 알자 여자들은 물론 품성이 그다지 좋지 않은 남자들까지도 그녀의 이름을 들으면 낯을 찌푸릴 정도였다. 천자도 그녀의 이름을 입에 담는 것을 금하게 했다. 이로 인해 그녀의 일을 이야기할 때 그저 하간이라고만 말하게 되었던 것이다.

하간의 주점에는 스스로 방중술의 명인이라 자처하는 남자들의 발길이 끊이지 않았는데, 막상 그녀를 만족시킬 수 있는 남자는 아무도 없었다. 하간은 매일 여러 명의 남자들과 관계를 맺으면서도 만족스럽지 않은 마음으로 인해 괴로움에 몸을 비틀었다. 아무리 해도 하간은 기쁨을 얻지 못했으며, 상대는 번번이 힘을 잃고 말았다.

하간은 안타까움에 몸부림을 치며 이렇게 부르짖었다.

"손을 넣어서 이리저리 좀 어찌 해보아요!"

하지만 제아무리 하간이라도 그와 같은 생활을 10년 이상이나 계속하자, 그만 기력을 잃어 세상을 뜨고 말았다고 한다. ■

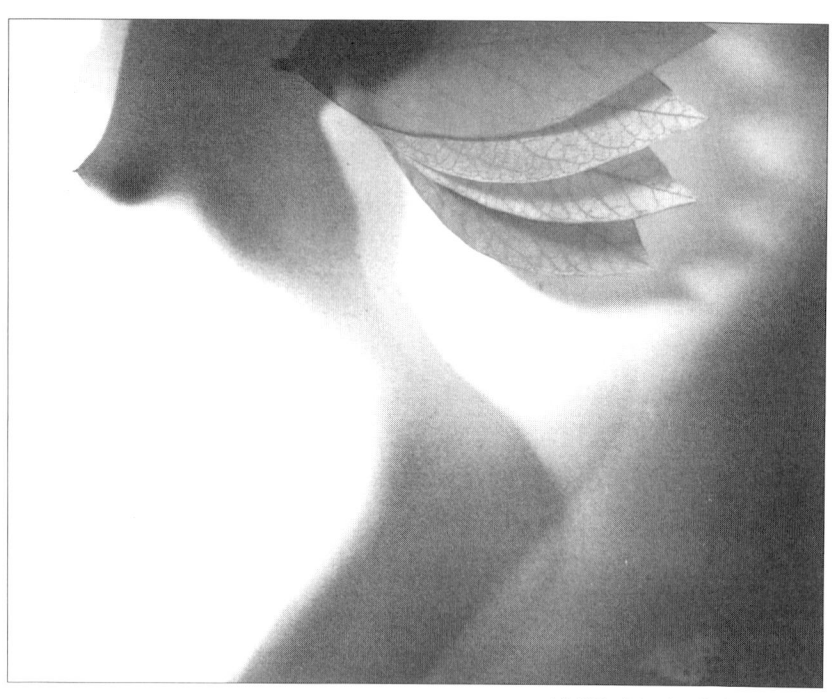

〈날개를 단 누드〉, 샘 하스킨스

측천무후則天武后
— 공포정치로 대제국을 이끌었던 여걸

> 측천무후가 여성의 몸으로 14년간이나 대제국을 꾸려 나갈 수 있었던 것은 철저한 공포정치를 행했기 때문이었다. 반대파에 대한 그녀의 탄압은 잔혹하기 짝이 없었다.

측천무후는 당의 제2대 천자인 태종太宗 때 지방장관을 역임한 후 공부상서工部尙書가 된 무사확武士彠의 딸로서, 이름은 조照, 자는 미랑媚娘이라 했다.

무조武照가 14살이 되었을 때, 태종은 그녀의 미모에 대한 소문을 듣고 재인才人으로서 후궁에 넣었다. 재인이라 함은 여관女官을 일컫는 말로서, 당의 후궁제도에서는 황후 다음에 4부인이 있고, 그 아래는 9빈, 다시 그 아래 27세부世婦가 있었으며, 그 밑으로는 81어처御妻가 있었다. 합해서 122명이다.

흔히 3천 후궁이라 일컫는 것은 각각의 궁녀들이 거느린 시녀의 수까지를 모두 합하여 극히 많은 수임을 나타내기 위한 말이다. 27세부도 3단계로 구분되는데, 그 맨 아래가 재인으로 각기 9명씩 선발되어 있었다. 그 아래 다시 81어처가 있다고는 하지만, 무조에게 주어진 재인의 자리는 122명의 궁녀 중 그리 높은 지위는 아니었다.

후궁에서는 황후를 포함하여 이러한 122명의 궁녀들이 천자의 총애를 얻기 위해 끊임없이 다투고 있었다. 천자의 총애를 잃게 되면, 황후일지라도 하위의 궁녀에게 밀릴 우려가 있었기 때문이다. 미모가 뛰어나다거나 요염하다고 해서, 또는 지금 천자의 총애를 입고 있다고 해서 길게 방심하고 지낼 수만은 없었다.

태종에게는 이러한 궁녀들 사이에 황자 14명, 황녀 21명, 합하여 35명의 자식이 있었으나, 무재인은 후궁이 되고 나서 태종이 죽기까지 13년 동안 결국 천자의 자식을 하나도 잉태하지 못하고 말았다. 즉, 미모가 출중하여 후궁으로 들어가기는 했으나, 그다지 태종에게 눈길을 끌지 못했던 셈이다.

무재인은 성격이 괄괄한 여자였다. 역시 성격이 괄괄했던 태종에게는 무재인이 그리 예뻐 보이지 않았을는지도 모른다.

태종이 만년에 병석에 누워 있을 때의 일이다. 문안을 온 황태자 이치李治가 태종에게 탕약을 먹이려 했다. 그러자 병실에 대기해 있던 몇몇 궁녀들 중에서 재빨리 앞으로 나와 태종이 약을 마시기 쉽도록 등을 받쳐주는 여인이 있었다. 그가 바로 무재인이었다.

약을 먹이려는 이치와 옆에서 태종을 받치고 있던 무재인의 몸이 서로 닿게 되었다. 만약 그 순간 몸을 떼었다가는 약을 먹이는 이치의 몸이 흔들려 약을 쏟을 우려가 있었다. 무재인은 어쩌면 나중에 야단을 들을지도 모른다고 여기면서도 몸을 떼지 않은 채 그대로 있었다. 태종에게 약을 먹이고 나서 얼마쯤 지나자 이치는 "측간에……" 하고 중얼거리며 무재인에게 눈짓을 보냈다.

무재인은 이치의 뒤를 따라 병실에서 나와서는 금대야에 물을 담아 수건을 적신 뒤 문 밖에서 기다렸다. 곧이어 나온 이치는 그녀

△측천무후의 행차. 그녀는 반대파에 대한 잔혹한 탄압으로 악명 높았던 악녀였다.

가 내민 수건에 손을 닦으며, "동쪽의 작은 방에서 기다려주겠소?"라고 말한 뒤 태종의 병실로 되돌아갔다.

무재인은 수건을 정리한 뒤, 병실로 가지 않고 그대로 동쪽 작은 방으로 가서 이치를 기다렸다. 잠시 지나니 이치가 방으로 들어와, 두 사람은 그곳에서 운우의 정을 나누었다.

이치가 나간 뒤에도 무재인은 좀처럼 몸의 떨림이 가라앉질 않았다. 난생 처음으로 남자의 사랑을 맛보았기 때문이다. 이윽고 떨림이 진정되자 그녀는 머리를 손질한 뒤 몸가짐을 고치고 나서야, 멀리 회랑을 돌아 태종의 병실로 되돌아갔다.

무재인은 그때의 일을 아무에게도 들키지 않고 마쳤다고 생각했다. 하지만 이치와 함께 태종에게 문안왔던 태자비 왕씨王氏가 그 일을 알게 되었다. 왕씨는 그때 이치와 무재인의 거동을 수상히 여겨, 이치가 두번째로 태종의 병실에서 나왔을 때 은밀히 그 뒤를 밟아 동쪽의 작은 방 밖에서 안의 기색을 몰래 살폈던 것이다.

왕씨가 비록 그 일을 다 알고 있었지만 그녀는 끝내 입을 굳게 다물었다.

이윽고 태종이 세상을 뜨자, 황태자인 이치가 그 뒤를 이어 제위에 올랐다. 그가 바로 고종高宗이다. 왕씨는 황후가 되었다.

무재인은 다른 궁녀들과 마찬가지로 비구니들이 있는 절로 들어가 선제의 극락왕생을 빌게 되었다. 무재인이 들어갔던 절은 장안의 감업사感業寺였다.

그로부터 3년이 지났을 때, 무재인은 고종에게 불려가 다시 후궁으로 들어갔다. 선제의 후궁이 다시 그 아들인 천자의 후궁으로 들어가는 것은 거의 전례가 없는 일이었다.

그때 무재인의 입궁을 고종에게 권한 것은 황후인 왕씨였다. 고종이 오로지 숙비(4부인 중의 하나)인 소씨蕭氏만을 총애하는 것을 질투한 나머지 그랬던 것이다. 왕황후는 소씨를 그대로 두었다가는 자신의 지위마저 위협받을까 두려워, 무재인을 후궁으로 불러들여 고종의 마음을 분산시키려 했던 것이다.

무재인은 그때 이미 29살이었는데, 후궁으로 들어간 그날부터 고종을 기쁘게 하기 위해 최선을 다했다. 그렇게 애쓴 덕분인지, 고종은 무재인의 무르익은 육체의 포로가 되어버렸으며, 왕황후의 뜻대로 점차 소씨를 멀리하게 되었다.

그해 말, 무재인은 사내아이를 낳았다. 이것이 고종의 제5황자인 이홍李弘이다.

무재인이 황자를 낳자, 아들이 없던 왕황후는 이제 무재인에 대해 불안을 품게 되었다. 하지만 이미 그때는 후궁인 무재인의 세력이 왕황후를 능가하고 있었다.

왕황후는 이번에는 무재인의 실각을 꾀하고자 끊임없이 무재인의 험담을 퍼뜨렸다. 하지만 고종은 그러한 말에 전혀 귀를 기울이지 않았다. 고종의 귀에 들어오는 것은 무재인을 칭찬하는 환관이나 시녀들의 목소리뿐이었다.

2년 후 무재인은 소의昭儀(9빈의 최상위)가 되었으며, 또한 황녀를 낳았다. 어느 날 왕황후는 그 황녀를 보기 위해 무소의의 처소를 찾았으나, 미리 자신의 내방을 알렸음에도 불구하고 그녀는 방을 비우고 있었다.

"폐하와 함께 후원으로 산책을 나가셨습니다."

시녀가 아뢰었다. 왕황후는 하는 수 없이 황녀의 침실을 들여다 보고는 그대로 돌아왔다.

그러한 직후 고종과 함께 자신의 처소로 돌아온 무소의는 황녀를 안아 고종에게 보이려 하다가는 "앗!" 하고 비명을 지른 뒤 그대로 혼절해버리고 말았다. 황녀는 비단수건으로 목이 졸려 죽어 있던 것이다.

당연히 의심은 왕황후에게 두어졌다. 고종은 그 일로 인해 왕황후를 폐하고 무소의를 황후로 앉히기로 마음을 정했다.

하지만 황녀를 죽인 것은 사실 생모인 무소의 자신이었다.

무소의를 황후의 자리에 앉히는 것에 대해 고종의 숙부를 비롯하여 반대하는 이들이 많았다. 하지만 한편으로는 무소의가 황후 자리에 앉게 될 것이라 미리 내다본 환관들도 적지 않았다. 무소의의 심복이 된 환관들은 여러 가지로 일을 꾸며 반대파 신하들에게 죄를 뒤집어씌우려 했다. 마침내 왕황후와 소씨에게 독으로 황제를 살해하려 음모했다는 대역죄를 뒤집어씌우는 데 성공했다.

무소의는 이렇게 해서 황후의 자리에 오르게 되었다. 이때 무후의 나이 32살이었다.

왕씨와 소씨는 직위를 박탈당하여 서민의 자리로 내려갔을 뿐만 아니라, 대죄인으로서 궁중의 옥사에 갇히게 되었다. 무후는 두 사람의 성을 망蟒(이무기), 효梟(올빼미)라 고치고, 이후에는 왕, 소라고 부르는 대신 문서에도 반드시 망, 효라 적도록 명했다.

그후 무후는 두 사람이 "어두운 옥 안에서 분뇨에 뒤범벅이 되어 숨이 막힙니다. 옥에서 꺼내 목욕을 시켜주십시오. 그런 다음에는 단숨에 죽여주시기 바랍니다"라는 호소를 듣자, 재빨리 두 사람을 옥 밖으로 끌어내게 했다. 그런 다음에는 우물로 끌고가, 몸소 발로 차 두 사람을 물 속으로 빠뜨렸다.

"이 독살스러운 것! 이 원한은 죽어서라도 반드시 갚아줄 테다!"

두 사람이 외치자, 무후는 다시 이들을 밖으로 끌어내 곤장 백 대씩을 때리도록 했다.

"다시 환생하여 복수하지 못하도록 손발을 잘라 술독에 던져넣어 골수까지 취하게 하라."

왕씨와 소씨는 이렇게 해서 무참히 살해되었다. 그 일족들도 남김없이 모두 변경으로 유배당하고 말았다. 무후는 그후 자신이 황후의 자리에 오르는 것을 반대했던 신하들을 하나하나 가려내어 모두 죽이거나 변경으로 귀양보냈다.

무후는 황후의 자리에 오른 뒤 황태자를 폐하고 자신이 낳은 아들 이홍을 태자의 자리에 오르게 했다.

그후 이홍이 자신의 어머니인 무후가 무참히 살해한 소씨의 두 딸이 아직 옥에 갇혀 있는 것을 가엾이 여겨 그들을 구해주려 했다. 뒤늦게 이 사실을 알게 된 무후는 이홍을 독살하고, 동생인 이현李賢을 태자의 자리에 앉게 했다. 이현은 학자로서도 뛰어난 인물이었는데, 전문학자들과 함께 그가 완성한 〈후한서〉의 주석은 장회태자章懷太子 주라고 하여 지금도 높이 평가받고 있다.

　하지만 무후는 자신의 친자식인 이현 역시 후일 모반을 꾀했다 하여 사천성으로 유배시킨 뒤, 스스로 목숨을 끊게 만들었다. 그리고 그의 동생인 이철李旦을 황태자로 봉한 후 이현李顯이라 개명시켰다. 이현 역시 무후가 낳은 친자식이다.

　683년 12월, 고종이 죽자 이현이 그 뒤를 이어 제위에 올랐다. 그가 바로 중종中宗이다. 그러나 중종 역시 무태후의 마음을 거슬렸다 하여, 동생인 이단李旦에게 제위를 내주게 만들었다. 그가 예종睿宗이다. 무태후는 예종을 정무에 관여치 못하게 했으며, 자신이 직접 국정을 맡아 다스렸다.

　그로부터 6년 후, 무태후는 반대세력을 뿌리째 뽑아버린 뒤 690년, 스스로 제위에 올라 국호를 당에서 주周로 바꾸고, 황태자에는 예종 이단을 세운 뒤 무씨 성을 갖게 했다. 이때 무후의 나이 62살이었다. 그로부터 무후는 14년간 제위에 있었는데, 여성의 몸으로 대제국을 꾸려갈 수 있었던 것은 철저한 공포정치와, 다른 한편으로 인재 등용에 총력을 기울였기 때문이다.

　무후가 취한 공포정치의 대표적인 것이 바로 밀고 장려제도였다. 밀고는 그것이 비록 거짓이라 할지라도 벌을 받지 않았던 것이다.

　무후는 만년에 양기가 출중한 인물들을 총애했던 것으로도 유명하다. 본래는 낙양의 거리에서 약을 팔러 다녔던 떠돌이 중의 신분인 회의懷義, 어의인 심씨와 장씨, 양씨 형제 모두가 양기가 출중한 인물들로, 여제와 함께 밤을 보내며 그녀를 위로했던 남자들이다.

무후가 황태자에게 제위를 물려주어 14년 만에 천하가 다시 당조唐朝가 된 것은 그녀의 나이 82살 때의 일이다. 그해(704년) 11월, 무후는 천수를 누린 끝에 죽었으며, 이듬해 고종의 황후로서 고종이 잠든 건릉乾陵에 묻혔다. 천하의 악녀로서 제 명을 다 산 희귀한 예라 하겠다. ■

양귀비 楊貴妃
— '경국지색'이라 일컬어진 절세미인

> 양귀비가 불당 앞에 공손히 절을 하고 돌아보자, 고력사는 한 번 고개 숙여 절하고는 양귀비의 목에 비단 수건을 감았다.

양귀비, 그녀의 이름은 옥환玉環이다. 개원開元 6년(719년), 촉주蜀州(사천성)의 사호참군司戶參軍 양현염楊玄琰의 딸로 태어났으며, 17살 때 그 미모를 인정받아 현종 황제의 아들인 수왕壽王의 비로 간택되었다. 수왕의 생모는 현종이 가장 총애한 무혜비武惠妃였다.

수왕의 비가 된 지 5년째 되던 해인 740년, 양옥환은 현종이 화청궁華淸宮으로 거둥할 때 왕비의 한 사람으로 수행했다. 현종은 매년 10월이 되면 여산麗山의 화청궁(온천궁)으로 피한避寒했다가 이듬해 봄이 되면 수도인 장안으로 돌아오곤 했다.

무혜비는 3년 전에 병으로 세상을 떠난 상태였다. 무혜비가 죽고 난 후 후궁 가운데 무혜비를 대신할 만한 비빈이 없었으므로, 현종은 매일 도락에 잠기면서도 그리 즐거운 빛을 보이지 않았다. 하지만 그해 화청궁에서 양귀비에게 반한 뒤부터는 갑작스레 마음 속에 봄이 되살아나는 듯한 기분을 느끼게 되었다.

　현종은 환관인 고력사高力士와 의논하여 옥환이 목욕을 즐기도록 새로이 욕실을 짓게 했다. 욕조 바닥에는 에메랄드를 깔게 했으며, 대리석으로 곁을 두른 뒤 실내를 금은 주옥으로 마무리한 화려하기 그지없는 욕실이었다.

　목욕을 즐기는 옥환의 알몸을 현종은 구석구석까지 살피곤 했다. 목욕물이 튕기는 매끄러운 피부, 물 밖으로 몸을 꺼냈을 때의 요염한 자태. 그 모두는 현종을 매혹시키기에 충분했다. 백거이白居易는 이를 〈장한가長恨歌〉 속에서 다음과 같이 노래했다.

"춘한을 다스리는 화청의 온천
맑은 온천물에 몸을 씻는다.
시종이 부축하니 요염한 몸매 흐느적이고
이것은 처음으로 은택을 입는 때"

　'목욕을 하는 것'은 천자의 총애를 받을 때의 관례이다. 시에서 말하듯이 '처음으로 은택을 입었을' 때 옥환의 나이는 22살, 현종은 56살이었다. 현종은 옥환의 풍만한 몸뚱아리를 안고는 "짐은 천하의 지보至寶를 얻었다"면서 더없이 기뻐했다고 한다.

　봄이 되어 장안으로 돌아온 후에도 현종은 그 '지보'를 손에서 놓으려 하지 않았다. 하지만 옥환은 엄연히 자신의 아들인 수왕의 비였다. 그대로 빼앗아 후궁으로 들어앉힐 수는 없는 노릇이었다. 현종은 다시 환관인 고력사와 의논하여 옥환을 도교道教의 비구니로 만들어 수왕의 곁을 떠나게 한 뒤, 그녀를 궁중의 태진궁太眞宮에

△목욕하는 양귀비를 훔쳐보는 현종. 백거이의 〈장한가〉
에 나오는 장면을 묘사한 그림이다.

넣었다. 그리고 수왕에게는 새로운 여자를 골라 비로 삼게 했다.

옥환이 태진궁으로 들어온 다음날부터 현종은 밤이나 낮이나 그 곳을 떠날 줄 몰랐다. 그리고 나랏일은 안중에도 없었으며, 아침이 되어도 조정에 나오지 않는 날이 계속됐다.

화청궁에서 처음으로 총애를 입은 지 5년째 되던 천보天寶 4년 (745년), 옥환은 귀비貴妃의 칭호를 하사받았다. 귀비란 재상의 자리와 동등한 여관女官의 최고위였다.

또한 이미 고인이 되어 있던 그녀의 부모에게도 각각 관위가 추증되었으며, 3명의 자매들 역시 각기 봉토를 하사받고 공주(황녀)와 동등한 대우를 받게 되었다. 뿐만 아니라 숙부들이나 모든 종형제들까지도 관위를 받게 되었는데, 그중에서도 가장 두각을 나타낸 사람이 재종형제인 양교楊釗였다. 그는 맨처음 시랑侍郞으로 등용되었다가 마침내 호부상서로 천거되었으며, 어사대부를 겸한 재상이 되어 국충國忠이라는 칭호를 하사받기에 이르렀다.

이러한 양씨 일족들의 권세는 갑작스레 천하를 주름잡게 되었으며, 문무의 모든 관직이 양씨 문중의 손에 쥐어지게 되었다. 이러한 양씨 일족의 번영은 모두 양귀비라는 한 여자, 하나의 요염한 육체가 가져다준 것이었다.

양귀비가 그렇게까지 현종의 총애를 얻은 것은 그 미모와 풍만한 육체 이외에도 뛰어난 재치와 능란한 말솜씨, 게다가 여러 가지 재주들을 지니고 있었기 때문이다. 그녀는 항상 현종의 말에 앞서 그의 마음을 읽어냈으며, 말하는 것이나 행하는 것 모두 현종의 마음에 꼭 맞게 행동했다.

이러한 양귀비에 대한 현종의 익애를 말해주는 하나의 삽화로서 여주에 관한 이야기가 전한다.

여주는 먼 영남의 과일인데, 이를 장안까지 가져오는 것은 쉬운 일이 아니었다. 오랜 시일이 걸려야 했으므로 도중에 맛이 변하기 일쑤였다.

현종은 여주를 좋아하는 양귀비를 위해 영남에서 장안으로 오는 길에 5리마다 파수대를 세웠고, 10리마다 숙소를 마련했다. 이렇게 해서 밤을 낮 삼아 말과 사람을 바꾸어가며 여주를 나르게 했던 것이다. 너무 서둔 나머지 어떤 이는 말에서 떨어지기도 했으며, 어떤 이는 여주를 안고 넘어지기도 했다. 여주를 나르는 사람들로 인해 길에는 항상 먼지가 자욱했으며, 오고가는 일에 방해를 받아 사람들의 불편이 이만저만이 아니었다. 하지만 현종은 양귀비 한 사람의 입맛을 돋워주기 위해 이를 계속해서 하도록 했다.

어느 날 현종은 궁중에서 연회를 베풀었다. 그날 저녁, 양귀비는 현종의 형인 영왕寧王(수왕의 양아버지)의 피리를 들고 슬며시 자리에서 나와, 조용한 곳에서 그 피리를 불며 놀았다.

현종의 총애를 독차지한 양귀비에 대해 기회만 있으면 이를 빼앗고자 눈을 반짝이던 후궁의 비빈들이 이를 무심히 지나칠 리 없었다. 후궁들은 즉시 그날의 일을 널리 퍼뜨렸다. 어떤 이는 귀비가 슬픈 듯 그 피리를 입술에 대고 생각에 잠겼다고 말하고, 어떤 이는 노골적으로 귀비와 영왕이 관계를 맺었다고 떠들고 다녔다. 장고張祐라는 시인이 그러한 소문을 듣고는 한 편의 시를 지었다.

"이화梨花 조용한 정원 보는 이 없을 때
남 몰래 영왕의 옥적玉笛을 쥐고 분다."

'옥적을 분다'는 말은 흡경吸莖, 즉 오럴 섹스의 의미와도 통했다. 그 시는 궁녀들 사이에 널리 퍼져 노래로 불려졌으며, 이윽고 현종의 귀에까지 들어가게 되었다. 그녀에 대한 사랑이 이만저만이 아니었던만큼 현종의 진노 또한 대단한 것이었다.

현종은 일단 그녀에게 양씨 가문으로 돌아가도록 일렀다.

그때 길온吉溫이라는 자가 현종에게 찾아와 아뢰었다.

"귀비께서는 차라리 궁중에서 죽음을 맞이하시겠다 하옵니다. 양씨 가문에 돌아가 쓸쓸히 수치를 겪는 처지에 놓일 것이 괴롭다고 한탄하고 계시옵니다."

현종은 그 말을 듣자 양씨 집안으로 사자를 보내어 영남의 여주를 선물로 하사했다. 그때 양귀비는 머리를 풀고 흑발 한 묶음을 잘라내어 사자에게 건넸다.

"내 몸에 달고 있는 것은 모두 폐하로부터 받은 것입니다. 단, 내 머리칼과 살만은 부모로부터 받은 것이오니, 이 머리칼을 폐하에게 남겨 미약하나마 감사의 징표로 삼고, 내가 죽어 얼마간의 죄만이라도 갚아볼까 하나이다."

사자는 몇 명의 부하를 남겨 양귀비를 감시케 한 뒤, 급히 말을 달려 이 사실을 현종에 전했다. 한 다발의 머리카락을 받아들자 현종의 노여움은 눈 녹듯 사라져버렸다. 현종은 고력사를 당장 양가의 집으로 보내어 그녀를 데려오도록 일렀다. 이렇게 해서 양귀비는 그날 저녁 다시 궁중으로 돌아오게 되었다. 이 일이 있은 다음부터 양귀비에 대한 현종의 총애는 더욱더 깊어졌다고 한다.

그 무렵 양귀비는 또한 안록산安祿山과도 관계를 맺고 있었다. 안록산은 영주(열하성) 출신의 호인胡人으로, 그 이름은 알렉산더의 한자명이었다고 한다.

현종은 변경에서의 안록산의 공적을 높이 사 개원 29년(741년) 그를 영주 도독에 임명했으며, 이듬해에는 평로平爐 절도사의 자리를 준 데 이어 2년 후에는 다시 범양范陽 절도사를 겸하게 했다. 그리고 옥환을 귀비로 봉하던 그 이듬해에는 어사대부를 겸직시켰고, 이후에는 하동河東 절도사 자리까지도 겸하게 했다. 그야말로 양씨 문중을 능가하는 이례적인 출세였다. 사실 이렇게 되기까지는 양귀비의 입김이 적지 않게 작용했음은 두말할 나위도 없다.

이윽고 안록산은 현종의 양해를 얻어 양귀비의 양자가 되기에 이르렀다. 이렇게 해서 그는 양귀비의 양자라는 것을 이유로 천자와 환관 이외에는 출입이 금지되어 있는 후궁에 자유롭게 드나들 수 있게 되었다. 안록산과 양귀비의 추문은 후궁에 널리 퍼졌으나, 현종의 귀에까지는 들어가지 않았다. 안록산이 하동 절도사를 겸하게 되었던 때에는 현종의 나이 이미 67살이었다.

그러나 이때 양귀비는 33살로, 여자로서 가장 난숙한 시기에 와 있었다. 그러한 양귀비를 만족시킬 만한 것을 거대한 체구의 호인이 갖고 있었던 것이다.

안록산이 양국충을 친다는 명목으로 군사를 일으켜 반란을 꾀한 것은 천보 14년(755년)의 일이다. 그 전해에 이미 범양에서 모반의 준비를 갖춘 안록산은 장안으로 나와 양귀비와 최후의 환락을 맛보았다. 그 무렵 양국충은 안록산의 음모를 알아차리기 시작했으며, 후일 숙종肅宗이 되는 태자 흥興도 안록산의 일을 염려하여 현종에게 병사를 정비하도록 자주 간언했다. 하지만 현종은 양귀비의 말만을 듣고, 그러한 이야기에 전혀 귀를 기울이지 않았다.

안록산의 군대가 장안을 수비하는 요새인 동관潼關을 함락시켰을 때, 현종은 양국충의 권유에 따라 장안을 버린 뒤 양귀비와 그녀의 세 자매, 여러 왕과 공주들을 데리고 양귀비의 고향땅으로 피신했다. 일행이 함양을 지나 마외馬嵬에 당도했을 때 장병들은 굶주림과 피로에 지쳐 있었다. 그들은 마침내 양씨 일족에 대해 분노를 터뜨려 더이상 앞으로 나아가려 하지 않았다.

"우리를 이 지경에 빠뜨린 것은 양국충이다. 그가 조정을 어지럽혔기 때문이다."

"아니, 양귀비가 폐하를 홀렸기 때문이야."

장병들의 원한의 소리가 곳곳에서 터져나왔으며, 마침내는 '양국충을 죽여라!' '양귀비를 죽여라!' '양씨 일족을 모두 죽여라!' 하는 외침 소리로 사방이 들끓었다.

흥분한 장병들은 먼저 양국충을 죽인 뒤, 양귀비의 세 자매를 찾아내어 모두 죽였으며, 이어 양국충의 자식들까지 모두 죽여버렸다. 그리고는 모두들 현종의 행궁으로 몰려가 궁을 포위하고는 "양귀비를 끌어내라!"라며 윽박질렀다. 현종은 고력사를 방으로 불러들여, 눈물을 머금은 채 양귀비에게 죽음을 내리라는 뜻을 전했다.

양귀비는 이미 마음의 정리를 끝내고 "지금까지 폐하의 은총에 크게 감사하옵니다"라고 말한 뒤, 고력사를 따라 중원으로 나갔다. 중원 한구석에는 불당이 있었다.

양귀비는 그 앞에 공손히 절을 올리고는 고력사를 돌아보며 고개를 끄덕였다. 그러자 고력사는 고개를 숙여 한 번 절을 하고는 양귀비의 목에 비단 수건을 감아 힘껏 목을 졸랐다. 그녀의 나이 38살 때의 일이다.

그녀의 시신은 보랏빛 요에 싸여 궁 밖으로 옮겨졌다. 병사들은 그것이 양귀비의 시신임을 확인하자 환성을 지르며 행궁의 포위망을 풀었다.

이렇게 해서 한 시대를 쥐고 흔들던 양귀비의 요염한 육신도 마지막에는 하릴없이 쓸쓸한 마외의 서쪽 들판에 묻히게 되었다. ■

구스코(藥子)
— 일본 헤이제이 천황의 후궁

> 딸과 어머니가 한 남자에게 같이 사랑을 받는다는 것도 범상한 일이 아니지만, 다섯 자녀를 둔 어머니를 황태자가 총애한다는 것도 기이한 일이었다.

일본 헤이제이(平城) 천황과 사가(嵯峨) 천황 양대에 걸쳐 세상을 뒤흔든 후지와라노 구스코(藤原藥子)는 간무(桓武) 천황(737~806)의 신임을 얻어 권력을 휘두른 후지와라노 다네쓰구(藤原種繼)의 딸이다. 다네쓰구는 784년 나가오카쿄(長岡京) 조궁사造宮使로서 천도를 강행했으나, 이듬해 천도 반대파들에 의해 암살되었다.

구스코는 젊어서 중납언中納言 벼슬을 하는 다다누시(繩主)에게 시집가 2남 3녀를 낳았으나, 남편이 죽은 뒤 장녀가 황태자를 모시기 위해 궁으로 들어가자, 딸과 함께 자신도 궁중으로 들어가게 되었다. 그리고는 그대로 딸과 어미가 함께 황태자의 사랑을 받게 되었다.

5명의 자녀를 둔 어머니라고 하면 보통 40살 전후의 나이로 보는 것이 상례일 것이다. 하지만 구스코는 아마도 그 당시 30살이 채 되지 않았던 것으로 보인다. 왜냐하면 구스코의 오빠인 나카나리

(仲成)가 뒷날 '구스코의 난'으로 죽임을 당했을 때 그의 나이 36살이었기 때문이다.

하지만 구스코가 황태자의 사랑을 받은 것이 27~8살 때였다 하더라도 당시로서는 극히 이례적인 일이었다. 나이뿐만이 아니다. 딸과 어머니가 함께 사랑을 받는다는 것도 범상한 일이 아니었으며, 5명의 자녀를 둔 어머니를 황태자가 총애한다는 것도 기이한 일이었다.

그런데 그러한 모든 점들을 불사하고 황태자가 사랑을 기울였다는 것은 구스코가 상당한 매력을 지닌 아름다운 여성이었기 때문일 것이다. 아니면 구스코에게 황태자의 마음과 몸을 끌어당기는 어떤 마력 같은 것이 있었던 것일까?

간무 천황은 황태자와 구스코가 서로 사랑을 나눈다는 사실을 알자 크게 진노하여 그녀를 궁 밖으로 추방했다. 그녀는 나라(奈良)로 돌아갔으나, 황태자와의 관계는 오빠의 중재로 계속 이어지고 있었다.

806년 간무 천황이 죽자 황태자가 즉위했다. 그가 바로 헤이제이(平城) 천황이다. 구스코는 다시 궁중으로 들어가 정3위의 품계를 받았으며, 그녀의 오빠인 나카나리도 참의의 관직을 받았다.

헤이제이 천황은 정치개혁에 뜻을 두어 율령체제를 마련키 위해 6도 관찰사를 두고, 또한 전국에 뽕나무와 옻나무를 심게 하는 등 의욕을 보였으나, 얼마 못 가 정치에 싫증을 느끼기 시작했다. 구스코와 나카나리가 그의 배후에서 끊임없이 간섭을 하는 것도 몹시 성가셨기 때문이었다. 게다가 천황은 여전히 구스코를 사랑하고 있었다. 구스코의 육체의 덫에 걸려들어, 자신이 그 안에 갇힌 것을 알면서도 좀처럼 거기에서 헤어날 수가 없었던 것이다.
 천황의 동생인 이요(伊子) 친왕이 그 점을 넌지시 충고했다.
 "대단히 피곤한 듯 보이십니다. 좀 쉬시는 것이 어떠실는지요?"
 "어떻게 쉬라는 뜻인가?"
 천황이 되묻자 이요 친왕이 말했다.
 "잠시 구스코를 멀리하시면 몸을 쉬실 수 있게 되지 않을까요?"
 그 이야기를 들은 나카나리가 천황에게 말했다.
 "친왕님께서는 구스코에게도 같은 이야기를 하신 듯하옵니다. 구스코에게 물어보시면 친왕님의 진심을 아실 수 있게 될 것 같사옵니다."
 "친왕의 진심이란 것이 무엇이냐?"
 "그것은 구스코에게 친히 물어보시라고 말씀드리는 것이옵니다."
 그날 밤, 천황은 구스코에게 물었다.
 "친왕이 그대에게 무슨 이야기를 한 듯한데……."
 구스코는 천황의 몸에 자신의 몸을 휘감으며 말했다.
 "제게 폐하를 멀리하라시는……."
 "그 일이라면 내게도 그렇게 말했네."
 "그분의 심정을 알아달라고 말씀하셨습니다. 제 손을 잡으시면서."
 "그대의 손을 잡으면서?"
 "네, 친왕님은 저를 원하고 계신 것입니다. 나라면 그대를 황후의 자리에 앉히겠노라고 말씀하셨습니다."
 "친왕이 내게 쉬라고 했던 것이 그 말이었단 말인가? 나를 퇴위시키겠다는 의미였다고?"

 헤이제이 천황은 즉위 2년째인 807년 10월, 이요 친왕이 반란을 기도하고 있다는 죄목으로 그를 체포하여, 무고함을 호소해도 막무가내로 11월에 사약을 내렸다.

 그 무렵부터 천황은 정치에 대해서뿐만 아니라 일상적인 모든 일에도 권태감을 느낄 때가 많아졌다. 하지만 구스코의 곁에서 멀어질 수가 없었다. 더구나 그녀를 의심하는 마음도 점점 더 강해졌다.

 '이요 친왕이 죄 없이 죽은 게 아니었을까?' 라는 생각이 자주 들게 되었다. 구스코를 멀리하여 몸을 쉬라는 것은 구스코의 몸에 휘둘려 매일매일 권태감이 깊어져가는 내 처지를 염려한 진정어린 충고가 아니었을까 하는 생각이 들었던 것이다.

 그러면서도 천황은 구스코를 멀리할 수가 없었다. 구스코에게 휘감긴 채로, 구스코가 자신을 휘감아 무엇을 어찌하려는 것인지를 의심하고 있었던 것이다.

 즉위 3년째인 808년, 천황의 동생인 신노(新野) 친왕이 천황에게 앞서의 이요 친왕보다 강도 높은 충고를 올렸다.

 "구스코를 멀리하십시오. 구스코가 오빠인 나카나리와 모의하여 황후의 자리에 오르는 것과, 더 나아가서는 제위까지도 넘보고 있음을 헤아려주십시오."

 "설마 구스코가 그런 야망을?"

 "구스코가 아직 제 험담을 하지 않던가요?"

 "하지 않았네."

 "조만간 분명 제 험담을 할 것입니다. 이요 친왕을 그렇게 했던 것처럼 제게도 손을 써서 처치하려 들 것입니다."

"설마……."

"폐하가 구스코를 멀리하시지 않겠다면 제가 하겠습니다. 이요 친왕과 같은 처지가 되기 전에."

"기다리거라, 내게도 생각이 있으니."

천황이 만류했다.

그 이듬해 정월, 헤이제이 천황은 병약함을 이유로 스스로 제위에서 물러났으며, 신노 친왕이 그 뒤를 이어 즉위했다. 그가 바로 사가(嵯峨) 천황이다.

"구스코를 벌하지 말라."

그것이 헤이제이 천황이 명한 단 하나의 분부였다.

헤이제이 천황은 상황上皇이 되어 나라 지방에 머물렀다.

"그대를 위한 것이오."

상황은 구스코에게 말했다.

"그대를 위함이기도 하고, 나를 위함이기도 하노라. 이로써 그대나 나나 마음의 평안을 얻게 되었지."

하지만 사가 천황의 즉위로 권력을 잃게 된 나카나리와 구스코는 끊임없이 상황의 복위를 위해 일을 꾸몄다. 그리고 상황의 승낙도 얻지 않은 채 은밀히 계획을 세워 헤이조쿄(平城京)에 궁전을 재건하고, 헤이제이 천황의 재즉위를 기도했다.

사가 천황 쪽에서 이를 알아차리지 못할 리 없었다. 천황 역시 은밀히 준비를 갖추어, 810년 9월 병사를 일으켜 일거에 구스코 일파의 모반을 격파시켰다. 이것이 이른바 '구스코의 난'이다.

구스코의 오빠인 나카나리는 체포되어 죽임을 당했으며, 구스코는 스스로 독약을 마셔 목숨을 끊었다.

헤이제이 천황은 출가하여 절로 들어갔다. 그는 출가하고 난 뒤에도 여전히 구스코를 생각했으며, 그로부터 14년 후 병사하기까지 여성을 가까이하는 일 없이 헤이조쿄의 옛 궁전에서 조용히 여생을 보냈다.

결국 사가 천황이 승리하고, 구스코나 헤이제이 천황은 패자가 된 것이다. 역사는 승리한 쪽을 정당화시킨다. 싸워서 진 쪽은 모반으로 간주된다. 구스코를 천하의 악녀로 보는 것은 승리하여 정당화된 쪽에서 보는 견해에 지나지 않는 것인지도 모른다.

앞에서 말했던 것처럼 구스코의 생년은 알 수 없으나, 오빠인 나카나리가 죽임을 당했을 때가 36살이었으므로, 아마 35살도 채 살지 않은 젊은 나이였을 것이다. 어쨌든 그 나이에도 한 나라의 왕을 완전히 휘감은 것을 보면 매력 넘치는 미녀였음에 틀림없다. ■

이황후李皇后
— 관상대로 국모가 된 요부

> 광종이 그 상자를 열어보니, 그 안에 들은 것은 바로
> 며칠 전 자기와 함께 밤을 보낸 궁녀의 두 손이었다.

남송 제2대 천자인 효종(재위 1162~89) 때, 경원慶遠 절도사였던 이도李道는 호북지방에서 관상의 대가로서 널리 이름이 난 도사 황보탄皇甫坦과 만나게 되었다. 이도에게는 4명의 딸이 있었다. 황보탄과 만난 것은 바로 자신의 네 딸의 관상을 보기 위함이었다.

이렇게 해서 황보탄은 큰딸부터 차례차례 소견을 이야기해 나갔는데, 네번째 딸을 보게 되자 그만 머리를 조아린 채 한마디도 하지 못했다.

이도가 이를 이상히 여겨 그 까닭을 묻자, 황보탄은 네 딸들이 모두 자리를 물러난 뒤에야 입을 열었다.

"저분께는 천하의 어머니가 되실 상이 나타나 있습니다."

이도의 측근에 있는 사람들로부터 그러한 이야기가 밖으로 전해지게 되었다. 이윽고 그러한 소문은 효종의 귀에까지도 들어갔다. 효종이 그냥 듣고 흘릴 일이 아니라 여겨 이도를 불러 힐문했다.

"참으로 송구한 일이 아닐 수 없사옵니다. 그와 같은 이야기가 새어나가리라고는……."

이도가 대답했다.

"황보탄이 그렇게 말한 것이 확실한가?"

"예, 그저 여식에게 그러한 상이 있다고 말했을 뿐이지, 딸이 국모님이 된다는 황송한 이야기는……."

"그럼 자네 여식을 한번 만나보기로 하지. 데리고 오게나."

효종이 말했다.

며칠 후, 효종은 이도와 그의 딸을 만났다. "황보탄이 국모가 될 상이라 했다더니 과연 그렇군!" 하고 생각했던 것이다.

그녀는 젊고 아름다웠으며, 게다가 의연한 풍모를 갖추고 있어 함부로 범접키 어려운 데가 있었다. 효종은 그 자리에서 이도의 딸을 공왕恭王 돈惇의 비로 맞이할 것을 결정했다. 자신의 아들이지만 유약하기 짝이 없는 공왕의 비로서는 안성맞춤이라 여겼던 것이다.

효종에게 있어 이씨는 말하자면 마음에 꼭 드는 며느릿감이었던 것이다. 모든 이들이 천자인 자신의 기색을 살피느라 마음에 있는 소리를 하지 못하고 있는 데 반하여, 이씨는 거칠 것 없이 분명하게 자신의 의견을 말할 줄 알았다. 효종에게는 그러한 이씨가 시원스럽게조차 느껴졌던 것이다. 이씨가 공왕의 비가 된 지 2년이 지났을 때, 효종은 공왕을 태자에 책봉했다. 공왕을 믿었다기보다는 오히려 이씨에게 기대를 걸었다고 해야 할 것이다.

그러나 효종은 점차로 태자의 비가 된 이씨를 탐탁치 않게 여기기에 이르렀다. 고집이 세고, 게다가 질투가 심할 뿐만 아니라, 날이 갈수록 행실이 거칠어갔기 때문이다. 효종은 이씨의 그런 점을 나무랐으나, 이씨는 조금도 고치려 하지 않고 오히려 효종에게 대들기까지 했다. 하지만 효종에게도 약점이 있었다.

효종이 형들을 제치고 공왕 돈을 태자의 자리에 앉힌 것은 이씨가 끊임없이 졸랐기 때문이다. 그 무렵 효종은 '마음에 드는 며느리'와 범상치 않은 관계를 맺고 있었다. 먼저 유혹한 것은 이씨 쪽이었다.

"황보탄의 말이 맞았습니다."

어느 날 이씨가 말했다.

"그게 무슨 말이지?"

효종이 얼굴빛을 바꾸며 물었다.

"어머, 그런 무서운 얼굴을 하시다니……."

이씨는 효종에게 자기 몸을 비비며 말했다.

"폐하와 이런 사이가 된 것은 국모가 된 것이나 진배없지 않사옵니까?"

그리고는 이렇게 덧붙였다.

"지금 당장 국모가 될 수 없다는 것은 알고 있사옵니다. 그 대신 앞으로 국모가 될 수 있을 것이라 약속해주십시오."

"……."

"공왕님을 태자로 책봉해주시면 드디어 저도 국모가 될 수 있사옵니다."

순희淳熙 16년(1189년) 2월, 효종은 퇴위하여 태상황이 되었으며, 그 자리를 돈에게 물려주었다. 그가 바로 광종光宗이다. 광종의 즉위에 따라 이씨는 황후가 되었다. 황보탄이 말한 대로 '천하의 어머니'의 지위에 오른 것이다. 효종의 양위는 이씨에 대한 약점으로부터 벗어나기 위한 것이었다고도 일컬어진다.

광종이 즉위한 이듬해, 이씨의 아들 확擴이 가왕嘉王에 봉해졌다. 이황후는 국모인 자신의 지위를 보다 굳건히 하기 위해 하루라도 빨리 가왕을 태자에 봉하고 싶어 쉴 새 없이 광종을 다그쳤다.

하지만 유약한 광종은 효종이나 중신들의 찬동을 얻지 못해 쉽게 결단을 내리지 못한 채 전전긍긍하고 있었다. 이황후는 끊임없이 광종을 졸랐다. 그로 인해 광종은 마침내 마음의 병을 얻어 정무를 돌보지 못할 정도가 되었다. 의증疑症이라는 일종의 정신병에 걸린 것이다.

효종은 이를 염려하여 명의에게 양약을 조합시켜 광종에게 보냈으나, 이황후는 효종을 의심하여 그 약을 먹이지 않았다. 그때부터 자신의 행동을 나무라는 태상황을 깊이 원망하게 되었다.

게다가 이황후는 궁정에서 연회가 베풀어졌을 때, 효종에게 가왕을 태자에 봉해달라고 앞뒤를 가리지 않고 졸라댔다. 효종이 무거운 얼굴로 고개를 가로젓자 이황후는 눈썹을 치켜세웠다.

"저는 6례六禮를 갖추어 궁중에 들어온 여자이옵니다. 게다가 지금은 국모의 몸이옵니다. 그 국모가 되는 이의 자식을 태자로 책봉하는 것이 어째서 아니된다는 말씀이옵니까. 제게 뭔지 허물이라도 있다는 말씀이옵니까? 만일 있다면 그 허물은 태상황마마의 허물이기도 한 것이거늘……."

하지만 효종은 역시 입을 굳게 다문 채 고개를 가로저을 뿐이었다. 이황후는 그러한 모습을 보자 거칠게 자리에서 일어서더니 횡하니 병상에 있는 광종에게로 달려갔다. 그리고는 누워 있는 광종을 붙잡고 울며불며 이렇게 호소했다.

"태상황마마는 폐하의 아바마마이거늘, 참으로 무서우신 분입니다. 폐하가 병환 중이신 것을 이유로 폐하의 퇴위를 기도하고 계십니다. 가왕을 태자로 봉하는 데 대해 반대하시는 것은 바로 그러한 이유 때문이옵니다."

의질에 걸린 광종은 이태후의 그런 말에 마음이 어지러워 병이 더욱 무거워졌음은 두말할 나위도 없었다. 그리고 그런 일이 있은 직후부터 광종은 효종이 머무는 중화궁으로 가는 것을 완강히 거부했다.

어느 날, 광종은 뒷간에서 나와 손을 씻다가 물을 부어주는 궁녀의 흰 손과 그녀의 고운 자태에 마음이 끌려 그날 밤을 그녀와 함께 지냈다. 그로부터 며칠이 지난 뒤, 광종의 처소에 이황후가 보낸 선물이 전해져왔다. 광종이 그 상자를 열어보니, 그 안에 들은 것은 바로 며칠 전 광종과 함께 밤을 보낸 궁녀의 두 손이었다. 광종이 그것을 보고 기절할 듯이 놀란 것은 너무도 당연한 일이다.

하지만 이황후의 이러한 선물은 광종에게 역효과를 가져왔다. 광종은 그후 이황후가 기거하는 후궁으로 가는 일을 기피했으며, 오로지 귀비인 황씨만을 총애하게 되었던 것이다. 그러자 이황후는 또다시 황귀비를 죽여버렸다. 광종은 그때부터 병실에 칩거하는 시간이 많아졌으며, 정무를 돌보는 일은 더욱 드물어졌다.

이렇게 되니 정사는 대부분 이황후에 의해 결정지어지게 되었고, 이황후의 교만함은 날로 그 기세를 더해갔다. 효종은 광종을 문병하고 이황후도 훈계할 겸 그들을 찾았으나, 전일 이황후로부터 효종에게 폐위의 뜻이 있음을 전해 들었던 광종은 만날 것을 거부했으며, 이황후는 이황후대로 효종의 훈계를 냉담하게 흘려들을 뿐

조금도 마음에 담아두려 하지 않았다.

이듬해 광종은 다소 건강을 회복하여 정무를 돌보기 시작했다. 마침 효종의 탄신절도 들어 있었으므로 신하들은 거듭하여 광종에게 중화궁으로 경하를 드리러 가도록 권했다. 그러나 광종은 이를 완강히 거절했다. 광종에게 있어서는 이황후의 교만, 신하들의 간언이나 강압과 함께 효종의 존재 역시 천자의 자리에 있는 자신을 조정하려고 드는 하나의 끈처럼 보였던 것이다.

이듬해 정월, 효종은 병에 걸려 자리에 누웠으며, 4월이 되자 상태가 위중해졌다. 신하들은 광종에게 병문안을 가도록 끈질기게 권유했으나, 광종은 옥진원玉津園으로 간 채 돌아오지 않았다.

5월에 들어 병이 더욱 깊어진 효종은 광종을 만나고 싶어했다. 그러나 광종은 신하들이 강제하면 할수록 더욱 마음이 멀어져 중화궁으로 발걸음을 떼어놓을 수가 없었다.

다음달 6월, 효종은 끝내 광종을 만나지 못한 채 숨을 거두고 말았다. 효종은 처음 가왕을 태자에 봉하는 일에 반대했으나, 어느 정도 시간이 지나자 광종을 대신하여 중화궁으로 자신을 문안 오는 가왕을 기쁘게 맞이했으며, 가왕이야말로 천자의 자리에 어울리는 인물이라는 유언을 남기고 죽었다.

그로 인해 효종이 죽은 다음날, 가왕은 태자에 옹립되었다. 신하들 가운데는 이황후에게 반감을 가진 사람들이 적지 않았으나, 가왕을 태자에 옹립하는 데 반대하는 이들은 없었던 것이다.

그렇게 해서 가왕이 태자의 자리에 오른 지 얼마 되지 않은 어느 날, 조정에 나왔던 광종은 갑자기 쓰러진 채 정신을 잃었다. 그러자 몇몇 중신들은 광종의 생모인 현성 태황태후에게 달려가 하루

빨리 민심을 안정시키기 위해서라도 광종 대신 태자 확을 제위에 오르도록 명해야 한다고 설득했다. 이러한 중론에 따라 광종은 퇴위되고, 태자 확이 황제의 자리에 올랐다. 그가 바로 영종寧宗이다.

즉위한 지 5년 만에 퇴위한 광종은 태상황이 되어 수강궁壽康宮으로 거처를 옮겼다. 이씨도 태상황후가 되어 그 뒤를 따랐다. 염원하던 대로 자신의 아들이 제위에 오른 것을 보아서인지 이씨의 방자함은 점차 수그러들었으며, 광종 역시 퇴위하고부터는 마음의 안정을 얻어 건강을 되찾게 되었다.

수강궁에서 날을 보낸 지 6년 후인 경원慶元 6년(1200년), 두 사람은 앞서거니 뒤서거니 하며 그해 나란히 세상을 떠났다. ■

〈투쟁〉, 1904, 로베르 드마시

원경왕후 민씨閔氏
― 조선조 3대 임금 방원의 아내

> 민씨는 대담하고 지략이 뛰어난 여걸이었지만, 여자로서의 향기가 없었으므로 남편 방원의 알뜰한 사랑을 받지 못한 채 빙하와 같이 냉랭하고 슬픈 세월을 보내야 했다.

훗날 원경왕후元敬王后가 된 방원 정안대군의 부부인府夫人 민씨는 터럭 끝만큼의 빈틈도 없이 용의주도할 뿐더러, 대장부보다 금도襟度가 넓기로 유명했다.

그러나 정안대군은 민씨에게서 여자다운 향내를 거의 느끼지 못했다. 미모에 풍염한 자태를 지니긴 했으나, 남자들 일에만 골몰해 있어서인지 야들야들한 감칠맛 있는 매력이 통 느껴지질 않았던 것이다.

그러던 차에 방원은 자신의 일로 민씨가 친정 나들이를 하던 틈을 타 민씨가 거느리고 있던 계집종 효남과 정을 통하게 되었다. 스물이 넘도록 사내를 알지 못한 효남은 대군의 품안에서 파닥거리는 한 마리의 새가 되었던 것이다.

방원은 유쾌하기만 했다. 한 사내에게 계집은 여럿이라도 상관없다. 더구나 자신은 앞으로 권자에 오를 몸이 아닌가. 조금 전만 해도 엄격한 상하주종이었으나, 살을 섞고 나니 거리낌이 아주 없어진 효남은 마마의 아기씨를 낳아 기르고 싶었노라고 고백했다. 그러자 정안대군은 호강을 싫도록 시켜주겠다 다짐하고 온밤을 효남과 함께 자신의 사랑에서 밝혔다. 금침은 흐트러질 대로 흐트러지고 두 사람의 애무는 날이 밝도록 계속되었다.

 황토마루에 자리한 정안대군 사저의 행랑에선 늦수그레한 남종·여종들이 모여서 수런거렸다. 장차 효남의 젊은 꽃봉오리에 내릴 지독한 참화가 두렵고, 그로 인해 자신들에게도 어떤 불똥이 튀어올지 겁이 나지 않을 수 없었다.

 마침내 날이 훤히 밝았다. 친정에서 하룻밤을 지낸 부부인 민씨는 하인들을 몰아 귀로를 재촉하고 있었다. 살림 솜씨가 놀랍도록 치밀하고, 뭇 하인들을 엄히 다루는 민씨는 하루 비운 새에 집안 사정이 어찌 되어 있을지 궁금하고 갑갑했던 터이다.

 그러나 돌아오자마자 늙은 여종에게서 접한 소식은 민씨의 간을 뒤집을 만했다. 그러나 민씨는 보통 여인네가 아니었다. 자신은 앞으로 중전이 될 몸이 아닌가. 걱정을 재빨리 수습한 민씨는 엄숙한 태도와 말씨로 하인들에게 이른다. 그러나 그 누구도 마음을 놓을 수는 없었다. 부부인의 냉정하고 잔혹한 심성을 익히 알고 있었기 때문이다.

 좌우를 물리고 민씨는 곰곰 궁리에 빠졌다.

 너무도 야속한 일이었다. 민씨 자신은 도대체 누구를 위해 부랴부랴 친정으로 달려갔던가. 모든 것은 방원 정안대군 때문이었다. 그러나 단 하루를 못 참아 난봉을 피우다니……. 차라리 밖에 나가 기생 오입을 할 것이지 집에서 기르는 종년에게 손을 대다니.

예사 종년도 아니고 민씨의 몸종이었다. 민씨가 그 총명한 재질을 높이 사 긴히 옆에서 부리던 계집종이었던 것이다.

방원은 아내의 기승스런 콧대를 꺾어놓으려는 속셈으로 날이 밝도록 효남과 함께 사랑에 누워 있었으나, 민씨의 냉정한 태도에 오히려 덜미를 잡히게 되었다.

이 여자는 여자가 아니다. 대군은 퍼뜩 생각한다. 남자가 되려다가 어찌 실수로 잘못 태어난 모양이다. 그러면 자신은 여자 아닌 여자와 이제껏 살았고 앞으로도 살아가야 한다는 말인가.

민씨는 의관을 가다듬기 위해 자리를 피해달라는 방원의 청도 물리치고 보는 앞에서 옷을 입으라고 다그쳤다. 그리고 간밤에 효남을 어떤 식으로 다루었는지 잘은 모르지만 부부인 아씨도 이렇게 하녀를 사랑할 줄 안다면서 효남의 옷을 재빨리 벗기기 시작했다. 대군이 미처 말릴 틈도 없었다.

민씨의 두 손이 효남의 어깨를 바싹 끌어안자, 그 손들은 가시와 갈퀴가 되어 효남의 옷과 살을 마구 찢어놓았다. 넝마조각처럼 흐트러진 옷조각들. 핏줄기가 빨갛게 죽죽 선 알몸뚱이. 발가벗겨진 효남의 몸은 금세 한 덩어리의 살뭉치가 되고 말았다.

민씨는 한참 만에야 두 손을 거두었다. 효남은 썩은 짚단처럼 방바닥에 무너졌다. 금침에는 핏자국이 선연했다. 그 심한 흥분 속에서도 민씨는 단정한 차림새 그대로였다. 머리칼 한 올 흐트러지지 않고 표정 또한 엄연했다. 민씨는 입가에 차가운 미소를 띄웠다.

그러나 내실로 들어선 민씨는 여전히 미음이 우울하고 무겁다. 여자의 자리, 그 서러움이 가슴을 치받다 못해 드디어는 분노로 화해갔다.

옛날 백거이는 〈장한가〉에서 이렇게 읊었다.

"막작부인신莫作婦人身."
(부인의 몸으로 태어나지 말지니라)

부인의 몸으로 태어나면 자신의 온갖 운명이 남의 손에 달린다는 뜻이다.

민씨는 쓰러지듯 자리에 앉아, 그제서야 눈물을 떨구었다.

여기까지는 여자의 질투를 강짜로 나타내는 역대의 많은 사례들과 다를 바 없다. 그러나 민씨는 그 질투를 단숨에 거두어들이는 냉정함을 드러내보였다.

정안대군 사저의 하룻밤, 하루 아침의 소동은 민씨의 가슴에 야심을 깊이 심어놓고 화평해져갔던 것이다.

정도전과 남은이 방원의 칼에 쓰러져가고, 대군의 수하 장수가 방석을 제거한 뒤 방원의 힘이 대세를 잡게 되자, 때를 같이하여 태조는 눈에 띄게 병색이 깊어갔다.

태조에 대해 존경의 염이 절절한 정안대군 방원은 혼수상태에서 벗어나지 못하는 부왕 앞에 읍하였다.

"아버님, 죽을 죄를 지었나이다. 하오나 소자가 비명에 죽게 생겼으니, 소자 아니라 몇 배 나은 인물이어도 이 어찌 다른 처사를 취하겠습니까? 불효 불충인 줄 알면서도 할 수 없어 저들을 죽였으니 용서하시고 어서 깨어나십시오."

민씨는 부군과 나란히 태조를 향해 읍해 있었으나 그의 두 눈은 궁인들의 동정에만 쏠려 있었다. 그러나 부대낄 대로 부대낀 궁인들이 표정 하나, 몸짓 한 가지도 소홀히 가질 리 없었다. 민씨의 빈틈없고 냉정한 성격이 이 궁 안에까지 대강 알려져 있던 터라 더욱 조심하고 삼가는 것이었다.

민씨는 시아버지인 태조에 대해 별로 기리는 마음이 없고 오히려 경원과 역겨움만 가지고 있었다. 민씨는 상감의 병환에 대해서 근심은커녕 은근한 기대가 한층 컸던 것이다. 그러니만큼 울먹울먹하는 방원의 꼴이 좋게 느껴질 리가 만무했다.

"이럴 줄을 몰라 거사하셨습니까? 전의가 조금 후엔 정신을 차리신다고 했는데 왜 이렇게 우시지요?"

민씨는 침착을 잃고 짜증을 냈다. 바로 이 순간 자신과 방원이 너무나 먼 거리에 놓여져 있는 듯한 묘한 이질감을 느꼈기 때문이다.

"여보 부인, 아무리 며느리라 할지라도 자식은 자식 아니오. 시아버님께서 병이 깊으신데 나더러 왜 이렇게 우느냐구? 자식 된 심정으로 울고 있는 내가 못마땅하다 그 말이오?"

방원은 울음을 멈추며 벌컥 화를 냈다. 사뭇 무서운 기세였다.

"답답도 하십니다. 조금 있으면 소생하신다고 전의가 말했다지 않습니까? 소생하신 뒤에 그렇지 않아도 치를 떨고 계시는 마마가 곁에 서 있는 것을 아버님이 알아나 보십시오. 뒷일은 어찌되겠습니까? 범 같으신 아버님 성미에 펄펄 뛰시다가, 노인네가 그 길로 세상이라도 뜨시면 백성들은 뭐라고들 말하겠습니까? 동생들 죽이고 부왕까지도 마마가 시역하셨다고 공론이 쫙 돌 것입니다. 그리 되면 후에 아무리 잘해서도 좋은 이름 남기기는 틀린 일입니다."

순수한 감정에 젖어 있던 방원의 귀에도 섬뜩 충격을 주는 권고였다. 방원은 슬며시 울음을 거두었다. 남편의 대단한 기세에도 굴하지 않고 태연자약 낭랑하게 상태를 설명하던 민씨는 기대했던 남편의 이런 변화에 안심하여 회심의 미소를 지었다.

그러나 사흘 만에 일어난 태조는 세자 방과를 상감으로 앉히고 무인戊寅 9월에 보위를 떠나 상왕이 되었다.

세자 방과는 상감으로, 세자빈 김씨는 왕후이자 국모로 나란히 조선 천지에 군림하게 되니, 이가 바로 제2대 정종이요, 정안왕후定安王后이다.

동서간에 화목하지 않은 민씨의 기승스런 성미는 더욱이나 맏동서인 김씨를 꺼려왔다. 손아래라고 굽실거려야 했기 때문이다.

민씨는 분노를 억누를 수가 없었다. 성이 불끈 치솟아 냉정한 태도란 통 가질 수가 없었다. 죽도록 헛고생만 해댄 것 같았다. 민씨의 기름한 눈초리는 자꾸 위로 치켜올라만 갔다.

하지만 이러한 분노도 잠깐이었다. 즉위했던 정종이 방원의 위세에 못 견딘 나머지 재위 2년 남짓 만에 별다른 치세의 업적도 남겨보지 못한 채 정안대군에게 선위한다는 교지를 내린 것이다.

민씨는 너무 기뻐 일신이 허공에 뜨는 듯했다. 민씨는 왕비의 자리에 오르자 그 권세를 몰아 태종이 총애하는 신빈 김씨를 죽이려 마음먹었다. 그러나 그 계획은 결국 실패로 돌아가고 말았다. 태종은 그야말로 모골이 송연해짐을 느꼈다.

민씨의 결단이 실패로 돌아가자 세상에는 그녀에 대한 비아냥거림이 만연했다.

"더러워서 못 보겠구만. 골육상쟁이 가까스로 끝났나 했더니 이제 와서는 사랑싸움이라더군."

민씨의 욕망은 이렇듯 끝이 없었다. 이씨 조선은 태종의 것이자 바로 자신의 것이기도 하다고 생각했기 때문이다.

그러나 민씨는 머리회전이 빠른데다 수완도 뛰어난 여자였다. 조정의 일이 순조롭게 풀리지 않을 때마다 끼어들어 일을 해결해 공을 세울 뿐만 아니라, 진노하여 함흥으로 내려간 태조 상왕을 돌아오게 하는 데도 공을 세웠다.

그뿐만이 아니었다. 함흥에서 돌아온 상왕의 화살에 맞아 죽을 뻔한 태종의 목숨을 구해낸 것도 민씨였다. 화살이 태종의 바로 앞에 있던 기둥에 가 박혔다. 원경왕후 민씨가 대례복을 화사하게 차려입은 모습으로 나타난 것은 바로 이때였다. 그녀는 태상왕의 정면으로 찬찬히 걸어가 큰절을 올린 후 이렇게 말했다.

"아버님, 너무도 오래 고생 많으셨습니다. 사냥을 즐기시는 줄 잠깐 잊어 준비가 없사오나, 남은 화살이 있다 할진대 다시 한번 쏘아보시옵소서."

난데없이 태상왕이 활을 쏘는 바람에 떠들썩하던 뭇 사람들은 저절로 탄성을 발했고, 이윽고 물을 끼얹은 듯 조용해졌다.

이성계가 대답했다.

"나는 단번에 승부를 내느니라. 그러므로 화살도 하나밖에 없었다."

그리고는 품에 지녔던 옥쇄를 태종의 앞으로 던졌다.

민씨 덕분에 목숨을 구한 태종은 민씨에게 사의를 표했다. 민씨의 총명대담한 지략은 다시 온 조정과 궁궐에 알려져 두려움과 칭송의 대상이 되었다. 이것만 보아도 민씨는 지략이 뛰어날 뿐만 아니라 대담한 성격의 여자였던 듯하다.

그러나 여자로서의 향기가 없는 민씨로서도 사무치게 저려드는 고독감만은 어찌할 수 없었던 것 같다. 그리하여 내전에서 홀로 빙하와도 같은 슬프고 냉랭한 세월을 보내게 되었던 것이다. 여자로서의 민씨의 생애는 결코 행복했다고는 할 수 없는 것이었다. ■

세자빈 봉씨奉氏
— 조선조 5대 임금 문종의 세자빈

> 세종의 며느리이자 문종의 세자빈이었던 봉씨의 비극은 '닫힌 사회'가 빚어낸 악녀의 슬픈 운명이라 할 만한 것이다.

봉씨는 세종의 맏아들이자 제5대 임금인 문종文宗이 세자로 있을 때 세자빈으로 간택되었던 여자다.

문종에게는 전처로서 휘빈 김씨라는 여인이 있었는데, 이 김씨가 쫓겨난 후 새로 맞아들인 세자빈이 바로 봉씨였다. 이때 봉씨는 나이가 세자와 동갑이었다.

세자보다 나이가 위이고 몸집이 컸던 폐빈 김씨에 놀란 임금 내외는 몸집이 작고 유약해 보이는 봉씨를 새 며느리로 간택했던 것이다.

전 세자빈이었던 김씨는 미모에다가 몸이 풍만하고 기질이 넘쳐 색을 왕성히 밝혔다. 여자가 이쯤 되니 몸이 유약한 세자가 이를 감당할 도리가 없었다. 그래서 내외 사이에 트집이 생기게 되었던 것이다. 말하자면 내외의 궁합이 제대로 맞지 않았다고 하겠다.

김씨가 쫓겨난 후, 성미가 유순하고 내성적이며 몸집이 가냘픈 여자를 수소문한 끝에 적당한 세자빈감으로 떠오른 규수가 바로 봉씨였다.

봉씨는 과연 체격으로 보나 무엇으로 보나 세자가 휘어잡기에 문제가 없을 것 같아 보였다. 또 무엇보다 세자에게 가장 걱정스러운 잠자리에서의 트집이 없을 것 같아 왕실에서는 적이 안심하는 형국이었다.

그러나 사람은 겉보기와는 전혀 다른 유형이 있다. 새 세자빈 봉씨가 바로 그러한 전형이라고 할 만했다. 몸매는 가냘프고 몸집도 아담하다고 할 정도로 자그마했지만, 색을 밝히는 데에서는 폐빈 김씨 따위는 저리 가라 할 정도였다. 그녀는 보기 드문 색광이요, 음탕한 여자였던 것이다.

세자도 이번에는 성실한 남편 역할을 하여 불상사가 없게 하려고 애썼으므로, 처음에는 거의 매일 밤을 세자빈의 침소에 들었다. 그러나 세자의 체력으로는 성욕이 왕성한 아내의 욕구를 도저히 충족시켜줄 수가 없었다.

그러자 세자빈 봉씨는 항상 욕구불만으로 인한 짜증과 신경질이 가슴 한구석에 도사리게 되었고, 세자는 그 침소에 드는 것이 부담스러워 점점 밖으로만 돌았다.

그리하여 세자는 동궁의 시비인 권순임을 총애하게 되었고, 봉씨는 봉씨대로 가장 총애하는 시비 소쌍이와 음행을 저지르기에 이르렀다.

이와 같은 일은 궁중에서 처녀로 한평생을 살아야 하는 궁녀들 사이에서 동성간의 애정 방법으로 더러 은밀히 행해지기도 했다. 그러나 그것은 어디까지나 신분이 낮은 궁녀들 세계에서나 은밀히 통할 일이요, 만약 궁녀 상호간에라도 그와 같은 짓을 하는 것이 알려지면 그 궁녀는 제조상궁提調尙宮에게 회초리로 늘씬하게 맞고 쫓겨나거나 근신을 당하게 마련이었다.

하물며 장차 국모가 될 세자빈이 천한 계집종과 그와 같은 행위를 한다는 것은 감히 상상도 할 수 없는 일이었다.

다소곳하고 말수도 별로 없으며, 누가 보든지 얌전한 새색시로만 볼 세자빈이었다. 그러한 봉씨가 그 성욕에 변태성을 더해가고 있었던 것이다. 어쩌면 그 시대의 법도가 세자빈 봉씨를 악녀로 만들어간 측면도 없지 않을 것이다.

그러던 중 세자와 은밀히 정을 통하던 권순임이 잉태를 해서 종4품 승휘承徽로 봉작되자, 세자빈 봉씨의 마음 속에는 무서운 질투의 불길이 타올랐다.

더구나 이러한 세자빈의 침소에 오랜만에 나타난 세자에게 세자빈은 배지도 않은 아이를 잉태했다고 속여, 조심을 해야 한다는 이유로 세자와의 잠자리를 피하는 한편, 갈수록 몸종들과 더욱 심한 음행을 저질렀다. 그녀는 시비 석가이石加伊를 불러 궁녀들 사이에 몰래 떠도는 남녀간의 음탕한 짓거리를 나타내는 노래를 부르게 하는가 하면, 급기야는 술까지 입에 댔다.

세종 18년 가을, 동궁인 창덕궁에서는 듣는 사람이 모두 놀라 자빠질 만한 사태가 벌어지고 말았다.

일의 발단은 세자빈 봉씨의 총애를 지극히 받고 있는 동궁 시비 소쌍이와 석가이의 싸움이었다. 이 철없는 두 궁녀는 서로 동궁빈의 사랑을 한몸에 받으려고 애썼고, 또 자기가 더 많은 사랑을 받고 있다고 철석같이 믿고 있었다. 둘은 서로 경쟁하다가 시기심과 질투로 말다툼을 자주 하게 되었고, 급기야 때와 장소를 가리지 않고 싸우는 지경에 이르렀다.

어느 귀신이 그렇게 인도했는지, 싸움은 하필이면 세자의 침전 뒤꼍에서 벌어졌고, 이는 소헌왕후에게 바로 알려져 세자빈 봉씨는 소헌왕후에게 불려갔다.

그러나 봉씨는 낯빛 하나 변하지 않은 채, 그런 일이 궁중에서 처음 있는 일도 아니며, 7년 동안이나 독수공방으로 지내다보면 그깟 일은 당연하다는 식으로 대꾸했다. 더군다나 사내를 불러들여 일을 벌인 처지도 아니라며 자신의 무죄를 당당히 주장하기까지 했던 것이다.

발칵 뒤집힌 조정의 여러 대신들 사이에는 이러한 세자빈 봉씨의 폐출뿐만 아니라 극형에 처해야 한다는 주장까지 나왔다. 그러나 세종의 품덕으로 그것만은 면하게 되어, 세자빈 봉씨는 마침내 서인으로 봉작이 삭탈되고 궁에서 쫓겨나는 신세가 되고 말았다.

폐세자빈 봉씨 때문에 날벼락을 맞게 된 것은 은밀히 동성애를 즐기던 맷돌부부 궁녀들이었다. 소헌왕후는 이 일을 기해 궁중에서의 음행을 샅샅이 조사하여 씻어 없앨 결심이었다.

수백 명의 궁녀들이 청춘을 묻고 사는 궁중에는 예로부터 갖가지의 동성연애와 자위수단이 있어왔다. 그러나 장차 국모가 될 세자빈의 몸으로 시비를 맷돌남편으로 삼는다는 것은 무슨 변명으로도 용서받을 수 없는 노릇이었다.

한편 폐세자빈 봉씨가 친정집에 이르자 집에서는 울음소리가 지붕마루를 들썩이고, 봉씨의 어머니는 딸을 얼싸안고 통곡을 했다. 그러나 봉씨는 부모 앞에서조차 자신이 아무 죄가 없음을 부르짖었다.

 이러한 딸을 본 그의 아버지 봉여奉礪는 자기 딸을 도저히 용서할 수 없었다. 그의 나이 예순, 그때까지 고위관직을 지낼 수 있었던 것은 모두가 딸 덕분이었다. 그러나 이제 그 딸 탓에 오히려 패가망신을 하게 된 것이다.

 봉여는 사랑에서 안채로 들어와 큰 소리로 꾸짖었다.

 "어느 입에서 우는 소리냐? 모두 우는 소리를 그치고 나가거라! 나가라는 말 안 들리느냐!"

 봉여는 사람들을 안채에서 모두 집 바깥으로 쫓아내버리고는 안채로 통하는 중문을 걸어잠근 후 딸이 있는 안방으로 들어갔다.

 봉여는 자기의 허리띠를 풀었다. 그리고는 조용히 말했다.

 "자, 목을 매달아라. 이미 너는 폐빈 첩지까지 받고 쫓겨나왔으니 순빈도 마마도 아니니라. 폐빈 김씨처럼 세자빈 신분으로 죽는 복마저도 너는 타고나지 못하였구나. 이제 한낱 더럽고 요사스런 계집일 뿐인 네 눈앞에는 죽음만이 있을 뿐이다. 자, 어서 목을 매어라! 어서 목을 매라는데도!"

 그러나 폐빈 봉씨는 억울하기만 할 뿐 생에의 애착은 더욱 강렬해졌다. 눈물을 흘리며 발버둥치듯 아버지에게 애원해보았으나 봉여는 한사코 고개를 가로저을 뿐이었다.

 "좋은 말로 일러서는 아니되겠구나. 자, 그렇다면 내 손으로 죽여주마. 저 세상에서는 부디 잘 살아라. 다시 태어날 때는 사내가 되어서 말이니라!"

 마지막 숨이 넘어가면서까지도 봉씨는 발버둥을 쳤다.

 두 손으로 아버지의 손을 풀려고 할퀴고 옷을 잡아뜯으며 두 다리로는 방바닥을 치다가, 결국은 파르르 전신을 경련한 후 축 늘어지고 말았다.

그렇게 축 늘어진 딸의 뜬 두 눈을 감겨주고 이마에 솟아오른 땀을 손바닥으로 훔쳐주는 늙은 봉여의 온몸과 얼굴도 땀과 눈물로 흠뻑 젖어 있었다.

세종 18년 늦가을 10월의 일이었다. 당시는 기강과 법도가 이처럼 서슬 퍼렇게 서 있었던 것이다.

세종은 봉여가 딸을 죽이고 자결했다는 소식을 듣고 눈물지으며 한탄했다고 한다. 또한 봉여의 영혼을 위로하기 위해 그 관작을 깎지 않도록 했다.

이 무렵은 세종의 명치明治 이십 수년 중에 실로 내치와 외정外政에 대성한 시대였다. 그러나 임금은 세자의 배필 일로 해서 계속 얼굴을 들지 못해 부끄럽고 괴로웠을 것이다.

세자빈 봉씨의 일은 어쩌면 이런 태평성대의 궁중에서 입이 근질거리는 호사가들에 의해 사실보다 지나치게 과장된 것일 수도 있다. 하지만 폐쇄된 궁중에서 자칫하면 청춘을 덧없이 소진시켜버릴 수밖에 없는 비빈·궁녀들 사이에 성적인 탈선이 일어날 소지가 얼마든지 있었다는 것을 보여주기도 한다.

봉씨의 비극은 이 같은 '닫힌 사회'가 빚어낸 악녀의 슬픈 운명이라 해야 할 것이다. ■

만귀비萬貴妃
— 명나라 헌종의 후궁

> 헌종은 그제서야 꿈에서 깨어난 듯한 느낌이 들었으며, 그와 동시에 만귀비에 대해 무서운 공포를 느끼게 되었다.

명의 제9대 황제 헌종憲宗이 아버지 영종英宗의 뒤를 이어 제위에 오른 것은 천순天順 8년(1464년), 그의 나이 16살 때의 일이다.

헌종은 영종의 왕후 전씨錢氏의 아들이 아니라, 귀비인 주씨周氏의 아들이었다. 주귀비는 헌종이 제위에 오르자 전 왕후를 밀어내고 자신이 황태후의 자리를 차지하기 위해 환관인 하시夏時와 손을 잡고 음모를 꾸몄다. 이로 인해 한때 환관들은 두 패로 갈라져 싸움을 벌였으나, 결국 전씨와 주씨 두 사람 모두 황태후라 하되, 단, 전씨 앞에 '정궁正宮'이라는 두 글자를 얹어 정궁 황태후라 부르기로 함으로써 이 사건은 일단락되었다.

헌종은 즉위했을 때 이미 오씨·왕씨·백씨 세 사람의 비를 거느리고 있었다. 그 가운데 대학사大學士 오첨吳瞻의 딸인 오씨가 가장 교양이 있었으며, 전태후의 뜻에도 맞았으므로 그녀를 황후의 자리에 앉혔다.

 즉위한 그 이듬해 헌종은 전태후의 시녀인 애아犮兒라는 고운 처녀를 맞아들여 근비瑾妃로 삼았다. 근비는 전태후측의 감시병 역할도 함께 하고 있었다. 여하튼 헌종은 17살의 나이에 이미 1후 3비를 거느리게 되었던 것이다.

 그해 여름, 헌종이 궁중의 정원을 혼자서 거닐고 있을 때, 숲 저쪽의 연못가에서 두 여인의 낭랑한 웃음소리가 들려왔다. 발걸음을 멈추고 바라다보니 한 궁녀가 다른 궁녀를 쫓고 있는 광경이 보였다. 웃으며 도망가던 궁녀가 연못에 놓인 나무다리를 건너며 뒤를 돌아 무어라 이야기를 하는가 싶더니, 그만 발을 헛디뎌 못 속에 풍덩 빠지고 말았다.

 이를 지켜보던 헌종은 깜짝 놀라 사람을 부르려 했으나, 다행히 못이 그리 깊지 않아 여인은 얼른 몸을 일으키더니 물가로 걸어나왔다. 물에 흠뻑 젖은 얇은 흰색 옷이 몸에 착 달라붙어, 여인은 아무것도 입고 있지 않은 듯이 보였다. 뒤쫓던 여인도 도망치던 여인이 물에 빠지자 자신도 얼른 못 속으로 들어가 똑같이 옷을 적셨다. 그런 다음 두 사람은 서로 얼굴을 마주보며 연못 속에서 한바탕 웃음꽃을 피웠다.

 "나를 놀리니까 벌을 받은 게야. 이게 무슨 꼴이람. 모두 다 훤히 보이잖아."

 뒤쫓았던 여인이 물에 흠뻑 젖은 여인을 손으로 가리키며 웃었다. 풍만한 가슴의 융기와 잘록한 허리, 알맞게 부푼 둥그런 아랫배, 그 아래 검은 숲까지도 헌종은 본 듯한 느낌이 들었다.

 "누가 보기 전에 얼른 옷을 갈아입어야겠다."

두 여인은 온몸이 흠뻑 젖은 채로 못에서 걸어나왔다.

헌종은 눈치채지 않도록 일정한 간격을 두고 여인의 뒤를 따랐다. 여인의 방을 확인한 후 헌종은 조금 떨어진 나무 그늘에서 여인이 나오길 기다렸다.

'처음 보는 여자인데……'

헌종은 방금 전에 본 여인의 알몸을 눈앞에 그려보았다.

드디어 옷을 갈아입은 여인이 방을 나서자 헌종이 잽싸게 그녀의 뒤를 따라가 말을 건넸다.

"다시 한번 네 모습을 보고 싶구나."

여인은 그가 황제임을 깨닫자 "앗!" 하는 소리와 함께 얼른 바닥에 몸을 엎드렸다. 그러자 헌종은 조용히 그녀의 손을 잡아 일으켜 세우며 말했다.

"자아, 그대 방으로 돌아가자."

방에 들어가 상석에 자리잡고 앉은 헌종이 여인에게 물었다.

"그대처럼 아름다운 여자를 어째서 지금까지 발견하지 못했단 말인가. 후궁에 들어온 지 얼마나 되었느냐?"

헌종이 묻자, 여인은 잠시 생각에 잠기더니 이내 입을 열었다.

"18살에 들어왔으니, 벌써 29년이 되었습니다."

"거짓이겠지. 그렇다면 50이 가깝다는 이야기 아니냐?"

"그러하옵니다. 올해 마흔 일곱이옵니다."

"설마, 그 말이 사실이라면 그대는 분명 불로장생의 비법을 알고 있는 모양이로구나."

"아무것도 모르옵니다. 그저 사람들이 제가 23~24살로밖에는 보이지 않는다고들 하옵니다."

이 여인의 성은 만씨萬氏이고, 이름은 정아貞兒였다. 그녀의 아버지 만귀萬貴는 고을의 원님이었다고 한다.

그날 밤, 헌종은 그녀와 함께 밤을 보냈다. 만씨는 처녀의 몸이었다. 47살에 처음으로 열린 여인의 부드러운 살집은 그때부터 헌종을 놓아줄 줄 몰랐다.

헌종은 만씨를 귀비의 자리에 오르게 한 뒤, 만운궁萬雲宮을 지어 그곳에 살게 했다. 만귀비는 헌종의 총애를 배경으로 순식간에 세력을 확장해갔으며, 1년 뒤에는 후궁 중에서 제일의 세력을 거머쥐게 되어 황후조차도 안중에 들어오지 않게 되었다.

선제인 영종의 기일을 맞아 후궁들이 총출동하여 어릉으로 참배를 가게 되었을 때, 만귀비는 스스로 앞장서 열을 지휘했다. 오황후가 이를 묵인하자, 만귀비는 배례를 올릴 때에도 오황후를 제치고 자신이 앞자리를 차지했다. 그러자 화가 난 오황후는 배례를 드리지 않고 그대로 자신의 궁으로 돌아와, 만귀비가 돌아오기만을 기다렸다.

배례를 마치고 만귀비가 돌아왔다는 전갈을 들은 오황후는 즉시 그녀를 불러들여 무례함을 꾸짖었다. 그러자 만귀비는 조금도 뉘우치는 기색을 보이지 않은 채 이렇게 대꾸했다.

"배례도 올리지 않고 그대로 돌아온 것은 황후마마의 무례가 아니오이까?"

격노한 오황후는 시녀들을 시켜 만귀비를 단단히 붙잡게 한 뒤 그녀에게 매질을 가했다.

그날 밤, 만귀비는 만운궁을 찾아온 헌종에게 황후의 무례함과 자신을 매질한 것에 대해 울며불며 호소했다. 헌종은 본래 현모양

처형의 오황후와는 뜻이 잘 맞지 않았으므로 만귀비의 말을 그대로 믿었다. 그리고는 만귀비에게 오황후를 폐하고 대신 그녀를 황후의 자리에 앉혀주겠노라고 약속했다.

헌종은 즉각 황후 폐위의 일을 전태후에게 의논했다. 하지만 전태후나 생모인 주태후 모두 불경을 이유로 오태후를 폐하는 것이라면, 서열상 왕씨를 황후의 자리에 오르게 해야 한다고 반대했다. 30살이나 연상인 만귀비를 황후의 자리에 앉히는 것은 어느 모로 보나 체통이 서지 않는 일이었기 때문이다.

그러한 결과 왕씨가 황후의 자리에 오르고, 오씨는 폐위되어 서궁으로 물러났다. 만귀비는 비록 황후가 되지는 못했지만, 만귀비를 건드리면 황후조차도 지위를 잃게 된다는 것을 과시함으로써 그 세력은 한층 더 강해지게 되었다. 따라서 왕황후 역시 만귀비를 두려워하여 모든 것을 그녀에게 맡겼으므로, 실질적으로는 만귀비가 황후가 된 것이나 다를 바 없었다.

헌종에게는 아직 황자가 없었다. 만귀비는 얼굴만은 젊디젊었으나, 몸은 이미 아이를 낳을 수 없는 나이에 와 있었다. 따라서 누구든 황제의 아들을 낳은 이는 그 자식 덕분에 궁중에서 확고한 지위를 얻게 될 것이 분명했다. 그것이 불가능한 만귀비로서는 오로지 자신의 몸으로 헌종을 묶어두는 수밖에 달리 길이 없었다.

헌종은 그러한 만귀비에게도 차츰 싫증이 나기 시작했다. 새롭게 유비瑜妃라는 젊은 비에게 마음이 끌리게 된 헌종은 유비가 있는 인화궁仁和宮에서 밤을 보내는 일이 많아졌다.

전태후가 세상을 뜨던 해 여름, 만귀비는 시녀들 몇 명을 데리고 인화궁으로 갔다. 그리고 유비가 근비와 함께 전태후의 첩자 노릇을 했다는 이유로 유비를 호되게 때렸다. 유비는 그때 아기를 잉태하고 있는 몸이었으나, 이로 인해 그날 밤 유산을 하고 말았다. 만귀비는 그 소식을 듣자 회심의 미소를 흘렸다.

그 무렵, 만귀비의 아버지 만귀는 도독국지(부총사령관)의 자리에 올랐고, 남동생인 만통은 금의위 도지휘(친위대장)가 되는 등 일족이 모두 현직에 올랐으므로, 만귀비 주위에는 영달을 꾀하는 자들이 벌떼처럼 모여들었다.

만귀비는 그러한 무리들을 이용해 헌종의 총애를 받은 각 궁의 시녀들을 불러모으게 했다. 그리고는 환관들에게 명하여 양쪽에서 그녀들의 팔을 붙잡게 한 다음, 새빨갛게 단 철판 위를 맨발로 걷게 하여, 살이 타는 악취 속에서 홍소를 터뜨렸다고 한다.

유비가 유산하던 해, 백비柏妃도 아기를 잉태하고 있었다. 백비는 그러한 사실을 만귀비에게 들키지 않기 위해 여러 겹의 천으로 배를 감싸 눈에 띄지 않도록 하여 이듬해 무사히 황자를 출산했다. 이어 혜귀인이 황자를 낳았으며, 잇달아 영비가 황녀를 낳았다. 백비가 낳은 황자는 우극祐極이라 이름지었으며, 혜귀인이 낳은 황자는 우영祐榮, 영비가 낳은 황녀는 금엽金葉이라 이름지었다.

헌종은 우극을 한시도 손에서 떼어놓지 않을 정도로 귀여워했다. 어느 날 우극은 수레를 타고 놀다가 환관들에 의해 수레와 함께 연못 속에 빠지고 말았다. 그 일이 원인이 되어 우극은 한 달을 못 넘기고 죽고 말았다. 헌종이 그 환관들과 시종하던 궁녀들을 모두 참수형에 처했던 것은 말할 나위도 없다.

그런데 우극이 죽은 뒤, 이번에는 우영이 괴이한 병에 걸려 입과 코에서 피를 토하며 죽었다. 그 뒤를 이어 금엽 역시 목욕 중에 물에 빠져 죽고 말았다. 환관과 궁녀들은 호된 문초를 당했으나, 그 누구도 그것이 만귀비의 조종에 의한 것임을 실토하는 자가 없었다. 하지만 세 아이 모두 만귀비의 마수에 걸려 그렇게 된 것임이 분명했다.

 헌종은 그제서야 꿈에서 깨어난 듯한 느낌이 들었으며, 그와 동시에 만귀비에 대해 무서운 공포를 느끼게 되었다. 그러한 공포로 인해 헌종은 한마디도 만귀비를 질책하지 않았으나, 이후로는 만운궁으로 향하는 발길을 딱 끊었다.

 만귀비의 나이 이미 60이 되었으나, 그녀는 여전히 30살 정도로밖에 보이지 않는 젊음을 유지하고 있었다. 헌종이 발길을 끊게 되자 허전함과 외로움으로 밤마다 계속 몸부림을 쳐야 할 만큼 그녀의 육체 또한 젊었다.

 어느 날 밤, 만귀비는 일찍 잠자리에 들었으나 잠이 오지 않아 정원으로 나가보았다. 그러자 수풀 속에서 남녀의 속삭이는 소리가 들려왔다. 등불을 비춰보니 서로 부둥켜 안고 있는 남녀의 모습이 눈에 들어왔다. 여자쪽은 만귀비의 시녀인 주아였고, 남자는 헌종의 근시近侍인 미소년 두우였다.

 만귀비는 두 사람의 일을 비밀에 부쳐둔다는 조건으로, 그날 밤부터 두우를 이용해 자신의 외로움을 달랬다. 만귀비와 두우의 소문은 이윽고 후궁들 사이에 널리 퍼지게 되었다. 하지만 만귀비는 이를 전혀 개의치 않았으며, 매일 밤 두우를 만운궁으로 불러들여 질탕하게 놀아날 뿐이었다.

 만귀비는 언젠가는 때가 오리란 것을 각오하고 있었다. 그리고 그러한 때가 드디어 닥치고야 말았다.

어느 날 밤 두 사람이 한창 운우의 정을 나누고 있을 때 만운궁의 침실 문이 벌컥 열렸다. 문을 연 이는 바로 헌종이었다.

두우는 만운궁을 나서자마자 헌종의 신하에 의해 목이 졸려 죽었으며, 만귀비에게는 이튿날 죽음을 내리라는 어명이 떨어졌다. 만귀비는 무릎을 꿇은 채 그 어명을 들어야 했으며, 이어 사자가 내민 사약 사발을 주저없이 단숨에 들이켰다고 전한다. ■

루크레티아
— 음란·잔학으로 유명한 보르자 가의 여자

> "페라라에 온 덕분에 아무런 미련없이 죽음을 맞이할 수 있게 되었지요." 이것이 한때 '로마의 악녀'였던 루크레티아가 세번째 남편에게 남긴 마지막 말이었다.

이탈리아에는 루크레티아라는 이름을 가진 두 명의 이름난 여성이 있다. 한 사람은 정숙한 여인의 대명사인 루크레티아이며, 나머지 한 사람은 음탕한 여인의 대명사로 통하는 보르자 가의 루크레티아이다.

정숙한 루크레티아는 고대 로마 왕국의 귀족 루키우스 카르키니우스 콜라티누스의 아내로, 미모와 부덕을 겸비한 여인이었다. 그런데 로마 왕 타르키니우스 수페르부스의 아들이자 콜라티누스의 사촌인 섹스투스가 그녀에게 흑심을 품고 있었다.

그는 루크레티아의 남편이 사냥을 떠나자, 그녀의 방으로 뛰어들어가 이렇게 위협했다.

"내 말을 들어야 할 것이오. 만일 듣지 않는다면 당신을 남자 노예와 함께 죽이고 말겠소. 그리고 당신 남편에게는 이렇게 말하지—당신과 노예의 간통 장면을 보게 되어 남편 가문의 명예를 위해 그 자리에서 두 사람을 죽여버렸다고."

　루크레티아는 섹스투스의 폭력과 위협에 눌려 그에게 몸을 맡겼으나, 그가 돌아가자 곧장 집안의 사람들과 친척들을 불러모아 사실을 알린 뒤, 그들에게 복수할 것을 맹세케 한 다음, 단도로 자신의 가슴을 찔러 스스로 목숨을 끊고 말았다.

　루크레티아의 남편인 콜라티누스는 종형제인 루키우스 브루투스 등과 함께 민중을 이끌고 반란을 일으켜 로마 왕 타르키니우스 수페르부스를 추방하고 공화정을 세웠다. 기원전 509년의 일이다.

　로마의 시인인 오비디우스는 정숙한 루크레티아의 비극에 대해 노래했으며, 셰익스피어도 그의 장편 서사시 〈루크레티아의 능욕〉에서 그녀의 비장한 죽음을 칭송했다.

　이에 반해 음탕한 루크레티아는 정숙한 루크레티아보다 2천 년이나 뒤에 산 여자다. 바로 음란하고 잔학하기로 유명한 '보르자 가'의 루크레티아이다.

　성직 매매죄를 범했고, 법왕의 자리를 돈으로 샀다고 일컬어지는 로마 법왕 알렉산데르 6세(재위 1492~1503)의 첩인 바노차에게는 세 명의 자녀가 있었다. 조반니 보르자와 그의 남동생 체사레 보르자, 그리고 딸 루크레티아 보르자가 바로 그들이다.

　이 가문의 음학(淫虐)에 대해서는 알렉상드르 뒤마나 빅토르 위고 등이 소설화하거나 희곡화하기도 했으며, 최근에는 크리스티앙 자크 감독의 프랑스 영화 〈보르자 가의 독약〉에 의해 널리 알려지기도 했다.

　루크레티아 보르자(1480~1519)는 14살 때 밀라노 스포르차 가의 적자로서 페사로의 영주인 조반니 스포르차와 결혼했다. 루크레티아는 그때 이미 두 명의 오빠들뿐 아니라 아버지인 법왕과도 육체적인 관계를 맺고 있었다.

그녀는 아버지에 의해 강제로 결혼을 하게 된 것이었다. 법왕 알렉산데르 6세가 루크레티아에게 결혼을 강요한 것은 첫째, 로마와 밀라노의 동맹을 꾀하기 위한 것이었으며, 또 한 가지는 친자 형제와의 근친상간 속에서 두 아들에 대한 질투 때문이었던 것이라 전해진다.

결혼식은 바티칸 궁전에서 화려하게 거행되었다. 하지만 그 결혼은 루크레티아에게 행복을 가져다주지 못했다. 남편인 조반니가 성적 불능자였기 때문이다.

조반니는 보르자 가의 사람들에게는 비밀로 하고, 자신의 부하인 자코미노에게 자기의 대역을 맡게 했다. 하지만 루크레티아는 자코미노 한 사내만으로는 만족하지 못했으며, 다시 친자 형제와의 근친상간을 시작했다고 한다.

어느 날 밤, 루크레티아가 자코미노와 함께 자신의 방에서 농탕을 치고 있을 때, 밖에서 문을 두드리는 소리가 들렸다. 그러자 루크레티아는 얼른 자코미노에게 커튼 뒤에 몸을 숨기도록 일렀다. 그리고는 옷을 입은 뒤 침대에서 내려와 문을 여니, 오빠인 체사레가 문 앞에 서 있었다.

그녀는 서슴없이 침대 위에서 오빠에게 몸을 맡겼는데, 그날 따라 느껴지는 이상한 흥분에 몸을 떨었다. 바로 침대 옆 커튼 뒤에 자코미노가 숨어 있었기 때문이다.

체사레는 만족을 느끼며 침대에서 내려온 뒤, 루크레티아를 향해 이렇게 말했다.

"네 남편을 독약을 사용해서 죽여라. 네가 하지 못하겠다면 내가 대신 하지."

루크레티아는 고개를 끄덕였다. 체사레가 방을 나가자 그녀는 곧바로 자코미노에게 다음과 같이 말했다.

"지금 한 이야기 들었겠지. 남편의 방에 가서 지금 당장 로마를 벗어나지 않으면 죽임을 당한다고 전하거라."

그날 밤, 조반니는 교회에 간다고 이르고는 애마 토르코를 타고 로마의 도시를 떠나 자신의 영지인 페사로 달아났다. 그리고 다시 돌아오지 않았다. 부정한 아내 루크레티아의 도움으로 자칫 '보르자 가의 독약'의 희생자가 될 뻔한 신세를 면한 것이다.

그후부터 루크레티아는 밤마다 새로운 남자를 찾아 로마 시내를 헤매고 다녔다고 한다.

1497년 6월 루크레티아가 17살이 되었을 때, 그녀의 큰오빠인 조반니와 작은오빠인 체사레 형제가 나폴리로 출정하게 된 전날 밤이었다. 어머니 바노차는 트란스테베레의 별장에 많은 손님을 초대하여 성대한 송별연을 베풀었다.

연회가 끝났을 때는 이미 자정을 넘기고 있었다. 두 형제는 각기 부하들을 데리고 로마로 돌아갔는데, 가던 도중 형인 조반니가 말을 멈추고는 동생에게 이렇게 말했다.

"먼저 가거라. 나는 잠시 여자 집에 들렀다가 뒤따라 가겠다."

체사레는 하는 수 없이 혼자 말을 타고 로마로 향했으나, 이튿날이 되어도 형은 돌아오지 않았다. 출정 준비를 마친 바티칸 궁전에는 큰 소동이 벌어졌으며, 아버지인 법왕은 급히 사람을 풀어 아들의 소재를 찾게 했다.

조반니는 로마 시내를 흐르는 테베레 강에서 시신이 된 채 발견되었다. 그의 시신에는 온몸이 칼로 난자당한 자국이 선명했다. 조반니를 죽인 것은 루크레티아의 남편이었다고도 일컬어지고, 또 체사레라고도 이야기되는가 하면, 루크레티아 또는 법왕인 그의 아버지라고도 일컬어지는 등 여러 가지 소문이 무성했으나, 진범은 끝내 잡히지 않은 채 사건은 흐지부지되고 말았다.

그 이듬해 루크레티아는 두번째 결혼식을 올렸다. 신랑은 그녀보다 2살이나 연하인 아라곤 가의 서자 비사글리아 공 알폰소였다. 루크레티아는 이 연하의 미소년과의 결혼에 크게 만족했고, 1년 뒤에는 로드리고라는 아들을 얻었다. 하지만 그녀의 이러한 결혼생활도 그리 오래 가지는 못했다. 아들이 태어난 그 이듬해 알폰소가 세상을 뜨고 말았는데, 그는 바티칸 궁전의 계단에서 자객을 만나 치명상을 입었던 것이다.

1개월 남짓 그가 병상에 있는 동안 루크레티아는 정성을 다해 그를 간호했다. 그러다 그녀가 잠시 자리를 비운 사이, 체사레의 부하인 미키엘리라는 자가 알폰소를 침대 위에서 목졸라 죽이고 말았다.

루크레티아의 남편이나 연인은 모두 체사레의 손에 의해 생명을 잃게 된다는 것이 당시 로마 시민들 사이에 정설이 되어 있었다. 바티칸 궁전에서 일하고 있는 남자들 가운데 독약에 의해 살해된 사람들은 모두 루크레티아와 관계를 맺었던 하인이나 노예들이었으며, 그들이 죽임을 당한 것은 모두 체사레의 질투 때문이었다고 일컬어진다.

비사글리아 공 알폰소가 죽은 이듬해, 루크레티아는 세번째 결혼식을 올렸다. 신랑은 북부 이탈리아 페라라의 지배자인 에스테 가의 알폰소 1세였다. 우연의 일치인지 그는 루크레티아의 두번째 남편과 이름이 똑같았다. 게다가 이번 결혼 역시 정략결혼이었다.

그들의 결혼식은 바티칸 궁전에서 거행되었으며, 알폰소 1세가 루크레티아를 페라라로 데려오기까지 한 달 동안 바티칸 궁전에서는 연일 밤마다 결혼 축하연과 무도회가 베풀어졌다.

루크레티아에게 있어 알폰소 1세와의 결혼은 아버지와 오빠의 정치적 야심을 충족시키기 위한 마음에 없는 것이었으나, 막상 페라라로 와보니 사정은 그와 달랐다. 그녀는 그곳에서 비로소 마음의 안정을 얻을 수 있었던 것이다.

당시의 페라라는 가장 세련된 르네상스 문화의 중심지 가운데 하나였으며, 알폰소 1세는 무인인 동시에 예술을 사랑하는 사람이었다. 따라서 그의 궁정은 늘 예술가와 휴머니스트들로 붐볐으며, 정서적인 분위기가 넘치고 있었다. 게다가 알폰소 1세는 루크레티아에게 아주 다정하게 대해주었다. 그녀는 페라라에서 처음으로 안온한 행복이 무엇인지를 알게 되었던 것이다.

로마에서의 루크레티아는 '음탕한 여자'였지만, 페라라로 오고부터 그러한 그녀의 별명은 빛을 잃게 되었다. 그녀는 아름다운 궁전에 살면서 아리오스토(1474~1533)나 벰보(1470~1547) 등의 저명한 시인들, 그리고 티치아노 등의 유명한 화가들을 궁전으로 불러들여 그들과 함께 예술을 논했다. 그리고 자신도 직접 시를 썼는데, 시는 어릴 적부터 그녀가 관심과 재능을 보였던 분야였다.

1519년 6월, 루크레티아는 39세의 젊은 나이로 세상을 떠났다.

그녀는 죽을 때까지도 여전히 생기 있는 젊음을 간직하고 있었고, 그 성숙한 아름다움이 넘쳐흘렀다고 전한다. 하지만 사산을 한 다음, 오랜 산욕열에 시달리다 결국 남편과 시녀들이 지켜보는 가운데 조용히 눈을 감았다.

"페라라에 온 덕분에 아무런 미련없이 죽음을 맞이할 수 있게 되었지요……."

이것이 그녀가 남편에게 남긴 마지막 말이었다. 남편인 알폰소 1세와 시녀들은 그녀를 위해 진심어린 눈물을 흘렸다고 전해진다. ■

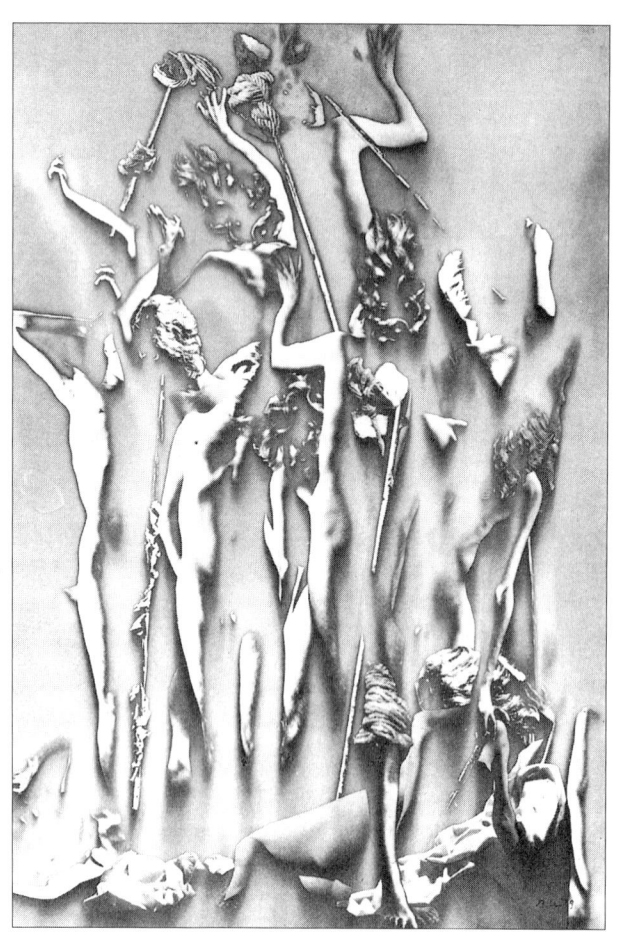

〈아마존의 싸움〉, 1939, 라울 유바크

문정왕후 윤비尹妃
— 조선조 11대 임금 중종의 세번째 비

> 윤비는 좀더 집요하게 인종의 곁에 달라붙어서 인종을 살리려는 어떠한 노력도 기울이지 못하도록 감시하기에 이르렀다.

조선왕조 11대 왕 중종은 줏대가 약하여 뭇 신하들에게 휘둘리기만 했을 뿐, 나라 안팎에 숱하게 널린 문제들을 무엇 한 가지도 근본적으로 해결하지 못한 채 세상을 떠나고 말았다. 즉위한 지 39년째인 1544년의 일이다.

그 뒤를 이어 30살의 세자가 즉위하니 그가 바로 조선왕조 12대 왕인 인종仁宗이다.

인종은 성품이 물에 물탄 듯한 아버지 중종을 꼭 닮았으나 머리는 명민했고, 효성이 남다르기로 유명했다.

인종은 좋은 시대에 태어났다면 성군聖君 소리를 들을 만한 인물이었지만, 불행하게도 그의 계모 윤비(중종의 세번째 부인)의 기에 눌려 꼼짝도 못하고 역사의 뒷전으로 밀려나고 말았다.

윤비는 보기 드물게 여장부 기질이 농후했으며, 고금에 드문 악녀이기도 했다. 이러한 계모가 착하고 어질기만 한 전실 아들 인종을 한시도 가만 놔둘 리가 없었다.

  윤비는 세계사상 어두웠던 중세기에, 즉 조선이 내우內憂 없이 극동의 패자로 성장할 수 있었던 시기에 분탕질만을 일삼아 사화와 당쟁을 낳아놓고, 임진왜란이라는 미증유의 참극과 영원한 민족의 치욕을 역사에 남겨준 악녀 중의 한명이라고 할 수 있다.

  〈주자가례朱子家禮〉는 인간의 모든 행동규범에 있어 이른바 조선조의 금과옥조였다. 중세 서양에서 성서에 위배되면 제왕도 못 견디고 파문당했듯이, 동방의 한자문화권 사회에서는 〈주자가례〉가 그처럼 신봉되었던 것이다.

  〈주자가례〉의 상례喪禮에 따르면, 부모가 죽으면 그 근처에 여막廬幕을 짓고 거기서 3년을 지내야 한다.

  사람이 죽어도 바로 묻지 않고 그 여막에 안치했다가 살이 다 썩어 떨어져나가고 뼈만 남아야 그제서야 묻을 수 있게 되어 있었다.

  임금은 그와 달라서 궁중에 직접 빈전殯殿을 차렸다. 이 빈전이 왕에게는 여막과 같았다. 황제는 죽으면 일곱 달 동안 빈전에 봉안했다가 육탈이 되면 능에 묻는데, 이것을 인산因山이라 일컬었다. 그러나 조선조의 임금은 중국 천자天子와 같지 않다 하여 다섯 달 동안 봉안하게 되어 있었다.

  임금은 그 빈소에서 아침 저녁으로 곡을 하고 상식上食을 올린다. 왕은 나랏일을 돌봐야 하므로 여막 생활을 하듯이 빈전 안에서 침식을 하며 나오지 않을 수는 없는 일이다.

  그러나 효성이 너무나 지극한 인종은 대행왕의 빈전에서 침식하면서 슬퍼하고 나오지 않았다. 이러한 효종을 죽이고 자기 소생을 임금으로 내세우려는 계모 문정왕후 윤비는 이때를 좋은 기회라고 생각했다.

　그녀는 숫제 임금을 빈전에서 나오지 못하게 가두어버린 후에 임금이 너무나 서러워하다가 병을 얻어 죽게끔 꾸밀 작정이었다.

　그러나 당시는 인종의 외삼촌 쪽인 대윤大尹이 세력을 쥐고 있어, 소윤파인 문정왕후가 아무리 여걸이고 악독한 악녀라 할지라도 그녀 마음대로 모든 일이 쉽게 이루어지지는 않았다.

　인종은 다시없는 효자였다. 문정왕후가 어떠한 소리로 자신을 비난한다 해도 문 밖에 엎드려 자신의 효성이 부족함을 뉘우치며 울었다.

　인종이 밤낮으로 상복을 입은 채 그렇게 엎드려 빌고 있어도 윤씨는 용서한단 말 한마디 안하고 자신은 편히 누워 잤다. 임금이 자기 앞에 와 부복하니 대비는 더욱 기고만장해졌던 것이다.

　또한 왕권의 상징인 익선관翼善冠을 하고 있을 때는 함부로 못할 말도, 죄인의 상징인 굴건屈巾을 하고 있으니 부담감 없이 말할 수 있었다. 낮에 정전에서 보면 위엄 넘치는 임금도 밤에 옷 벗고 이불 속에 들어가면 조금도 어려울 것이 없는 한갓 사내에 지나지 않는 법이다. 게다가 자기 남편인 중종 임금마저도 그렇게 다루어왔던 윤비였다.

　문정왕후는 또한 미신광이기도 했다. 짚으로 허수아비를 만들고 그 허수아비의 가슴에 비수를 꽂아서 임금의 침전 문 앞 뜰 밑에 몰래 파묻게 하기도 했다. 그밖에도 이러한 등속의 방법으로 새로이 영검이 있다는 소리만 들으면 즉시 시행했다. 그녀는 또한 밤마다 부처님께도 빌었다. 임금을 어서어서 데려가고 자기 소생의 왕자가 임금이 되게 해달라고 비는 것이었다.

문정왕후의 악귀가 몹쓸 저주에 따라 임금의 목숨을 노리고 덤벼들던 모양인지, 인종이 앓고 있던 이질병이 점차 도져 합병증을 일으키기에 이르렀다. 문정왕후는 이때다 싶어 인종을 극진히 위해주는 척하며, 이질에는 상극이라는 닭죽을 연일 쑤어먹게 했다. 이렇게 해서 인종은 드디어 몸져 누워버리고 말았다.

인종의 아내 인성왕후는 왕의 병세가 악화되자 다급하게 몸칼을 빼어 자신의 왼손 무명지를 잘랐다. 그리고 죽어가는 임금의 입에 피를 떨어뜨려 겨우 목숨을 부지하게 했다. 그러자 이 소식을 들은 문정왕후는 좀더 집요하게 인종의 곁에 달라붙어서 인종을 살리려는 어떠한 노력도 기울이지 못하도록 감시하기에 이르렀다.

또 한 번의 인성왕후의 단지斷指를 목격한 문정왕후 윤씨는 옆에서 그것을 보다가 앙칼지게 인성왕후의 손을 내뿌리쳤다. 물론 환자를 위한다는 핑계였다.

이처럼 철저히 악독할 수 있는 여자도 드물었으리라. 아무리 배를 달리한 자식이라 할지라도 자기에 대한 인종의 효성이 더할 수 없이 지극했음에도 불구하고 그녀의 권세욕은 그 무엇도 막지 못했던 것이다.

그 악녀에게 손을 잡힌 중전 박씨의 왼손 무명지에서는 선혈이 흘러 그대로 방바닥에 떨어졌고, 계모와 아내가 이렇게 실랑이를 벌이는 것을 아스라이 의식하다가 임금은 드디어 숨을 거두고 말았다.

왕비 박씨는 그 옆에 엎드려 몸부림치며 울었다. 남편이 계모의 독수에 못 이겨 기어코 시체로 변했으니 그 한인들 얼마나 구천에 사무치는 일이었겠는가. 또한 앞으로의 궁중생활은 불을 보듯 뻔한 것이니, 자신의 앞날 또한 슬프고 서러웠던 것이다.

그러나 인성왕후의 대성통곡에는 아랑곳없이 눈물 한 방울 흘리지 않은 문정왕후는 이윽고 임금의 숨이 완전히 끊어진 것을 확인한 다음에야 이를 밖에 고하게 했다.

그리하여 새벽이 가까워올 무렵 대궐에서는 구슬픈 천아성天鵝聲이 길게 길게 울려퍼져 장안의 이른 새벽잠을 깨워놓고 있었다. 이 천아성 울리는 소리에 문정왕후는 태양이라도 가슴에 안은 듯 수렴청정의 꿈을 이루게 되었던 것이다.

어린 명종을 끼고 문정왕후는 독재의 칼을 휘둘렀다. 이에 대윤파의 인재들이 하나 둘 쓰러지고, 소윤파가 점차 득세하게 되었으니, 문정왕후는 실로 피의 사화士禍를 부르는 여인이었던 것이다.

그러나 문정왕후 20년 독재에 국고는 탕진되고, 남은 것은 앙상한 나뭇가지 같은 백성들의 팔다리뿐이었다. 윤씨는 요승 보우普雨와 어울려 지내면서 불공을 드린답시고 쌀가마니를 수도 없이 풀어 물에 흘려보내기를 일삼았다. 또한 정경부인들을 불러다가 연일 잔치와 굿판을 벌이는 등 나랏돈 쓰기를 물 쓰듯 했다.

백성들은 굶주리고 악에 받친 터에 도적질을 일삼았다. 백성들의 원한이 하늘을 찌를 듯하고 의적 임꺽정이 활개를 치던 때가 바로 이때였다.

문정왕후가 보우와 가깝게 지내는 것을 백성들도 알게 되자, 새벽녘에야 문정왕후의 내실에서 나가는 보우의 가마 안에서는 감썩는 냄새가 둘러친다는 소문이 자자하게 퍼져나갔다.

그러나 그토록 '명도 길다'고 백성들의 지탄을 받던 문정왕후도 명종 20년 4월 6일, 회암사에서의 무차대회無遮大會를 위해 찬물로 목욕재계를 했다가 그만 병을 얻어 숨을 거두었다.

  과연 그날의 무차대회에선 무엇을 빌려고 했을까? 물론 자신의 무병장수와 끊임없는 권세에의 야욕을 빌었을 것이며, 요승 보우와의 은밀한 관계가 지속되도록 도와달라고 빌었을 것이다.

  그러나 문정왕후는 더이상의 욕심을 채우지 못한 채 세상을 떠나고 말았다. 이로써 일세를 휘어잡던 문정왕후 윤비의 시대는 종지부를 찍게 된 것이다. ■

황진이 黃眞伊
— 지족선사를 파계시킨 풍류 기생

> 품격이 고매하고 신조가 굳은 지족선사였건만, 자신도 모르는 사이에 이 과부에게 눈길을 주게 되었다.

황진이는 아름다움과 재능이 뛰어난 것으로 널리 알려졌을 뿐만 아니라, 정열적인 여류시인으로서도 많은 일화를 남겨놓고 있다.

역사책 〈중경지中京誌〉에는 "황진이는 기생으로 얼굴이 아름다웠고, 시가에 능하였는데, 세상 사람들은 그녀의 아름다움과 화담花潭의 도학, 박연폭포를 가리켜 '송도삼절松都三絶'이라고 절찬했다"라고 기록되어 있다.

'송도삼절'이란 그녀 자신의 말이라는 설도 있으나, 확실하지는 않다. 그러나 확실한 것은 황진이의 얼굴이나 행동거지가 매우 아름다웠으며, 시가·음곡·무용의 재주가 탁월했다는 사실이다.

황진이의 생년을 1516년이라는 사람도 있고 1522년이라는 사람도 있으나, 어느 것도 확실하다 할 수 없다. 다만 그녀의 출생설화에 관해서는 이덕동李德洞의 〈죽창야사竹窓野史〉에 흥미로운 기록이 남아 있다.

"황진이의 어머니 현금玄琴이 병부교兵部橋라는 다리 밑에서 빨래를 하고 있을 때, 어떤 청년이 접근하여 희롱하고 돌아갔다. 저녁에 다시 그 젊은이가 나타나 목이 마르다고 하므로 물을 한 사발 주었는데, 무슨 조화인지 그것이 술로 변해버렸다. 이 일이 인연이 되어 두 사람은 드디어 정을 통하게 되었다. 그 젊은이는 이름도 알려주지 않은 채 떠나버렸다. 그런데 현금에게는 이 젊은 사람이 어쩐지 신선 같았다는 것이다. 그녀는 그때부터 아기를 가져 이윽고 달을 채우고 낳게 되었는데, 출생 후 4일 동안 방안에 향기가 가득 차 있었다고 하니 진이를 선녀라고 해야 할까?"

현실적으로는 믿을 수 없는 이야기지만, 저자인 이덕동은 개성의 관리였고, 이 말을 그 당시 어머니의 친척인 하급직원에게 들었다고 한다.

아무튼 이처럼 색다른 황진이 출생설화가 전해지게 된 것은 그녀가 너무나 탁월한 재색을 겸비하고 있었기 때문이라고 하겠다.

황진이의 재색은 16살 때부터 비범하다는 소문이 떠돌기 시작하여 그녀에게 접근할 기회를 노리는 남성이 끊이지 않았다고 한다.

양친의 반대에도 불구하고 기생계에 들어간 그녀는 곧 높은 평판을 얻게 되어 명사고객들이 다투어 그녀의 환심을 사려는 소동을 벌였다.

그녀의 평판이 어느 정도였는지는 황준량黃俊良의 〈금계만필錦溪漫筆〉의 기록을 보면 알 수 있다.

"황진이는 송경(개성)의 명기로, 그녀의 재색이 탁월하다는 것이 중국에까지 알려졌다."

이덕형李德泂의 〈송도기이松都記異〉에는 "그녀의 미모·재예는 당대의 최고이고, 노래도 절창이어서 선녀라는 별명을 얻었다"라고 씌어 있다.

한낱 기생인 황진이를 선녀라고 찬미한 것은 지나친 과장일지도 모르지만, 사실 연석에서 그녀의 노래를 들은 명사고객들은 그 목소리와 표정에 도취되어 "선녀인가 신녀인가"라고까지 극찬하며 혀를 내둘렀다고 한다. 더할 수 없이 아름다운 자태로 노래 또한 기막히게 불렀기 때문이다.

이러한 아름다움으로 그녀는 깊은 학문과 높은 덕성으로 널리 알려진 지족선사를 유혹하여 굴복시키고 말았으니, 황진이의 발랄한 성품은 둘째 치고라도, 지나친 악녀 기질이 숨어 있다고 하지 않을 수 없다.

그 사연인즉 이러하다.

어느 날 그녀는 지족암知足庵을 방문하여 생불生佛이라는 높은 평판을 얻고 있던 고승 지족선사에게 불법을 배우겠다고 자청했다. 어떤 유혹에도 움직이지 않는 굳은 신심을 갖고 있다는 지족선사에게 접근하여 그의 불심을 시험해보려는 속셈이었다.

"지족선사가 아무리 구도정신이 강하다고 해도 나의 스승 서경덕보다야……."

이런 생각으로 지족암을 찾아갔으니, 그녀의 아름다운 외모의 이면에는 이렇듯 짓궂고 잔인한 면도 있었음을 알 수 있다.

처음에 거절을 당한 황진이는 처음의 계획을 포기하지 않고 기회를 노렸다. 과부로 가장하여 다시 지족선사를 방문한 그녀는 세상을 떠난 남편의 명복을 빌고자 하니 당분간 절에 유숙시켜달라고 간청했다. 불도를 지키는 데 생애를 바치기로 결심한 고승으로서, 남편의 명복을 부처님께 빌겠다는 과부의 소원을 들어주지 않을 수가 없었다.

과부로 변장한 진이는 이렇게 하여 절에 유숙하는 데 성공하고, 스스로 제문을 만들어 향을 피우면서 하루 종일 열심히 예불을 올렸다. 그런데 그녀의 불경 읽는 목소리가 너무나 청아하고 아름다워서 모든 사람들의 이목을 집중시켰다.

품격이 고매하고 신조가 굳은 지족선사였건만, 자신도 모르는 사이에 이 과부에게 눈길을 주게 되었다. 그는 산골짜기를 흐르는 옥수玉水 같은 진이의 목소리에 귀를 기울이고 아름다운 얼굴을 흠모하여 종당에는 그녀의 유혹에 넘어가 품에 안기고 말았다고 한다.

뜻을 이루고 난 후 황진이는 지족선사에게 이렇게 매몰차게 쏘아주었다고 한다.

"역시 내가 이겼어요. 당신이 아무리 학문과 불도가 높다고 해도 나의 스승 화담을 따를 수는 없습니다."

한편, 지족선사는 자신의 불심이 종잇장처럼 얇았다는 것을 스스로 저주하면서 '10년 공부 나무아미타불'이 됐다고 투덜거렸다고 한다.

황진이의 명성이 널리 알려짐에 따라 그녀를 방문하는 명사고객과 풍류인이 나날이 늘어갔다. 지족선사를 굴복시킨 후, 그녀는 서울에서 찾아온 이씨李氏라는 고관의 아들과 유명한 금강산을 관람

하기도 했다.

그녀의 삶의 행태를 보면 마치 '하늘을 날고 있는 매'를 연상하게 하는데, 무엇이 그녀를 그렇게 만들었는지는 잘 알 수가 없다.

황진이에게 학자·고승·고관·장군·시인·묵객들이 모여들었으나, 모두가 짧은 기간의 교유로 끝나고, 부부관계처럼 얽혀들었던 상대자는 이사종李士宗이라는 고관 한 사람뿐이었다.

그도 황진이가 매우 아름답다는 소문을 듣고 개성에 갔는데, 당시 아름다운 목소리로 명성이 높았던 이사종은 진이가 흔히 사용하는 수단을 역이용하여, 그녀에게 접근해 뜨거운 가슴을 노래로 멋지게 호소했다는 것이다.

자신의 연정을 노래로 표현하는 정열적인 이사종의 모습에 반한 황진이는 그를 자기 집으로 안내하여 함께 살기로 약속했다. 오늘날의 표현을 빌리자면, 계약결혼이라 할 수 있겠다.

말하자면 처음 3년은 그녀의 집에서, 다음 3년 동안은 그의 집에서 각각 생활 책임을 지면서 즐겁게 살자는 것이었다. 두 사람은 그 약속을 충실히 실행했다.

6년 동안의 이러한 생활을 끝낸 후 황진이는 약속한 대로 이사종과 헤어지고, 그는 서울로 돌아왔다고 한다. 이것도 보통 여자라면 결심하기가 어려운 이별이라고 할 수 있을 것이다.

이처럼 자신의 감정을 처리하는 데 매서운 일면을 보여주는 황진이이지만, 그녀 역시 여자로서 한 지아비에게 애틋한 여심을 품고 있기도 했다. 그러한 일면을 보여주는 것이 절창으로 알려진 다음과 같은 그녀의 시조이다.

"동짓달 기나긴 밤 한 허리를 버혀내어
춘풍 이불 아래 서리서리 넣었다가
어론 님 오신 날 밤이어든 굽이굽이 펴리라"

그녀의 시가는 극히 일부만이 후세에 전해지고 있지만, 그녀의 작품 거의가 민중의 환영을 받았다고 한다. 그녀가 쓰고 읊은 것은 모두가 봉건 지배층의 관념적인 사고방식에 저항하는 내용들이었기 때문이다.

이렇듯 자유분방한 삶을 산 황진이는 40살 여름에 병사한 것으로 알려져 있다. 서경덕은 그녀의 영전에 다음과 같은 시를 바쳤다고 한다.

"내 천성이 미련해서 모든 것이 부족했을 뿐
산과 강을 건너가 그곳 이제는 찾을 수도 없으니
슬프도다, 바람과 함께 떨어지는 낙엽이 너 같기만 하구나"

이것은 생전의 그녀의 사랑에 응하지 못한 후회의 심정을 읊은 것일까, 아니면 인간의 유한한 존재를 진이의 죽음으로 더욱 깊이 느낀 때문일까?―그 답은 오직 화담만이 알 수 있을 뿐이다. ■

카트린 드 메디시스
— 프랑스 왕 앙리 2세의 왕비

> 카트린은 구교파의 두목 기즈 공과 공모하여 신교도 학살에 직접 나섰는데, 이것이 2천 명의 신교도 대학살 인 '성 바르톨로뮤 축일의 대학살'로 이어지게 된다.

카트린이 프랑스 왕 앙리 2세(재위 1547~59)의 왕비로서 피렌체의 명문 메디치 가에서 카트린 가로 시집왔을 때, 그녀를 마중 나온 루브르의 신하들은 모두 아연한 표정을 감추지 못했다고 전한다.

프랑스 연애소설의 고전이라 일컬어지는 라파예트 부인의 소설 〈클레브 공작부인〉의 앞머리에는 이런 이야기가 실려 있다.

"왕비는 이미 청순한 매력은 사라져버렸지만, 그래도 여전히 아름다움을 간직하고 있는 분이었다."

하지만 그것은 소설다운 허구에 불과할 뿐, 실제의 카트린은 코가 크며 입술은 지나치게 얇고 몸집이 뚱뚱한 여자였다고 전해진다.

"왕비는 남자 같은 성격으로 인해 국왕의 배우자로 떠받들어지는 자신의 지위를 충분히 즐길 줄 알았다. 국왕이 발란치노아 여공女公을 총애하는 것에 대해서도 조금도 신경을 쓰지 않는 모습이었으며, 질투의 기색 또한 찾아볼 수 없었다. 하지만 왕비는 언제나 본심을 가슴 속 깊이 숨기고 결코 드러내지 않는 성격이었으므로, 그녀의 속마음을 짐작하기란 쉬운 일이 아니었다."

발란치노아 여공이란 앙리 2세보다 18살이나 연상인 애비 디안 드 포와체라는 과부를 일컫는 것이다. 디안이란 로마 신화에 나오는 달의 여신의 이름인데, 그 이름에 걸맞게 발란치노아 여공은 차가운 아름다움을 지닌 절세의 미녀였다고 한다.

앙리 2세는 그녀를 몹시 사랑했으므로, 카트린이 메디치 가에서 가져온 여러 가지 진귀한 미술품이나 보석들을 그녀에게 아낌없이 선물했으며, 카트린을 빼고 단둘이서 종종 여행을 떠나기도 했다.

카트린은 결혼하고 10년이 되도록 아이가 없었는데, 그것은 앙리 2세가 못생긴 카트린을 거들떠보지 않고 밤마다 발란치노아 여공 옆에서 세월을 보냈기 때문인지도 몰랐다.

카트린이 루브르 궁에 처음 들어섰을 때 신하들이 입을 벌리고 한동안 다물지 못했던 것은, 단순히 그녀의 용모가 왕비로서 격에 맞지 않기 때문만은 아니었다고 한다.

그보다 더한 이유가 있었던 것이다. 그것은 그녀의 뒤를 따르는 한 무리의 수상한 남자들 때문이었다. 그들은 대부분 마술사나 점성가·요술사·연금술사·마약제조가 등이었으며, 그밖에도 정체를 알 수 없는 몇몇 남자들이 그녀의 뒤를 따르고 있었다.

△카트린 드 메디시스. 역사상 악명 높은 '성 바르톨로뮤 대학살'을 연출한 프랑스의 왕비.

아이가 생기지 않았던 카트린은 그러한 이들에게 점을 치게 하고 기도를 올리게 했을 뿐만 아니라, 약을 제조하게 하여 열심히 먹고 있었다. 심지어는 앙리 2세를 자신의 침실로 불러들이기 위한 마법도 행해지고 있었다. 그러한 덕분인지 카트린은 그 다음부터 잇달아 5명의 아이를 낳았다. 아들 셋에 딸 둘이었다.

뒷날 카트린이 파리에 세운 궁전은 여왕관이라 하여 지금도 남아 있는데, 그 정원에 세워진 기묘한 원주는 점성술사 레니에를 위해 그녀가 세워준 관측소였다고 일컬어진다. 요술사 루지에와 예언가 노스트라다무스 등 유명한 이들 외에도 많은 술사들이 항상 그녀 곁에 무리를 지어 따랐다고 전한다.

노스트라다무스가 앙리 2세의 갑작스런 죽음을 예언한 일은 유명한 일화로 전해진다.

앙리 2세는 자신의 딸인 마르그리트와 사보아 공의 결혼식이 거행되는 자리에서 근위대장 몽고메리 백작에게 여흥으로 마상시합을 하자고 청했다. 몽고메리는 이를 거절했으나 왕은 그의 말을 들지 않았다. 결국 시합이 벌어졌으며, 몽고메리의 창이 왕의 투구를 뚫고 한쪽 눈을 찔러버린 것이다. 앙리 2세는 9일 동안이나 병상에서 신음하던 끝에 세상을 뜨고 말았다.

왕이 병상에서 앓고 있는 동안 카트린은 발란치노아 여공의 병실 출입을 엄격하게 금지시켰다. 또한 왕궁에서 기거하는 일조차 허용치 않았다. '언제나 본심을 가슴 속 깊이 숨기는 성격'의 카트린이 그때 처음으로 쌓이고 쌓인 질투를 왕의 죽음 앞에서 폭발시켜버린 것이다. 화가 난 발란치노아 여공은 자신의 궁으로 돌아가 왕으로부터 받은 미술품과 보석들을 모두 돌려보냈다.

앙리 2세가 죽자, 카트린은 갑작스레 정치무대로 뛰어들어 음험한 여인의 본색을 드러내기 시작했다.

카트린의 세 아들이 잇달아 왕위에 올랐으며, 그녀는 섭정으로 수많은 살육을 행했다. 세 아들이란 프랑수아 2세와 샤를 9세, 그리고 앙리 3세이다.

프랑수아 2세가 아버지인 앙리 2세의 뒤를 이어 왕위에 오른 것은 15살 때의 일인데, 1년 후 교회 안에서 갑자기 쓰러져 의문의 죽음을 맞고 말았다. 프랑수아 2세는 본래 허약한 체질을 지니고 있었으며, 어릴 때부터 만성 중이염으로 고생했는가 하면, 온몸에 늘 종기가 끊이지 않았다. 그러한 체질 탓인지 프랑수아 2세는 말이 없는 어두운 성격을 지니고 있었으며, 거의 정신박약에 가까운 소년이었다고 전한다.

샤를 9세는 형의 뒤를 이어 9세의 나이에 왕위에 올랐다. 그 역시 허약한 체질의 소유자였으며, 언제나 움칫움칫거리는 겁 많은 소년이었다고 한다. 메리메가 쓴 〈샤를 9세 연대기〉에는 "그의 낯

빛은 몹시 음울했으며, 커다란 푸른 눈동자는 결코 말하는 상대의 눈을 바로 보는 일이 없었다"고 기록하고 있다.

하지만 그러한 샤를 9세에게도 단 한 사람, 마음을 터놓고 지내는 '벗'이 있었다. 그 사람은 바로 콜리니 제독이었다. 겁 많은 샤를 9세는 콜리니와 전쟁에 대해 이야기하는 것을 몹시 좋아했다. 콜리니는 샤를 9세에게 플랑드르 원정의 작전계획을 이야기하며 그의 의견을 묻기도 했다.

"왕께서는 이러한 때 어떻게 하시겠습니까?"

"나라면 적의 뒤편으로 돌아가겠소."

샤를 9세가 답하자 콜리니는 소년 왕의 어깨를 두드리며 말했다.

"훌륭한 작전이십니다. 저라도 그렇게 할 것입니다."

콜리니 제독은 이렇게 해서 어린 샤를 9세의 마음을 손 안에 넣었으며, 섭정인 카트린에게는 알리지도 않은 채 실제로 플랑드르 원정계획을 추진시켜나갔다.

뒤늦게 이 사실을 안 카트린은 불같이 성을 내며 호통쳤다.

"제독은 내 사랑스런 아들을 훔쳐갔으며, 나의 나라를 무익한 전쟁 속으로 끌어들여 망쳐놓으려 했다."

그리고는 구교파의 두목인 기즈 공과 공모하여 콜리니를 제거할 계획을 추진했는데, 그것이 바로 2천 명 신교도의 희생을 불러온 '성 바르톨로뮤 축일의 대학살 사건'으로 이어지게 되는 것이다.

1572년 8월 22일 금요일, 콜리니는 카트린의 명령을 받은 모르벨이라는 살인 청부업자의 손에 의해 화승총을 맞고 중상을 입었다. 이튿날 23일, 카트린은 기즈와 짜고 구교도들에게 종소리 신호를 기다리게 했다. 24일 심야, 카트린의 신호로 약속한 종소리가 울렸다.

"오늘은 잔혹한 것일수록 자비로우며, 가장 자비로운 것이 가장 잔혹한 것이 되리라."

카트린의 말이 입에서 입으로 전해졌으며, 화승총과 창칼을 든 병사와 구교도들이 신교도의 집으로 몰려갔다. 그리고는 잠자고 있는 남녀를 사정없이 창칼로 찌르고, 그들을 창 밖으로 던져버렸다. 도망치는 자들은 창으로 찌르고 닥치는 대로 화승총을 쏘았으며, 쓰러진 자들의 목에 줄을 걸어 질질 끌고다니다가는 옷을 모두 벗겨 센 강 속에 던져버리기도 했다.

메리메가 쓴 〈샤를 9세 연대기〉에는 "피가 센 강을 향해 사방에서 흘렀으며, 길을 가던 사람은 창 밖으로 끊임없이 던져지는 시체에 깔려버릴 위험이 있었다"고 적혀 있다.

이때 중상을 입은 콜리니 제독은 은신처를 발각당해 칼로 배를 찔렸으며, 그의 시체 또한 창 밖으로 내던져졌다. 그러자 밖에 있던 이들이 그의 시신을 이리저리 끌고다니다 결국 몽포콘 형장에서 교수대에 매달았다.

이러한 상황을 전해듣고 넋이 나간 샤를 9세는 공포에 몸을 떨며 형장으로 향했다. 그리고 자신의 목숨을 지키기 위해 과거의 '벗'인 콜리니의 주검에 능욕을 가했다고 한다. 그후 샤를 9세는 밤마다 악몽에 시달려야 했으며, 이를 잊기 위해 쾌락에 빠져들었다. 그렇게 1년 반의 세월이 흐른 뒤, 그는 24살의 젊은 나이로 세상을 뜨고 말았다.

프랑수아 2세의 죽음과 샤를 9세의 죽음 모두 어머니인 카트린의 손에 의한 독살이었다는 설도 있다.

카트린이 거느린 몇몇 마술사 중에 르네 피앙코라는 남자가 있었다. 그는 편지나 장갑에 독을 발라 그것에 닿은 상대를 죽음으로 몰고가는 방법을 체득하고 있었다.

나바르의 왕비 잔 덜브레는 카트린의 딸인 마르그리트 드 프랑수아와 자신의 아들인 앙리의 결혼식에 참석하기 위해 파리를 출발한 직후 객사했다. 그런데 그녀의 죽음 역시 카트린이 보낸 편지에 묻어 있던 독 때문이었다고 전해진다.

샤를 9세가 죽자 카트린은 폴란드에 있던 막내아들을 불러들여 왕위에 앉혔다. 그가 앙리 3세이다. 앙리 3세는 어머니 카트린에 뒤지지 않을 정도로 마법을 애호했으며, 퇴폐적인 성도착자였다고 한다. 모로아의 〈프랑스 사〉에는 "그의 여성적 태도, 팔찌, 목걸이, 향수 취미는 몹시도 거슬리는 것이었다. 그가 궁전의 어느 축연에서 여장을 하고 등장한 것을 알았을 때, 사람들은 그를 소도미(남색) 전하라 불렀다"고 전한다.

이러한 여성적인 왕이 정적인 기즈 공을 암살했을 때, 그 누구보다 놀란 사람은 어머니 카트린이었다. 앙리 3세가 자신과 아무런 의논도 없이 혼자 결정하여 기즈 공을 죽인 일에 대해 카트린은 놀라움과 함께 공포를 느꼈다.

"그대는 무슨 일을 저지른 것인가?"

카트린이 왕의 독단을 질책하여 그렇게 말하자, 앙리 3세는 어머니를 내려다보며 이렇게 대답했다.

"이로써 이 나라의 왕은 나 한 사람이 되었지요."

70살의 카트린은 이미 섭정을 그만두고 블로아에 은퇴해 있었다.

"나는 이제 아무 일도 할 수 없구나. 그저 자리에 누워 있는 수밖에……."

그리고 실제로 자리에 누운 후 다시 일어나지 못하고 3주 만에 죽고 말았다. ■

메리 스튜어트
— 스코틀랜드의 여왕

> 메리는 포자링게 성 광장에 설치된 단두대에 천천히 걸어올라갔다. 발걸음은 정연했으며, 얼굴빛 또한 평온했다.

메리 스튜어트(1542~87)는 생후 1주일 만에 아버지 제임스 5세가 세상을 떠남으로써 스코틀랜드 여왕의 자리에 올랐다.

1548년 그녀가 6살이 되자, 당시 스코틀랜드 왕가와 친교가 있었던 프랑스의 황태자와 약혼해 도버 해협을 건너가 프랑스 궁정에서 양육되었다. 1559년 황태자의 아버지 앙리 2세가 죽자 황태자(프랑수아 2세)가 즉위했으며, 동시에 메리도 프랑스 왕비가 되었다. 이때 프랑수아 2세는 15살, 메리는 17살이었다.

메리는 빼어난 미모와 더불어 시·음악·무용 등에 뛰어난 재능을 보였으며, 그밖에도 말타기나 사냥 솜씨도 남자를 능가할 정도였다. 그녀는 젊고 건강할 뿐만 아니라, 우아함까지 갖추고 있어, 왕비가 되기 전부터 프랑스 궁정의 꽃이라 일컬어지고 있었다.

반면, 남편인 프랑수아 2세는 병약하고 음울한 성격을 지니고 있었다. 메리가 거칠고 힘든 사냥을 좋아한 것은 연하의 유약한 남편

△비운의 여왕 메리 스튜어트. 빼어난 미모를 타고났지만, 파란만장한 삶을 살다가 비극적인 최후를 맞았다.

으로는 충족되지 않는 젊음을 외부로 발산시키기 위한 것이었는지도 모른다.

프랑수아 2세는 즉위한 그 이듬해 요절하고 말았다. 18살에 미망인이 된 메리는 6살 때 떠난 고국인 스코틀랜드로 돌아가지 않을 수 없었다.

당시 스코틀랜드에서는 신·구교파 간의 분쟁과, 그에 따른 궁정 귀족간의 분규가 격화되고 있었다. 1561년 귀국하여 스코틀랜드 여왕으로서 모국을 직접 다스리게 된 메리는 이복형제인 머레이를 기용하여 아버지 제임스 5세 이후의 신교 지지 정치를 계승했다. 당연히 구교파들이 이에 반발하고 나섰으며, 신·구교파의 분쟁은 더욱 심화되는 양상을 띠어갔다.

그녀는 자고 나면 싸움을 벌이는 모국 귀족들의 모습에 염증을 느끼기 시작했으며, 따라서 되도록 시인이나 화가 등 예술가들을 자신의 주위로 불러모았다. 귀족이나 성직자들에 비하면, 시인이나 화가들이 훨씬 세련된 인간으로 보였기 때문이다.

　급기야 왕궁 안에 이상한 소문이 퍼지기 시작했다. 여왕이 남자에게 미쳐가고 있다는 소문이었다. 그 소문은 구교파인 귀족들이나 목사들뿐만 아니라 신교파 사람들 사이에서조차 입에 오르내리게 되었다.

　그런 무성한 소문 속에서 메리는 정말로 한 젊은 남자에게 넋을 빼앗기고 있었다. 그는 시인도 아니고 화가도 아니었다. 메리와 사촌뻘이 되는 29살의 미청년으로, 그의 이름은 던리 경이라 불리었다.

　귀국한 지 4년째인 메리의 나이 23살 때의 일이다. 그녀는 던리에 의해 처음으로 여자로서 육체를 지닌 기쁨을 알게 되었다. 일단 그러한 기쁨에 눈을 뜨게 되자, 그녀의 욕정은 터진 봇물처럼 거세어졌으며, 밤이 되는 것을 기다리지 못해 한낮에도 던리를 자신의 침실로 끌어들였다.

　"여왕은 처녀였어!"

　던리는 귀족들에게 자랑스레 떠들고 다녔다. 그러자 메리는 그가 자신과의 정사에 대해서까지 이야기하고 다니는 것을 염려하여 서둘러 약혼을 발표했다. 그리고 한 달 뒤 두 사람은 결혼식을 올렸다.

　결혼한 던리는 손바닥을 뒤집듯 태도를 바꿔 여왕에게 몹시 방자한 태도를 취했으며, 국사에까지 참견하려 들었다.

　메리는 이를 호되게 질책하며 단호하게 말했다.

　"나랏일에 간섭하는 것은 용서할 수 없습니다."

　"당신이 진정으로 원하는 것은 여왕의 자리가 아니라 바로 나일 것이오. 내가 그대를 여자로 만들어주었으니 나를 남편으로 고른 것이 아니오? 아니, 당신이 정말로 원한 것은 내가 아니라, 사실은 나의 이것일지도 모르지."

　던리는 이렇게 말하고는, 시녀들이 있음에도 상관치 않고 자신의 물건을 꺼내 보였다.

　결혼한 지 반년도 지나지 않아 메리는 깊은 후회감에 빠졌다. 이런 남자였나 하고 생각하니 자신의 처지가 너무도 한심스럽게 여겨졌다. 하지만 이미 때는 늦었다. 그녀는 그때 이미 던리의 아기를 잉태하고 있었다.

　임신했음을 알게 되자 그녀는 이를 구실 삼아 던리의 포옹을 거절했다.

　"싫다면 하는 수 없지."

　이렇게 말하며 던리는 공공연히 시녀들에게 손을 댔다.

　한편 그녀가 프랑스에서 귀국할 때 여왕을 수행한 샤토랄이라는 시인이 있었다. 메리는 던리에 의해 눈뜨게 된 육체에의 갈증을 샤토랄을 통해 달래기 시작했다. 하지만 그는 오래 가지 않아 여왕의 침실에 숨어들었다는 죄목으로 참수형에 처해지고 말았다. 물론 그것은 던리의 명령에 의한 것이었다.

　그로부터 한 달이 지났을 무렵 메리는 샤토랄을 대신할 남자로 젊은 음악가인 다비드 리초를 선택했다. 그러한 리초도 궁정의 뜰에서 목이 잘리는 신세가 되어야 했다. 이 또한 던리가 심복을 시켜 저지른 일이었다.

　리초가 그렇게 죽고 난 뒤, 메리는 이제 거칠고 야성적인 남자를 골랐다. 장군 보스웰 백작이 그 상대였다. 그것은 메리가 그를 선택했다기보다, 보스웰이 여왕을 골랐다고 하는 편이 옳을지 모른다. 메리는 던리와 결혼하기 전, 한때 그녀가 느꼈던 최고의 느낌보다 몇 배의 격렬한 희열을 맛보는 가운데 자신의 여체를 불태워 갔다.

메리에게는 던리라는 명목상의 남편이 있었으며, 그 남편과의 사이에 왕자(제임스 6세. 영국왕으로서는 제임스 1세라 불린다)가 있었다. 그리고 보스웰에게도 아내가 있었다. 이런만큼 두 사람의 관계가 오래 지속되지 못할 것은 당연한 일이었다.

하지만 메리에게 있어 보스웰도 결국은 던리와 다를 바 없는 남자였다. 보스웰이 원했던 것은 역시 메리 자신이 아니라 그녀가 갖고 있던 지위였기 때문이다. 하지만 던리의 경우와 다른 점이 있다면 이번에는 메리 자신도 보스웰을 묶어둘 수 있는 미끼는 왕위밖에 없다는 사실을 충분히 알고 있었다는 것이다.

1567년 1월 22일, 메리는 오랫동안 헤어져 있던 남편 던리를 보기 위해 글래스고를 방문했다. 던리는 요양을 위해 글래스고에 머물고 있었던 것이다. 여왕 메리는 그때 시골 아낙의 복장을 하고 던리 앞에 갔다.

"즉각 에딘버러 성으로 도망치세요. 신교파 귀족들이 당신을 살해하려 음모를 꾸미고 있습니다. 그들은 당장 오늘이라도 무슨 일을 저지르고야 말 것입니다. 건초를 쌓은 마차를 대기시켜놓았으니 이 농부의 옷으로 갈아입고 어서 몸을 피하세요. 마부는 믿을 만한 사람입니다."

메리가 그렇게 말하자 던리는 의심에 가득 찬 눈길로 메리를 응시하며 물었다.

"당신이 날 돕다니, 설마 이게 날 잡으려는 덫은 아니오?"

"의심이 나신다면 할 수 없군요. 그건 당신 자유니까. 나는 이제 돌아가겠어요. 너무 오래 궁을 비우면 신교파 사람들에게 의심을 받게 될지도 모르니……"

던리는 구교파 사람이었다. 메리가 던리와 결혼하고부터는 양 파의 갈등이 더욱 격화되고 있었다.

메리가 그렇게 돌아가고 난 뒤, 던리도 급히 길 떠날 채비를 하고 에딘버러 성으로 향하는 마차에 올랐다. 그들이 탄 마차가 성곽 근처에 당도했을 때 이미 날이 저물고 있었다.

"해가 저물어 성 안으로 들어가면 의심을 받게 될 것입니다. 저쪽에 오두막이 있지요. 오늘 밤은 그곳에서 쉬도록 하십시오."

마부는 그렇게 말하고 던리를 오두막으로 안내했다.

그날 밤, 오두막은 무서운 폭발음을 내며 산산이 공중으로 흩어져버렸다. 벽돌이 흩어진 오두막 마당에 불에 검게 그을린 던리의 시체가 널브러져 있었지만, 며칠이 지나도록 그것이 누구의 시신인지를 알아보는 사람이 한 명도 없었다.

메리가 보스웰과 결혼식을 거행한 것은 그 사건이 있고 나서 석 달 뒤의 일이었다. 메리가 그토록 결혼을 서둔 것은 이미 보스웰의 아이를 잉태하고 있었기 때문이었다.

성 밖 오두막에 버려진 시체가 던리라는 것을 알았을 때, 스코틀랜드 사람들은 누구나 그것이 여왕의 소행임을 믿어 의심치 않았다.

결혼식을 치른 지 얼마 지나지 않아 귀족들이 결속하여 반란을 일으켰으며, 메리와 보스웰은 홀리루드 성으로 도망쳤다. 메리는 낡아빠진 시골 아낙의 복장을 하고 있었으나, 결국엔 체포되고 말았다. 포승에 묶인 메리를 향해 민중들은 저마다 욕설을 퍼부었다.

"저 화냥년을 이 자리에서 불태워 죽여라! 남편의 살인자를 당장 불태워버리자!"

하지만 메리는 불에 태워지는 대신, 호수 속에 있는 로크리븐 성에 감금되었다. 그곳에서 그녀는 보스웰의 아기를 유산하고 말았다.

한편 그녀와 함께 도망쳤던 보스웰은 무사히 적들의 포위망을 빠져나갈 수 있었다. 그런 다음 몇 차례에 걸쳐 군사를 모아 반격을 시도했으나 끝내 성공을 거두지 못했다. 결국 그는 오크니 군도로 건너가 해적 두목이 되었으나, 광풍을 만나 노르웨이 해안에서 표류하다 덴마크 군함에 붙잡히게 되었다. 사슬에 묶인 채 수인의 신세로 전락한 그는 어두운 감옥 안에서 미쳐 죽고 말았다고 전한다.

보스웰의 아기를 유산하고, 슬픔과 절망의 나날을 보내고 있던 메리는 로치레벤 성주의 일족인 어느 청년의 도움을 얻어 쪽배를 타고 탈주하는 데 성공했다. 그리고 한때는 수천 명의 병사를 모아 반격을 시도했으나, 결국 패배하여 벽촌의 승원에 유폐당하는 신세가 되었다.

그녀는 잉글랜드의 엘리자베스 여왕에게 눈물어린 편지를 보낸 뒤 가까스로 잉글랜드로 건너왔다. 그때 그녀의 나이 25살이었다.

메리는 엘리자베스 1세의 보호를 받기 위해 잉글랜드로 왔으나 오히려 엘리자베스 1세의 손에 의해 오자마자 유폐당하는 신세가 되고 말았다.

그녀가 결국 목숨을 잃게 된 것은 엘리자베스 1세를 몰아내려는 모반사건에 연루되었기 때문이었다. 메리는 구교도인데다가 헨리 7세의 증손녀뻘이기 때문에, 스페인의 펠리페 2세와 영국의 구교도 귀족들의 손을 잡고 엘리자베스 1세를 폐위시킨 뒤 그녀를 옹립하려고 했다. 이것이 이른바 1586년의 '배빙턴 음모사건'이라 불리는 것으로서, 사전에 발각당해 실패로 끝나고 말았다.

  사건 직후 유폐생활 중이던 메리가 음모자와 내통한 사실이 드러나게 되었고, 분노에 찬 엘리자베스 1세는 그녀를 참수형에 처할 것을 명령했다.

  태어난 지 1주일 만에 아버지를 잃고, 6살에 고국을 떠나 프랑스에서 키워진 이래 여러 남자 사이를 전전하던 그녀는, 결국 어느 남자에게서도 평안과 행복을 얻지 못한 채, 길지도 않은 생애의 절반을 감옥에서 보내다가 끝내는 처형당하는 운명을 맞게 되었다.

  1587년 2월 각지의 감옥을 전전하며 19년 동안 유폐된 세월을 보낸 메리는 마침내 차가운 도끼날이 번뜩이는 단두대에 올랐다. 포자링게 성 광장에 설치된 단두대에 천천히 걸어올라가는 메리의 발걸음은 정연했으며, 얼굴빛 또한 평온했다.

  그녀는 단두대를 양팔로 껴안고는 조금도 반항하는 빛을 보이지 않은 채 망나니의 도끼날 아래 선선히 목을 내밀었다고 한다. 조용히 자신의 죽음을 받아들였던 그때 메리의 나이는 45살이었다.

  남편까지 살해하면서 얻고자 했던 행복은 끝내 쥐지 못했지만, 험난한 운명과 오랜 수인생활을 거치는 동안 인간적인 성숙과 마음의 평안을 얻었으리라. ■

엘리자베트 바토리
— 체이테 성의 잔혹한 악마

> 엘리자베트는 처녀들의 피를 모은 통 속에 몸을 담그고, 아직 죽지 않은 처녀들의 신음 소리를 들으며 흥분을 고조시켰다는 이야기가 전한다.

엘리자베트 바토리는 1560년, 헝가리의 명문가인 바토리 가에서 태어났다. 바토리 가는 합스부르크 가와 어깨를 겨루는 전통 깊은 명문가로서 대대로 트란실바니아 공국의 왕위를 이어갔으며, 엘리자베트의 숙부인 스테판 바토리는 폴란드 왕을 겸하고 있었다.

엘리자베트의 결혼 상대는 이미 어릴 적에 정해져 있었다. 그녀의 배우자는 페렌츠 나다스디였다. 그는 엘리자베트보다 5살 연상의 남자로, 나다스디 가문의 장남이었다. 나다스디 가는 바토리 가에 뒤지지 않는 명문가로서, 대대로 무공을 세운 많은 장군들을 배출하고 있었다. 그 가문의 성은 바란노라는 작은 시골마을에 자리잡고 있었다.

엘리자베트가 11살이 됐을 때, 그녀는 나다스디 가문의 성으로 보내졌다. 장차 명문 무인가의 며느리가 될 몸이므로, 페렌츠의 어머니인 울슬라로부터 무인의 아내가 되려면 어떤 자질을 갖추어야 하는지에 대해 배우기 위해서였다. 그 무렵 16살의 페렌츠는 터키 전선에 출정해 있었으므로 성을 비우고 있었다.

울슬라의 교육은 몹시 엄했으며, 잔소리 또한 이만저만이 아니었다. 그녀는 아직 11살밖에 되지 않은 엘리자베트의 일거수일투족을 나무라며 매사를 부정하려 들었다.

"넌 지나치게 아름답구나. 무인의 아내가 되려면 좀더 굳센 얼굴을 해야만 한다."

"너의 웃는 얼굴은 남자의 마음을 끄는 구석이 있다. 무인의 아내는 결코 웃음을 보여서는 안된다. 냉정하고 의연한 표정을 잃지 않아야 한다. 그렇게 하지 않는다면 전선에 나간 남편이 마음껏 전공을 올릴 수가 없는 법이야."

울슬라는 그렇게 말하며 그녀의 모든 것을 책망했다. 엘리자베트는 자신이 어떻게 행동해야 할지를 알 수 없었다. 목소리가 너무 상냥하다, 몸동작이 너무 나긋나긋하다는 것 등으로 야단을 들어야 했기 때문이다.

'그럼 당신처럼 추하고, 억세고, 게다가 심술까지 드세서 남자들이 눈길 한번 보내지 않는 그런 여자가 되라는 뜻인가요?'

엘리자베트는 이후로 점차 말이 없고 매사에 남의 눈치를 살피는 소녀로 변해갔다. 하지만 그녀의 미모만은 조금도 빛을 잃지 않았다. 아니, 날이 갈수록 요염하고 차가운 아름다움을 발산하는 눈부신 여인으로 성숙해갔다.

결혼식을 올리는 날에도, 또한 초야를 치르는 날 밤에도 엘리자베트는 미소를 보이지 않았다. 그녀의 표정엔 아무런 감정도 피어

오르지 않았던 것이다.

"당신은 내가 싫은가?"

페렌츠가 이렇게 물을 정도였다.

"모르겠어요."

"어째서지? 어째서 모르겠다는 거지?"

"어머님께서 무인의 아내는 호오好惡의 감정을 가져서는 안된다고 말씀하셨습니다."

"남편에 대해서도 말인가?"

"네, 남편에게 아내를 사랑스럽게 생각하게 해서는 안된다고 배웠습니다. 무인의 아내는 전장에서 돌아온 남편의 성의 배출구 역할을 하면 충분할 뿐, 다시 전장에 나가야 할 남편에게 미련을 갖게 하는 여자가 되어서는 안된다고 하셨습니다. 그러기 위해서는 아름다워도 안된다고 하셨지요."

"하지만 당신은 그 누구보다 아름다워."

페렌츠는 몇 번이고 아내를 안았다. 하지만 엘리자베트는 아무런 감정도 나타내지 않은 채, 그저 남편의 '성의 배출구' 역할만을 수행할 뿐이었다.

결혼식을 치른 뒤 두 사람은 성을 나와, 슬로바키아 국경 부근에 자리한 카르파티아라 산록의 체이테라는 마을의 작은 성으로 옮겨갔다.

나다스디 가에는 그밖에도 몇 개의 성이 있었는데, 그 쓸쓸하고 음울한 체이테 성을 신혼의 보금자리로 고른 것은 엘리자베트 자신이었다.

"어머니와 함께 사는 것은 당신에게 괴로울 것이오. 나도 마찬가지고……."

　페렌츠가 그렇게 말하고 몇 개의 성들을 열거했을 때, 엘리자베트는 12살 여름 울슬라를 따라서 갔던 쓸쓸한 체이테 성을 떠올리고는 그곳에 마음이 끌렸던 것이다. 어쩌면 엘리자베트의 정신은 그때 이미 이상증세를 보이고 있었는지도 모른다. 초야 때부터 엘리자베트는 격심한 두통에 시달렸는데, 3년 전 그곳에서 보냈던 음울한 시간을 떠올리자 격심한 두통이 어느 정도 엷어지는 느낌을 받았기 때문이다.

　체이테 성으로 옮겨온 지 한 달 정도가 지났을 때, 페렌츠는 다시 전장으로 떠나버렸다. 엘리자베트는 자신의 몸을 남편의 성의 배출구로 제공하는 일에서 벗어나 겨우 한숨을 돌릴 수 있었다.

　잔소리와 타박이 심한 어머니는 바란노 성에 있었으므로, 그 눈길이 그녀에게까지는 미치지 않고 있었다. 11살 때 나다스디 가로 오고 난 뒤 처음으로 얻은 평온한 날들이었다.

　평화로운 나날이었지만 그녀에겐 아무것도 할 일이 없었다. 그러자 다시 무서운 두통이 수시로 그녀에게 찾아왔다.

　'시어머니를 부르자.'

　그렇게 생각하자 희한하게도 그녀의 두통이 거짓말같이 사라졌다. 엘리자베트는 편지를 쓴 뒤, 심부름꾼을 시켜 그것을 울슬라에게 전하도록 명했다. 그 편지에는 이렇게 적혀 있었다.

"아시는 바와 같이 남편은 전장으로 떠났습니다. 남편이 집을 비운 동안 다시 한번 어머님의 훈육을 받고자 합니다. 왜냐하면 남편이 제게 아름답다고 말했기 때문입니다. 어떻게 하면 어머님처럼 추해질 수 있는지, 다시 가르침을 받고 싶습니다. 부디 어머님이 오시길 고대하고 있겠습니다."

심부름꾼이 울슬라의 답장을 갖고 돌아왔다.

"너의 편지를 읽고 나보다 네가 훨씬 추한 여자라는 사실을 알게 되었다. 이미 내게는 더이상 가르칠 것이 없다. 따라서 너의 부름에는 응하지 않겠노라."

엘리자베트는 그런 답장을 보고 소녀처럼 웃음을 지었다. 그리고는 '어머, 내가 웃었네' 하고 놀랐다. 거울에 자신을 비춰보니 웃고 있는 모습이 아름답게 느껴졌다. 그녀는 입고 있던 옷들을 벗어 자신의 알몸을 거울에 비춰보았다. 역시 눈부시게 아름다웠다. 이윽고 그녀는 자신을 위해 그 아름다움과 싱싱함을 오랫동안 유지해야겠다고 생각했다.

바토리 가에는 오랜 동안의 근친상간에 의한 몇 가지 유전병이 있었는데, 간질병도 그중의 하나였다. 엘리자베트의 숙부인 폴란드 왕 스테판 바토리 역시 간질로 죽었다. 잔인함, 광기, 마술에 대한 집착, 도착증세도 보였는데, 엘리자베트의 숙모인 클라라 바토리는 황음으로 인해 첫 남편을 쇠약사시켰으며, 둘째 남편은 침대 위에서 질식사했다. 또한 세번째 결혼을 한 뒤에도 황음을 계속한 끝에 결국은 세상을 뜨고 말았다.

엘리자베트에게 간질 증상이 나타나기 시작한 것은 시어머니인 울슬라가 죽었을 때였다. 그때 엘리자베트는 그녀를 부축하려는 하녀의 팔을 깨물어 뜯었다. 하녀가 고통으로 비명을 지르는 가운데 상처에서 흐르는 피를 보자 그녀의 발작이 멈췄다. 그때부터 엘리자베트는 젊은 여자가 비명을 지르며 피 흘리는 모습을 즐기게 되었다.

남편인 페렌츠는 엘리자베트가 44살이 되던 해에 죽었는데, 체이테 성으로 일을 하러 들어간 아가씨들은 두번 다시 돌아오지 않으며, 엘리자베트에 의해 피를 쥐어짜인 끝에 성의 정원에 묻히고 만다는 소문이 퍼진 것도 그 무렵부터였다. 그런가 하면 페렌츠도 엘리자베트의 그러한 잔학한 취미를 알게 됨으로써 살해되고 말았다는 소문이 그 뒤를 이었다.

그러한 소문이 돌아다니고 있었음에도, 체이테 성 주변의 가난한 백성들은 돈과 바꾸기 위해 자신의 딸을 성 안으로 들여보냈다. 근처 마을로 처녀들을 수집하러 오는 역할은 야노슈라는 작은 몸집의 사내가 맡았다. 그리고 엘리자베트의 잔혹한 취미를 거든 사람은 이로나라는 추녀와 드루코라는 거대한 몸집의 여자였다.

이로나와 드루코는 곡물 저장고로 쓰였던 성 안의 지하실로 처녀들을 데리고 갔다. 그리고는 엘리자베트가 보는 앞에서 처녀들에게 고문을 가했다. 때로는 엘리자베트 자신이 직접 핀으로 찌르거나 칼로 베기도 했는데, 두 여인은 상처에서 흐르는 피를 모아 그것을 엘리자베트에게 마시도록 했다고 전한다.

젊은 처녀의 피가 미용과 회춘에 좋다는 속설은 옛날부터 전해지고 있지만, 엘리자베트의 그런 잔혹한 취미는 과연 무엇을 위한 것이었는지 짐작이 가지 않는다.

또한 그들은 수십 명의 처녀들을 모아 연회를 베풀기도 했는데,

연회가 끝나면 그녀들을 모두 알몸으로 벗겨 차례차례 죽인 뒤 그 피들을 모두 통 속에 모아, 옷을 벗고 그 안에 들어가 몸을 담그고는 아직 죽지 않은 처녀들의 신음 소리를 들으며 흥분을 고조시켰다는 이야기도 전해지고 있다.

엘리자베트가 이처럼 죽인 젊은 여자의 수는 600명이 넘었다. 또한 죽이는 방법도 해마다 새롭게 고안되었음이, 그녀가 체포된 후 실시된 체이테 성의 조사과정에서 밝혀졌다. 알몸의 여자를 기계 속에 넣으면 서서히 문이 닫히며 피를 짜내는 기계나, 복잡한 톱니바퀴가 천천히 돌아가며 몸에서 한 방울의 피도 남기지 않고 짜내는 기계 등도 발견되었다고 한다.

1610년 2월, 체이테 성의 조사가 행해졌으며, 이듬해 1월 헝가리의 비체에서 그녀에 대한 재판이 열렸지만 엘리자베트는 출정하지 않았다. 그녀의 일족들이 탄원서를 제출했고, 그것이 황제의 마음을 움직였기 때문이다. 그녀에게는 사형을 면하는 대신 종신금고형이 선고되었다. 하지만 드루코와 이로나는 화형에 처해졌다.

엘리자베트는 체이테 성에서 죽음을 맞이하기까지 폐쇄된 성에 갇혀 지냈다. 성의 창문이란 창문은 모두 폐쇄되었으며, 약간의 물과 음식을 밀어넣는 작은 구멍이 벽에 나 있을 뿐이었다. 그녀는 그 안에서 3년이나 연명했다.

체이테 성의 옥상에는 지금도 4개의 교수대가 그대로 설치된 채 보존되고 있다고 한다. 그것은 엘리자베트 바토리가 이 성에 갇혔을 때, 이곳에 사형에 처해질 죄인이 들어 있음을 알리는 구실을 했다고 전한다. ■

〈콤퍼지션〉, 하인츠 하예크 할케

브랑빌리에 후작부인
— 아버지·형제·남편을 독살시킨 독부

> 이미 편집적인 독살 상습범이 된 이 불행한 연인들은 이제 어느 쪽인가가 먼저 죽어야 하는 슬픈 운명에 놓이게 되었다.

브랑빌리에 후작부인. 본래 이름은 마리 마들렌 도브레. 1630년 7월, 그녀는 파리의 자산가인 도브레 가문의 맏딸로 태어났다. 아버지는 사법관으로서 몇 개의 높은 관직을 겸하고 있었으며, 정계에서도 그의 이름을 무시할 수 없을 만큼 유력한 저명인사였다.

마리 마들렌이 아버지를 따라 사교계에 모습을 드러낸 것은 17~8살 때부터였다. 그녀는 재기 넘치는 청순한 처녀로서 귀족 자제들의 눈길을 한몸에 끌었으나, 이 '청순한 처녀'는 그 무렵 이미 밤마다 3명의 남동생들과 육체적인 쾌락에 빠져 있었다. 그녀는 그러한 일들을 자신의 일기장에 상세하게 적고 있다.

이 '재기에 넘치는 청순한 소녀'를 점찍은 인물은 앙투안 고블랭 드 브랑빌리에 후작이라는 육군사관이었다. 마리 마들렌은 그때 한창 물오른 21살의 아름다운 아가씨였으며, 앙투안 고블랭은 24

살의 건장한 청년이었다.

　브랑빌리에 후작은 노름을 좋아하는 한량이었으며, 여색보다 남색을 선호하는 인물이었다. 따라서 그가 점찍은 것은 '재기에 넘치는 청순한 처녀'가 아니라, 막대한 지참금을 갖고 올 여자였던 셈이다.

　두 사람은 마침내 성대한 결혼식을 올렸으며, 브랑빌리에는 그녀가 가져온 지참금을 자루로 날라다 노름 밑천으로 쏟아넣었다.

　브랑빌리에는 매일 밤 놀기 좋아하는 친구들을 자신의 집으로 끌어들였다. 그 가운데는 고든 드 상트 클로와라는 기병대 사관이 있었다. 그는 브랑빌리에의 남색 상대였으나, 그 자신은 남색보다 여색을 좋아했다. 그는 제대로 남편의 사랑을 받지 못하고 있는 아름다운 브랑빌리에 부인에게 접근을 시도했다. 괴로운 나날을 보내고 있던 브랑빌리에 부인은 곧 그의 육체에 포로가 되고 말았다.

　두 사람은 나란히 극장에 가거나 사교계에 함께 모습을 드러내는 일이 많아졌다. 그러한 일이 세간의 입에 오르내리게 되었음에도 브랑빌리에는 전혀 마음을 쓰지 않았다. 그에게 필요한 것은 아내가 아니라 아내의 재산이었으며, 아내의 정문보다는 고든의 후원後園을 더 좋아했기 때문이다. 두 사람이 아무리 함께 다닌다고 해도 아내에게 고든의 후원을 빼앗길 리 없었기 때문이기도 했다.

　소문을 걱정한 사람은 오히려 브랑빌리에 부인의 아버지인 도브레 쪽이었다. 자신의 딸에 관한 향기롭지 못한 소문은 정계에서의 자신의 위치를 위협할 우려가 있었기 때문이었다. 도브레는 사법관으로서의 자신의 권한을 이용하여 루이 14세의 서명이 있는 구인장을 발부케 하여 고든을 바스티유 감옥에 처넣었다.

바스티유 감옥에서 생활하던 고든은 우연히 그 안에서 에크질리라는 이탈리아 인을 알게 되었다. 에크질리는 본래 스웨덴의 크리스티나 여왕 밑에서 일하던 독약 제조사였는데, 교황 인노켄티우스 10세 시절에 수백 명의 사람들을 독살했다고 일컬어지는 남자였다. 그가 감옥에 들어온 것도 독약 제조 혐의 때문이었다.

형을 마친 고든은 에크질리와 비슷한 시기에 출옥하게 되었다. 그는 에크질리를 은밀히 자신의 집으로 초대하여 독약 제조에 관한 비법을 전수받았다. 자신을 6주 동안이나 감옥에서 썩게 하고, 기병사관의 지위마저도 박탈해버린 도브레에게 복수하기 위해서였다.

브랑빌리에 부인 역시 정부인 고든을 적극적으로 도왔다. 그녀도 자신에게서 6주 동안이나 연인을 빼앗아간 아버지에게 원한을 품고 있었으며, 아버지를 죽임으로써 하루라도 빨리 유산을 손에 넣고 싶었기 때문이었다.

브랑빌리에 부인은 고든이 제조한 독약을 실험하기 위해 먼저 자신의 하인이 마시는 시럽 속에 몇 방울을 떨어뜨려보았다. 그것을 마신 하인은 사흘 동안 자리에서 일어나지 못했으며, 그 이후에는 식물인간이 되고 말았다. 브랑빌리에 부인은 크게 기뻐했으며, 하인의 아버지를 불러 막대한 치료비를 쥐어주고는 그들을 집으로 돌려보냈다.

다음에는 파리 시립자선병원의 환자들을 실험 대상으로 삼았다. 그녀는 자주 과자와 과일들을 사들고 병원을 찾았다. 그 과자와 과일 속에는 소량의 독극물이 들어 있었던 것이다. 그후 이 병원에서는 알 수 없는 증상들로 죽어가는 환자들이 속출했다.

그녀의 목적은 사체 해부 때에 독이 발견되는지를 확인하는 데 있었다. 그러나 해부를 해보았지만 독극물에 의한 사인이 끝내 밝혀지지 않았으므로, 브랑빌리에 부인은 선량한 자선가로서 그 이름을 계속 유지하게 되었다.

실험이 성공을 거두자 그녀는 독약을 들고 아버지의 영지를 방문했다. 그녀를 만난 부친의 첫마디는 "고든과 헤어졌나?"였다.

"그 사람은 벌써 옛날에 잊었어요."

그녀는 그곳에 머물며 부친의 음식 속에 매일 약간씩의 독을 섞어 넣었다. 원인불명의 병에 걸린 그녀의 아버지는 파리의 큰 병원을 찾았으나, 결국 8개월 이상을 병상에서 신음하던 끝에 세상을 뜨고 말았다. 그 사이 브랑빌리에 부인은 매일 병원을 찾아가 몇 시간이고 아버지를 간호하며 식사 수발까지 들었다.

부친이 죽자, 브랑빌리에 부인은 이제 자신을 질책할 사람이 없어 마음놓고 남자 사냥에 나설 수 있게 되었다. 남편의 사촌동생인 나다이야크 후작도 사냥감 중의 하나였다.

그녀는 나다이야크 후작과의 사이에서 아들을 한 명 낳았다. 아이들의 가정교사인 브리앙크울이라는 젊은 남자와도 관계를 맺었다. 고든과의 관계 역시 지속됐는데, 그와의 사이에는 두 명의 아이가 있었다. 남자들을 손 안에 넣기 위해 그녀는 자신의 막대한 재산을 아낌없이 쏟아부었다. 남편인 브랑빌리에 또한 자신의 도락을 위해 그녀의 재산을 부지런히 축내고 있었다.

하지만 재물에는 한계가 있게 마련이다. 그녀는 부친의 재산을 혼자서 차지하기 위해 동생들을 죽이기로 마음먹었다. 고든이 복수를 위해 자신의 아버지를 죽이려 했을 때 그녀가 적극적으로 도왔던 것처럼, 이번에는 그녀가 재산을 위해 동생들을 죽이려 하자 고든이 이를 거들었다.

고든의 부하인 라 쇼세를 이용하여 그녀는 세 동생에게 독약을 먹였다. 세 동생이 잇달아 죽었다. 그러자 사인에 의혹이 생겨 막내의 시신을 해부하게 되었다. 그 결과 독살임이 판명되어 그녀 역시 조사를 받았으나 아무런 증거도 발견되지 않아 무사히 풀려나왔다. 부친의 유산이 그녀의 손 안에 고스란히 들어오게 된 것은 물론이다.

그녀의 세 동생을 독살하는 데 협력한 고든과 그의 부하 라 쇼세는 오히려 조사를 당하는 그녀를 위협하여 많은 돈을 긁어냈다. 하지만 그녀가 그들의 말에 따라 순순히 거액의 돈을 내준 속셈은 다른 데 있었다. 그들의 요구를 거절할 경우 더이상 독약을 얻지 못하는 게 아닐까 염려했기 때문이다.

이미 편집적인 독살 상습범이 된 브랑빌리에 부인은 세 동생을 죽인 뒤 자신의 여동생과 이복동생까지도 독살한 데 이어, 다시 가정교사인 브리앙크울에게도 독을 먹게 했으며, 심지어 자신의 정부 고든과 남색 관계에 있는 남편까지 독살하고자 했다.

그녀는 남편을 죽인 뒤 고든과 재혼할 생각이었으나, 고든은 그럴 마음이 전혀 없었다. 고든은 그녀가 남편에게 독을 먹였음을 깨닫고 즉시 해독제를 먹게 했다. 그로 인해 브랑빌리에의 목숨은 겨우 건졌으나, 그는 평생 식물인간이 되어 겨우 숨만 쉴 수 있게 되었을 뿐이다.

고든이 남편의 생명을 건져준 것을 보고 자신과의 결혼의사가 없음을 깨달은 브랑빌리에 부인은 이제 라 쇼세를 유혹하여 고든을 독살하려고 꾀했다. 라 쇼세로부터 이러한 사실을 전해들은 고든은 거꾸로 브랑빌리에 부인을 독살하도록 라 쇼세에게 명했다.

이 불행한 연인들은 이제 어느 쪽인가 먼저 죽어야 하는 슬픈 운명에 놓이게 된 것이다. 그러한 와중에서 어느 날 고든이 급사하고 말았다. 1672년, 브랑빌리에 부인이 42살이 되었던 때의 일이다.

고든이 죽은 것은 독약에 의한 타살은 아니었다. 그는 자신의 집에서 독물실험을 하던 중 방독 마스크가 벗겨지는 바람에 독가스에 질식되어 죽었다.

고든에게는 상속자가 없었으므로 그의 집은 경찰의 손에 넘겨지게 되었다. 그때 경찰은 그의 집에서 커다란 나무 상자 하나를 압수했다. 그 상자에는 고든의 필적으로 이렇게 적혀 있었다.

"이 상자를 발견한 사람은 부디 이것을 루브 생 폴 가에 사는 브랑빌리에 후작부인에게 전해주시오. 상자 속의 것은 모두 그녀의 것이므로, 그녀의 소유가 되어야 마땅합니다."

경찰 내에서는 이 상자를 여는 문제를 놓고 한동안 공방전이 벌어졌으나, 경관이 모든 책임을 지기로 하고 마침내 상자를 개봉했다. 그 속에서 나온 것은 브랑빌리에 부인으로부터 고든에게 전해진 36통의 연애편지와 수많은 종류의 독약들이었다.

브랑빌리에 부인은 상자가 개봉되면 자신에게 혐의가 두어질 것이 자명했으므로 급히 런던으로 몸을 피했다. 그리고는 파리에 있는 지인들에게 편지를 보내, 고든이 갖고 있던 연서들이 모두 가짜라는 이야기를 널리 퍼뜨리도록 조종했다.

하지만 그러는 사이 고든의 조수인 라 쇼세가 체포되었다. 그는 고문을 당한 끝에 모든 것을 낱낱이 실토하기에 이르렀다. 라 쇼세는 당장 단두대에 올려져 목이 잘렸으며, 브랑빌리에 후작부인에 대해서는 궐석재판으로 역시 사형이 언도되었다. 영국정부가 그녀에게 추방령을 내리자 브랑빌리에 부인은 네덜란드로 몸을 피한 후 각지로 전전하는 신세가 되고 말았다.

하지만 그녀를 추적하던 데클레라는 경관은 승려로 변장하여 수도원에 들어간 뒤, 그녀에게 추파를 던지며 은밀히 비밀장소에서 만나자고 유혹했다. 그 동안 정신없이 도망을 다녀야 했고, 수도원 생활 속에서 남자에 잔뜩 굶주려 있었던 브랑빌리에 부인은 그의 유혹을 물리칠 수가 없었다. 하지만 비밀장소에서 그녀를 기다리고 있었던 것은 달콤한 연인이 아니라 여러 명의 경관들이었다.

1676년 7월 15일, 그녀는 글레브 광장에서 많은 군중들이 지켜보는 가운데 단두대에 올랐다. 인간으로서는 상상하기 힘든 수많은 악행을 저지른 브랑빌리에 후작부인도 마침내 단두대의 칼날에 목을 잘리고 말았다. 잘려진 그녀의 목은 몸뚱아리와 함께 타오르는 불길 속으로 던져졌다.

처형이 행해진 그 이튿날, 아직 여열이 가시지 않은 잿더미를 헤치며 브랑빌리에 부인의 뼈를 줍는 몇몇 사람들이 있었다. 그후 이 희대의 악녀 브랑빌리에 부인의 유골이라고 칭해지는 것들이 악마를 쫓는 액막이로서 비싼 값에 팔리게 되었다고 전한다. ■

〈쌍둥이 자매〉에서, 시노야마 기신

마리 앙투아네트
— 베르사유의 장미로 잘 알려진 프랑스의 왕비

> 차라리 평범한 범부의 아내로 살았더라면, '귀여운 여인'으로 순탄한 생을 마쳤을지 모르는 그녀는 자각과 절제가 결여된 생의 말로가 어떤 것인지를 극명하게 보여주었다.

굶주림에 배를 움켜쥔 백성들이 마침내 거리로 몰려나와 "빵을 달라"고 외치자, 화려한 베르사유 궁의 발코니 아래서 이를 지켜보던 프랑스 왕비 마리 앙투아네트는 "빵이 없으면 과자를 먹지"라고 중얼거렸다던가 …….

사치와 방종을 일삼다 형장의 이슬로 사라져간 여인, 영원한 철부지 여인으로 만인의 뇌리에 박혀 있는 마리 앙투아네트. 과연 그것이 그녀의 실체였을까?

여러 세기 동안 유럽의 패권을 놓고 팽팽히 맞서오던 오스트리아의 합스부르크 가와 프랑스의 부르봉 가는 마침내 소모적인 대치상태에서 벗어나 동맹을 맺기에 이른다. 그리고 더 나아가 보다 굳건한 결속을 위해 두 왕가는 혼인관계를 맺기로 했는데, 이때 물망에 오른 인물이 마리아 테레지아 여제의 딸인 마리 앙투아네트였다. 1766년 당시 그녀의 나이 11살이었다.

 오스트리아의 여제 마리아 테레지아는 아마도 자식의 행복보다는 가문의 영광에 더 많은 비중을 두었던 듯하다. 그녀의 측근이 신랑 재목인 왕세자가 매우 아둔한 성품의 소유자이며, 외모 또한 전혀 볼품이 없다고 계속해서 전해와도 눈썹 하나 까딱하지 않았으며, 어떻게든 이 결혼을 성사시키기 위해 온갖 노력을 경주했으니 말이다.

 이해 비해 마리 앙투아네트는 해를 더할수록 환하게 피어나는 꽃봉오리같이 매력적인 자태를 더해가고 있었다. 또한 그녀의 천성적인 애교와 상냥함 그리고 명랑쾌활한 기질은 벌써부터 고지식한 성직자나 가정교사를 마음대로 휘두르고 있었다. 그러다 보니 자연 독서를 한다거나, 교양이나 지식을 쌓아가는 일은 항상 뒷전으로 밀려났고, 자기하고 싶은 대로 형제 자매들과 어울려 쉰브룬 궁을 종일 뛰어다니며 지치도록 놀기만 했다.

 이런 이유로 그녀는 13살이 되도록 불어나 독일어를 제대로 쓸 줄 몰랐고, 일반 교양이나 역사에 대한 지식 또한 빈약하기 짝이 없었다.

 가까이에서 그녀를 접해본 주위 사람들은 한결같이 "지능이 높은데도 생각하기를 워낙 싫어하며, 진지한 대화는 늘 건성으로 흘려듣기 일쑤였고, 집중해서 무엇을 읽는 일 또한 도무지 젬병"이라는 평가를 내리기에 주저치 않았다.

 결혼을 목전에 두게 되었을 때, 딸의 소양에 대해 너무도 잘 알고 있던 마리아 테레지아는 간곡하게 이런 편지를 보내기도 했다.

 "사랑하는 나의 딸아, 매달 21일에는 내가 전해준 행동지침서를

△사치와 방탕으로 인해 모든 것을 잃고 기요틴의 이슬로 사라진 마리 앙투아네트.

꼭 읽도록 하여라. 제발 부탁이다. 네게서 가장 염려스러운 것은 기도나 독서를 게을리하고, 경망스럽게 처신하거나 게으름에 빠지지 않을까 하는 점이다. 그렇게 되지 않도록 부단히 노력하길 이 어미가 간곡히 바란다."

앙투아네트의 결혼식은 1770년 5월 16일 베르사유의 루이 14세 교회당에서 더할 수 없는 화려함과 성대함 속에서 거행되었다. 의전행사를 놓고 갑론을박을 거듭하는 데만도 1년 이상의 시간이 필요했을 정도였다. 마침내 세기의 결혼식에 참석하기 위해 혈안이 되어 있던 수많은 사람들 가운데 추리고 추려진 6천 명의 귀족이 몸을 숙여 도열한 가운데, 왕실의 전 가족이 그 앞을 통과함으로써 공식적인 축제는 막을 내렸다.

신랑 루이 16세는 당연히 아리따운 신부에게 매혹되었고, 밤마다 그녀의 침실로 찾아와 완전한 하나가 되기 위해 피나는 노력을 기울였지만, 안타깝게도 결과는 매번 실패로 끝나야 했다.

왕실은 마침내 더 이상 참지 못하고, 이 방면에 가장 유능한 궁중 전의를 불러들여 아직도 진정한 신랑이 되지 못한 이 비극적인 숫총각을 진찰케 했다. 그 결과 천만다행히 그의 성적 무능력은 사소한 결함 때문이라는 것이 밝혀지게 되었다. 그에게 필요한 것은 단지 간단한 포경수술이었던 것이다.

얼핏 매우 단순한 사안처럼 보이는 이 문제는 그러나 한 나라의 장래와도 결부된 중요한 문제가 아닐 수 없었다. 이 일은 그후로 자그마치 7년이라는 세월을 끌고 나서야 비로소 해결됐다.

우유부단한 루이 16세가 의사의 손에 자신의 무기를 내맡기기까지 7년이라는 시간이 걸렸던 것이다.

덕분에 7년을 끌어온 이 민망한 문제의 장본인은 결국 아내의 모멸과 온 궁정의 비웃음을 사야 했고, 장모인 마리아 테레지아를 격분시켰다.

마리 앙투아네트는 자연히 남편에게서 존경의 눈길을 거두어들이는 대신, 자신이 원하는 것은 무엇이든 요구할 수 있게 되었다. 루이 또한 그녀의 모든 요구를 조건없이 들어줌으로써 아내에 대한 미안한 마음과 불편한 심사에서 벗어나고자 했으며, 이미 때늦은 감이 없지 않으나 조금이라도 남편의 권위를 회복하고자 했다. 이러한 불행의 죄목은 단 하나, 제때에 남편 노릇을 하지 못했다는 것이었다.

결코 짧지 않은 결혼생활을 통해 진정한 안정과 만족감을 얻을 수 없었던 마리 앙투아네트의 성격 역시 가파르게 변해갔다. 남편이 해소되지 않는 갈등과 불만을 사냥과 대장간 일에 골몰함으로써 해결하려 했던 데 반해, 아내의 관심은 이미 결혼 외적인 것에 집중되고 있었다.

언제부터인가 밤이 깊어도 왕비의 침실은 텅 비게 되었다. 그녀는 새벽이 가까워오도록 가장무도회에서 누구보다 정열적으로 춤에 몰두했으며, 매일 밤마다 베풀어지는 성대한 만찬에서 방종한 귀족들과 어울려 술 마시고 노느라 왕비의 품위가 땅에 떨어지는 것도 모르고 있었다.

뿐만 아니라 어린 시절 쉰브룬 궁에서 보냈던 자유분방한 생활과는 달리 베르사유의 까다롭고 복잡한 의전 절차들과 근엄하기 이를 데 없는 무거운 분위기는 마리 앙투아네트와 천성적으로 맞지 않았다. 단순하기 이를 데 없고, 직선적이며, 솔직담백한 성품을 지닌 그녀로서는 할 수만 있다면 그곳이 아닌 보다 자유로운 곳을 찾아가고 싶었다. 화려함으로 눈부시게 치장된 베르사유에 갇혀 지내던 마리 앙투아네트는 결혼 후 3년이 지나서야 비로소 파리 입성을 허가받을 수 있었다.

1773년 6월 3일은 구름 한 점 없는 화창한 날이었다. 이륜마차로 2시간여에 이르는 베르사유에서 파리로 이르는 길에는 왕세자 부부의 화려한 행렬을 보기 위해 몰려나온 수많은 인파로 발 디딜 틈이 없었다. 수십만을 헤아리는 백성들은 장래의 프랑스 국왕 부부-특히 눈부시게 아름다운 왕세자비에게 열렬한 환호를 아끼지 않았다.

그녀 역시 자신에게 그토록 뜨거운 관심과 애정을 표하는 군중들을 내려다보며, 우선은 그 엄청난 수에 놀라면서도 그들에게 무한한 감동과 감사를 느끼지 않을 수 없었다. 하지만 불행히도 그녀는 자신이 이 열광하는 민중에게 어떤 존재가 되어야 하고, 어떤 역할을 수행해야 하는지에 대해서는 조금도 진지하게 생각해보지 않았다.

1774년 5월 10일, 루이 15세가 숨을 거두자 마리 앙투아네트와 그의 남편 루이 16세는 앞으로 닥쳐올 참극에 대해 전혀 예견치 못한 채 상기된 얼굴로 왕좌에 올랐다.

새로운 왕 루이 16세는 볼품없는 외모와 우유부단하고 소심한 성격, 병적인 수줍음과 몹시 느리고 어눌한 말투 때문에 왕으로서의 권위와 위엄을 발견하기가 어려울 정도로 서툴고 어설펐다.

이에 비해 그의 아내는 남편과 너무나도 상반된 모습을 보였다. 여성스럽기 짝이 없는 성품을 지닌 왕비는 한창 싱그럽게 피어나 강렬한 향기를 뿜어내는 한 떨기 장미라 할 수 있었다. 상아빛 피부에 흠잡을 데 없는 완벽한 몸매는 세인의 찬탄을 이끌내기에 모자람이 없었다. 당시 그녀를 본 영국의 한 관리는 이런 글귀를 남기기도 했다.

"그녀는 똑바로 서면 미의 입상이고, 움직이면 그야말로 우아함의 화신이다."

또한 성격면에서도 우유부단한 남편에 비해 그녀는 지나칠 정도로 행동이 앞섰으며, 쾌활하고 세속적인 천성은 어디서나 눈에 띄었다. 심한 낭비벽에 늘 시끌벅적한 무리들 사이에 있을 때 가장 즐거워하는 것도 남편과는 정반대였다. 그리고 무엇보다 남편이 잠자리에 드는 시간이 아내에게는 가장 왕성한 활동력을 보이는 시간이기도 했다.

그렇다고 이들 부부의 결혼생활이 서로를 불행하게 하고 불협화음을 냈던 것만은 아니었다. 아니, 오히려 이들 부부의 결혼생활은 평화롭고 아늑한 쪽에 더 가까웠다. 이들은 각기 다른 침실을 사용하며 늘 일정한 거리를 유지한 채 평생을 살았다.

비극이나 우울, 진지함 따위는 감히 발붙일 수 없는 화려한 예술 양식인 로코코의 여왕답게, 마리 앙투아네트는 궁중에서 가장 근사하고, 가장 애교 넘치고, 가장 옷을 잘 입고, 또 가장 하고 싶은 대로 하면서 사는 거칠 것 없는 여인이었다.

그녀는 적어도 혁명의 불온한 그림자가 드리우기 전까지는, 한 번도 자신의 이런 생활에 대해 회의나 의심을 품어보지 않았다. 안락함과 화려함이 보장된 귀족사회의 테두리 밖은 그녀에게 있어 실제로 존재치 않는 허구의 세계나 다를 바 없었다. 세상에 존재하는 엄연한 현실들에 등을 돌린 채 쾌락이라는 수렁에 발목을 잡힌 그녀는, 자신이 화려한 옷으로 온 몸을 치장하면 할수록 백성들은 헐벗어야 하고, 그녀의 혀끝에서 날마다 새롭고 기상천외한 음식이 녹아날 때마다 백성들은 주린 배를 더욱 움켜쥐어야 한다는 사실을 돌아볼 겨를이 없었다. 역사가 자신에게 부여한 임무에 대해 단 한 차례도 진지하게 생각해볼 기회를 갖지 못한 채, 금쪽 같은 세월들을 헛되이 흘려보내며 사치와 방탕으로 날을 지새웠던 것이다.

'해가 바뀔 때마다 새로 마련하는 수백 벌의 옷 이외에도 철철이 새 정장 12벌, 유행의상 12벌, 대례복 12벌'을 만들도록 하는 규정이 있었으며, 그에 따른 갖가지 속옷과 장갑, 허리띠, 숄, 손수건 등등만 해도 그 숫자가 실로 엄청났다. 따라서 왕비에게 그 어떤 재상보다도 디자이너인 베르탱 부인이 더 큰 위력을 행사한 것은 조금도 놀라운 일이 아니었다.

왕비가 최신 모드로 차려입으면 다른 귀부인들도 이에 뒤질세라 막대한 의상비를 지불하는 데 조금도 주저치 않았으며, 개중에는 엄청난 금화로 베르텡 부인을 매수하여 어떻게든 왕비의 호사스러움을 따라잡으려 골몰하는 축들도 적지 않았다.

그녀의 방탕은 이것으로 그치지 않았다. 점잖치 못한 무리들과 어울려 승마와 사냥으로 날을 지새는가 하면, 영국에서 경마가 들어왔을 때 누구보다 앞장서서 내기도박을 유행시킨 것도 그녀 자신이었다. 그녀는 하루도 남편과 조용히 지내거나 책장을 넘겨보는 일 없이, 계속해서 새로운 오락거리를 찾아 적극적으로 나섰다.

이러한 소식은 자연히 어머니인 마리아 테레지아의 귀에 들어가게 되었으며, 그녀는 여러 차례에 걸쳐 딸에게 왕비로서의 품위를 지켜 제자리로 돌아와줄 것을 간곡히 요청하는 편지와 경고문을 보냈지만 결과는 허사였다. 그녀는 이에 대해 "어머니는 대체 내게 뭘 원하시는 거예요? 나는 하루하루 지루해질까봐 겁이 날 뿐이에요"라는 답신을 돌려보냈다.

그러는 사이 궁궐 밖에서는 불길한 기운이 사방으로 퍼져나가고 있었고, 철없는 왕비와 그녀를 둘러싼 무리들이 이를 감지했을 때는 이미 때늦은 후였다.

루이 16세는 아내의 사치와 방종을 견제하기는커녕, 국고를 축내가며 기꺼이 그녀의 빚감당을 하기에 바빴고, 그것도 모자라 여름 별궁인 트리아농 성을 그녀의 발밑에 바쳤다. 규제와 속박을 원치 않았던 마리 앙투아네트는 베르사유보다 이곳이 더 마음 편했다. 그리고 한번 풀어지기 시작한 생활태도는 종일토록 이곳에서 놀다가 저녁에야 겨우 베르사유로 돌아올 지경에 이르더니, 나중에는 아예 그 여름 별궁으로 이사를 해버리기에 이르렀다.

그녀는 이제 이 새로운 놀이터를 자신만의 왕국으로 꾸미기 위해 건축가와 실내장식가, 화가와 원예가들을 불러들여서는 새롭게 국고를 바닥내는 방법을 착실히 실천에 옮겨갔다. 그중에서도 마리 앙투아네트가 가장 신경을 썼던 곳은 정원이었다. 그녀가 이곳에 얼마나 공을 들였던지, 하물며 정원을 지나는 시냇물 하나를 만들기 위해 2천 피트짜리 파이프를 통해 말리로부터 물을 끌어왔으며, 덕분에 이 관을 통해 엄청난 돈이 밤낮으로 흘러나가야만 했다.

그리고 해마다 새로운 욕망에 사로잡혀 더더욱 복잡하고 더더욱 기기묘묘한 왕국을 만들어갔다. 이곳에서는 이제 1년 내내 광란에 가까운 카니발의 불꽃이 꺼질 줄 모르게 되었다. 트리아농에 들어간 비용에 대한 결산서는 1791년에야 제출되었는데, 이는 200만 리브르가 넘는 실로 엄청난 돈이었다.

게다가 결혼 후 오랫 동안 남편의 진정한 사랑을 받지 못했던 마리 앙투아네트는 자신의 정신적인 불안과 긴장을 해소할 수 있는 대상을 꾸준히 찾아 헤맸는데, 그러한 상대가 되어주었던 귀부인들과의 관계는 자연히 미묘한 울림과 빛깔을 지니게 되었다. 그러자 궁중 안팎의 호사가들은 기회를 놓칠세라 왕비에게 레즈비언의 칭호를 부여해주었다. 그도 그럴 것이 두번째의 특별한 여자 친구인 쥘 드 폴리냐크 부인의 경우, 왕비는 그녀의 산더미 같은 부채를 일시에 해결해주었을 뿐만 아니라, 그녀와 그 가족들을 위해 해마다 국가가 연금으로 50만 리브르라는 거액을 지불토록 하는 호기를 부리기도 했기 때문이다.

그러나 1777년 8월의 어느 무더운 밤, 그녀에게도 역사적인 '사건'이 찾아왔다. 이미 22살이던 성숙한 그녀는 오랜 숙원사업이던 남편과의 잠자리를 성공적으로 치루어냄으로써 비로소 진정한 여인의 반열에 들게 된 것이다. 그녀는 이때의 기분을 "전 지금, 제 생애 최대의 행복에 잠겨 있어요"라고 적어 어머니께 알렸다.

그리고 이듬해 12월에는 첫번째 왕녀가 태어남으로써 그녀는 몰라보리만큼 안정감을 되찾았으며, 새로운 마리 앙투아네트로 다시 태어난 듯했다. 또한 그 이듬해에는 장차 왕위를 계승할 왕자까지도 품에 안는 최대의 기쁨을 누렸다. 이때만큼은 군중들도 그녀에게 아낌없는 환호와 성원을 보내주었다.

하지만 불행하게도 어머니로 다시 태어난 마리 앙투아네트의 신중함과 자중의 태도는 그리 오래 가지를 못했다. 트리아농에서 다시 화려한 불꽃놀이와 함께 축제를 알리는 축포소리가 밤낮없이 백성들의 귓전을 때리자, 그들의 인내심도 바닥을 드러내기에 이르렀다.

또한 왕비의 비위를 맞추고 환심을 사면서 자신의 잇속을 채워갔던 패거리들에 휘둘려 함부로 국정까지 간섭하며 권력을 휘두르자 마리 앙투아네트는 사방으로 많은 적들을 갖게 되었다.

오락과 도박, 사치와 방탕으로 허비한 10여 년의 통치기간이 지나자 이제 그녀의 처지는 그야말로 사면초가에 이르러 있었고, 무능한 왕을 대신해 모든 공격의 화살이 왕비에게 쏟아졌다.

세간에서는 '왕비와 음탕한 관계를 가진 인물의 명세서'나 혹은 '동성애를 즐기는 파리의 여자들'이라는 제목으로 남녀 합계 34명의 이름이 언급된 팜플렛까지 유포되기에 이르렀다.

온 백성들의 환호 속에 파리에 입성했던 꽃 같은 신부 마리 앙투아네트에게는 이제 프랑스에서 가장 음탕하고 방탕하며, 마음대로 권력을 휘둘러대는 악의 화신이라는 낙인이 찍히게 된 것이다.

식량이 그득했던 프랑스의 곡물창고가 텅 비어가고, 가난의 밑바닥에서 허덕이던 농부와 힘없는 서민들은 마침내 재무대신 칼론이 처음으로 재정적자를 폭로하자 성난 파도처럼 들끓고 일어났다.

루이 16세의 치세 12년 동안 무려 12억 5천 만 리브르란 천문학적 숫자의 빚을 짊어지게 되었던 것이다. 이제 왕비는 프랑스 전역에서 "Madam Defizit(적자 부인)"로 불리게 되었으며, 사람들은 드러내놓고 그녀를 비난했다.

마리 앙투아네트는 이제 더이상 아름다운 베르사유의 장미가 아니었다. 이제 그녀는 극장에도 갈 수 없고, 파리를 방문할 수도 없는 신세로 전락하고 말았다. 쌓이고 쌓인 국민들의 분노가 어떤 형태로 불거져나올지 알 수 없었던 경찰은 그녀에게 파리 방문을 삼가도록 경고했기 때문이다.

왕비는 그제서야 소스라치게 놀라며 자신을 되돌아보았다. 그리고 절망처럼 낮게 읊조렸다.

"……내가 저 사람들에게 무슨 짓을 했던 것일까?"

하지만 손을 쓰기에 때는 이미 너무도 늦어 있었다. 사태는 파국을 향해 걷잡을 수 없이 치달을 따름이었다.

난국을 수습하기 위한 비상수단으로 1789년 5월 5일, 200년 이래 처음으로 삼부회가 소집되었고, 한 달 후인 6월 17일과 20일에는 제3신분에 의한 국민의회가 구성되는가 하면, 테니스 코트의 선서가 이루어졌고, 곧이어 사태수습을 위해 선봉에 세워졌던 네케르가 추방되는 등, 연일 상황이 급박하게 돌아갔다.

　왕실에서 애써 폭동(révolte)으로 간주하려 했던 혁명(révolution)이 이제 숨김없이 그 실체를 드러냈다. 그해 여름은 특히 마리 앙투아네트에게 있어서는 너무도 잔인한 계절이었다. 그 격랑의 와중에서, 한해 전부터 이미 곱사병의 징후를 보였던 맏아들까지 잃고 만 것이다.

　7월 14일, 2만의 프랑스 시민들은 증오의 상징이던 바스티유를 습격했고, 그와 함께 루이 16세의 머리에서는 왕의 존엄과 함께 왕관이 굴러떨어졌다.

　이제 더이상 뒤로 물러설 자리는 남아 있지 않았다. 왕비인 마리 앙투아네트를 위시해 루이 16세가 거느린 프랑스 왕가는 1793년 1월과 10월에 걸쳐 이들 부부의 목이 각기 기요틴의 널판지 위에 올려지기까지, 그 길고도 괴로운 추락을 거듭해갈 뿐이었다.

　차라리 평범하게 태어나 범부의 아내로 살았더라면, 또 한 명의 '귀여운 여인'으로 순탄하게 한평생을 마쳤을지 모를 가엾은 여자 마리 앙투아네트. 자각과 절제가 결여된 생의 말로가 어떤 것인지를 극명하게 보여준 그녀의 마지막 비명을 아프게 들으면서, 그래도 한 가지 위안을 찾는다면 모진 불행 앞에서 비로소 서서히 인간적으로 눈뜨게 된 그녀가 왕비로서의 기품을 조금도 흐트러트리지 않은 채 당당히 기요틴을 향해 걸어나갔다는 사실일 것이다. ■

마리아 안나
─ 작곡가 하이든의 아내

> "나의 아내는 내가 예술가이든 신기료이든, 그 점에 관해서는 아무런 관심도 없는 사람이다"라고 하이든은 탄식했다.

마리아 안나는 하이든의 아내이다.

하이든은 모차르트보다 24살이나 위였으나, 두 사람은 친밀한 우정으로 서로 마음을 터놓는 사이였다. 모차르트는 하이든을 '파파'라 부르며 경애했다.

음악을 통해 친교를 쌓은 두 사람이었지만, 그들의 기질이나 삶의 방식은 매우 대조적이었다. 모차르트의 재능은 일찍부터 꽃을 피웠으며, 게다가 그는 뛰어난 지도자인 아버지의 손에 의해 계획적인 교육을 받고 자랐다.

반면 요제프 하이든은 대대로 기계수리를 가업으로 하는 가정에서 태어났으며, 그의 어머니는 그를 사제로 만들 생각이었다. 그는 목소리가 아름다웠던 까닭에 교회의 합창대에 들어갔으나, 변성기를 맞자 그곳에 더이상 머무를 수가 없게 되었다. 그후부터 하이든은 혼자서 음악수업을 해나가지 않으면 안되었다.

소년기에서 청년기에 걸쳐 하이든에게 있어 최대의 문제는 어떻게 하면 배를 곯지 않을까 하는 것이었다. 그는 심지어 기차역의 잡역부 노릇까지 해야 했다.

어릴 적의 하이든은 상당한 개구쟁이였다. 합창대 대원들의 선두에 서서 늘 장난을 쳤으며, 그 벌로 회초리를 맞곤 했다. 합창대에서 쫓겨나게 된 계기도 길게 늘인 여학생의 머리를 잡아당겼기 때문이라 전해지고 있다.

그러나 그후 생활의 어려움이 계속됨에 따라 하이든도 진중함의 가치가 무엇인지를 배우게 되었다. 또한 남을 생각할 줄 아는 원만하고 넉넉한 성격으로 변모해갔다.

하이든은 그의 생애에 있어 거의 적을 만들지 않은 사람으로도 이름이 높다. 그는 자신을 고용한 귀족들에게는 공손한 태도를 보였으며, 자신의 슬하에 있는 악단원들에게는 너그럽고 친절했다. 그가 사람들에게 '파파 하이든'이라는 애칭으로 불렸던 이유도 여기에 있다. 예술가들에게서 흔히 발견할 수 있는 독선적이고 까다로운 일면을 그는 전혀 지니고 있지 않았던 것이다.

8살 때 합창단에 들어가기 위해 친척집에 맡겨졌던 이후, 줄곧 가정의 따뜻함을 알지 못하고 지냈던 탓인지 청년 하이든은 늘 상냥한 아내와 건강하고 활발한 아이들에게 둘러싸인 가정을 꿈꾸어 왔다.

그 무렵 하이든에게는 마음 속에 담고 있는 여성이 하나 있었다. 그는 빈에서 음악 제자들을 키우고 있었는데, 그 가운데는 가발업자인 요한 페이터 켈라의 두 딸도 있었다. 언니의 이름은 마리아 안나 아로이지아였고, 동생은 테레제였다.

△하이든의 초상과 그의 미사곡 〈하르모니〉의 서두 부분.

하이든은 이들 두 자매 중 동생인 테레제에게 마음이 끌리고 있었다. 테레제는 사교적이고 명랑한 성격을 지닌 사랑스러운 아가씨였다. 바로 하이든이 늘 마음 속으로 그려왔던 그런 상대였던 것이다.

하지만 그들의 사랑은 이루어지지 않았다. 어떤 사연이 있었는지는 정확히 밝혀지지 않았지만, 테레제는 한창 나이에 수도원에 들어가 수녀가 되었던 것이다. 하이든의 상심은 이만저만한 것이 아니었다. 그의 나이 24살 때의 일이다.

테레제가 수도원에 들어가고 난 뒤에도 하이든은 계속 켈라 집안과 친교를 맺고 있었다. 그리고 4년 뒤, 하이든은 테레제의 언니인 마리아 안나 아로이지아를 아내로 맞아들였다. 그때 하이든은 28살의 청년이었으며, 마리아 안나는 그보다 3살 더 많은 31살의 노처녀였다.

하이든이 결혼하게 된 경위를 보면 모차르트의 경우와 다소 비슷한 데가 있다. 모차르트는 네 자매 가운데 둘째딸인 아로이지아를 사랑했으나, 그녀가 다른 남자와 결혼해버리자 그녀의 동생인 콘스탄체를 아내로 맞았다. 하이든 역시 자신이 사랑했던 여인의 언니와 결혼하게 되었던 것이다.

하지만 그들의 결혼생활은 내용면에 있어 커다란 차이가 있다. 모차르트의 아내는 세상 사람들로부터 악처라는 평가를 받았으나, 당사자인 모차르트는 죽을 때까지 콘스탄체를 열렬히 사랑했으며, 여행지에서 끊임없이 달콤한 편지들을 보내곤 했다. 또 두 사람 사이에는 많은 아이들이 태어났다. 콘스탄체의 바람기와 낭비벽에 적지 않게 시달림을 당했음에도, 모차르트는 행복한 남편이었다고 일컬어진다.

그에 비해 하이든의 결혼은 완전한 실패였다.

그 무렵 하이든은 재능을 겨우 인정받기 시작하여 보헤미아의 귀족인 몰친 후작에게 악장으로 고용되어 있었다. 장래가 촉망되고 생활도 안정된 하이든에게 혼기를 놓친 딸 마리아 안나를 떠맡기기 위해 켈라 가에서는 여러 가지 술책을 강구했던 듯싶다.

마리아 안나 아로이지아는 어느 한구석 내세울 것이 없는 여자였다. 미인도 아니었으며, 성격 또한 원만하다고 할 수 없었다. 일설에 의하면 질투심이 강하고 고집이 센 여자였다고 한다. 그렇다고 해서 가정일을 잘 돌보는가 하면 그 역시 전혀 소질이 없었으며, 게다가 낭비벽도 심한 편이었다.

화려한 것을 좋아했던 모차르트와는 달리, 하이든은 돈을 쓰는 데 있어 매우 철저한 절약가였다. 따라서 함부로 돈을 낭비하는 아내의 경제 운용 또한 적지 않게 하이든을 괴롭혔던 셈이다. 한편 많은 아이들을 원했던 하이든에게는 아내의 불임도 견디기 힘든 일 중의 하나였다.

더구나 아내의 예술에 대한 몰이해가 하이든을 더욱 힘들게 했다. 낮 동안 하이든이 작곡을 위해 방 안에서 꼼짝 않고 있으면, 아내는 이를 참지 못해 하이든에게 심한 불평을 늘어놓곤 했다. 그래서 하이든은 되도록 밤에만 일을 해야 했다.

　"나의 아내는 내가 예술가이든 신기료이든, 그 점에 관해서는 아무런 관심도 없는 사람이다"라고 하이든은 탄식했다.

　하기야 아내 쪽에서도 할 말이 없지 않았으리라. 하이든이 수녀가 된 동생인 테레제를 사랑한다는 것을 모르지 않았던 마리아 안나로서는 아내가 된 이후에도 그에게 여자로서의 자신감을 갖기 어려웠을 것이다. 그러한 자신없음이 그녀의 성격을 어둡게 만들어갔으며, 제멋대로 행동하도록 이끌어갔으리라고 짐작하는 것은 어렵지 않은 일이다.

　뿐만 아니라, 마리아 안나는 남편의 아름다운 여제자들과 악단의 여가수들에 대해서도 늘 신경을 곤두세워야 했다. 하이든의 행동 또한 결코 충실한 남편이었다고는 할 수 없다. 메조 소프라노 가수인 루이지아 포르첼리의 아들 중 하나는 하이든의 자식이라고 일컬어지기도 하니 말이다.

　가정 안에서 위안을 찾지 못했던 하이든은 일에 몰두하여 수많은 뛰어난 교향곡과 소나타를 작곡했으며, 후배인 모차르트나 베토벤에게도 커다란 영향을 미쳤다.

　결국 만년의 하이든 부부는 완전한 별거생활에 들어갔으며, 아내에게서 모든 신경을 끊게 된 하이든은 더욱더 많은 시간을 작곡에만 쏟아부을 수 있게 되었다. 악처인 아내 덕에 뛰어난 작곡가 하이든이 태어났다고 해도 그리 지나친 역설은 아닐 듯싶다. ■

〈아담과 이브〉, 1989, 프랭크 유진

콘스탄체
— 모차르트의 아내

> 콘스탄체는 이른바 현모양처와는 거리가 먼 여성이었으나, 모차르트의 기질에서 볼 때 오히려 이상적인 아내였다고 할 수 있다.

모차르트가 유명한 만큼 그의 아내 콘스탄체 역시 사람들에게 널리 알려져 있다.

무수히 많은 명곡을 남긴 모차르트는 35살의 젊은 나이에 세상을 떠났다. 그는 만년에 여기저기서 돈을 꾸느라 정신이 없었는데, 그가 죽었을 때 집에 남은 것이라고는 약간의 낡은 가구와 엄청난 빚뿐이었다고 한다.

그 무렵 모차르트는 이미 음악가로서 상당한 명성을 얻고 있었으며, 그가 작곡한 오페라는 해마다 상연되고 있었다. 그에 따른 연주회 수입이나 작곡에 대한 사례도 액수가 올라가고 있는 상태였다. 그럼에도 불구하고 모차르트는 친구들이나 지인들로부터 끊임없이 돈을 꾸러 다니는 궁색한 형편에서 좀처럼 벗어나질 못했다. 어째서 모차르트는 그토록 돈이 궁했던 것일까?

모차르트 자신이 사치를 좋아하는 낭비가였다거나, 도박을 좋아

해서 큰돈을 잃었다는 등 여러 가지 설이 있으나, 아내 콘스탄체가 가사일에 서툴고 경제관념도 없으며, 게다가 돈이 많이 드는 온천여행을 자주 갔던 것이 한 원인이라는 설이 보다 설득력을 갖는다.

콘스탄체와 모차르트의 결혼은 그의 아버지 레오폴드가 한사코 반대했던 것이었다. 역시 음악가였던 모차르트의 아버지는 일찍부터 아들의 천재성을 발견하고 그 재능을 꽃피우기 위해 최선의 노력을 기울였다. 그런만큼 아들의 내조자를 고르는 데 있어서도 신경 쓰지 않을 수 없었다. 아들의 예술활동을 도울 수 있는 현명하고 야무진 여성을 원했던 것은 너무나 당연한 일이었다.

하지만 모차르트는 이미 빈에서 방을 빌리고 있던 베버 가의 셋째딸 콘스탄체를 사랑하고 있었다.

콘스탄체의 아버지도 만하임 궁정에서 일하던 음악가였으나, 이미 세상을 떠난 지 오래였다. 모차르트는 20살이 갓 넘은 젊은 시절, 만하임에서 베버 가에 드나들며 둘째딸인 아로이지아에게 마음을 쏟았으나, 그녀는 모차르트의 구애를 뿌리치고 다른 남자에게 시집을 가버렸다. 그후 빈에서 베버 가의 자매와 재회한 모차르트는 아로이지아의 동생인 콘스탄체에게 이끌리게 되었던 것이다.

모차르트의 결혼은 베버 부인이 친 그물에 걸린 것이었다고도 일컬어진다. 남편을 잃고 경제적으로도 쪼들리고 있던 부인은 셋째딸 콘스탄체와 친하게 지내는 모차르트를 졸라 결혼 계약서에 서명케 했다. 그 계약서에는 이렇게 적혀 있었다.

'3년 이내에 콘스탄체와 결혼할 것. 이 약속을 위반했을 때에는 매년 3백 글루덴을 지불할 것.'

베버 부인의 인품을 싫어했고, 콘스탄체도 신용하지 않았던 모차

콘스탄체 ····· 233

△왼쪽부터 콘스탄체와 모차르트 그리고 아버지 레오폴트. 벽에 걸린 초상은 사망한 어머니이다.

르트의 아버지는 아들이 끈질기게 결혼에 대해 동의해줄 것을 요구했음에도 내내 고개만 가로저을 뿐이었다.

하지만 이미 콘스탄체를 깊이 사랑하고 있었고, 계약서까지 썼던 모차르트는 결국 아버지의 동의 없이 결혼식을 감행하기에 이르렀다. 모차르트의 나이 26살, 콘스탄체의 나이 19살 때의 일이다.

한편 두 사람이 결혼했던 해에 초연된 모차르트의 오페라 〈후궁으로부터의 도주〉를 보면 콘스탄체라는 이름을 가진 여성이 등장하고 있다.

콘스탄체를 얻은 모차르트는 이 무렵부터 오페라 작곡에 열의를 보이기 시작했으며, 이와 함께 연주회도 활발하게 가지고 있었다.

이들 부부 사이는 몹시 다정했으며, 그런 덕분인지 두 사람 사이에는 매년 아이가 태어났다.

하지만 모차르트는 콘스탄체에 대해 모든 것을 만족스럽게 여겼던 것은 아닌 듯하다. 두 사람이 결혼하기 전, 모차르트는 고향인 잘츠부르크에 있는 아버지 앞으로 자신의 아내가 될 여자에 대해 다음과 같이 적어 보냈다.

'못생기지는 않았지만, 미인이라고도 할 수 없습니다. 검은 눈동자를 가진 귀여운 얼굴이지요. 뛰어나게 현명한 여자는 아닙니다만, 아내가 되고 어머니가 되기에는 충분하다고 생각됩니다.'

현재 남아 있는 콘스탄체의 초상을 보면 미인이 아니기는커녕, 짙은 눈썹에 유난히 윤곽이 또렷한, 대단히 매력적인 여성임을 알 수 있다. 모차르트는 아버지 앞이라 어쩐지 쑥스러운 생각이 들어 그렇게 낮추어 이야기했던 것인지도 모른다.

문제는 오히려 아내나 어머니로서의 자격 쪽에 있었던 듯하다.

첫째로 콘스탄체는 상당히 병약한 여성이었다. 모차르트는 특히 그런 아내의 건강에 대해 각별히 신경을 쓰고 있었다. 조금이라도 상태가 나쁜 듯하면 온천장에 보내 요양토록 했다. 그런 동안 모차르트는 빈에서 혼자 불편한 생활을 감수하거나 연주여행을 떠나곤 했다. 하기야 콘스탄체도 매년 거르지 않고 임신하고 있었으므로, 어찌 보면 다행스럽다고도 할 수 있었다.

아내를 부자들만이 모이는 온천장에 오래 머물게 할 경우 돈이 엄청나게 든 것은 말할 나위도 없지만, 그보다도 모차르트를 괴롭혔던 것은 아내의 품행이었다. 콘스탄체는 남의 시선을 의식하지 않는 제멋대로의 행동을 자주 했으며, 경박한 몸짓이나 말을 할 때가 많았는데, 그러한 점이 남자들의 호기심을 자극했던 것이다. 듣기 거북한 소문들이 종종 모차르트의 귀에까지 들어왔다. 그러자 모차르트는 부드럽게 그것을 나무랐으며, '내 마음의 고요함과 두 사람의 행복을 위해' 진중한 태도를 보여줄 것을 간청했다.

주옥 같은 수많은 작품을 남긴 모차르트이지만 사생활 면에 있어서는 대단히 소탈한 일면을 지니고 있었던 모양이다. 그는 농담을 아주 좋아했으며, 사람들과 여럿이 어울려 떠들며 노는 일을 즐기는 쾌활한 남자였다. 일을 하지 않을 때 모차르트는 얼굴을 찌푸리고 있는 것을 아주 싫어했으며, 가족들에게도 특히 그 점을 당부했다.

모차르트의 그러한 기질을 볼 때, 콘스탄체는 이상적인 아내였다고 할 수 있다. 콘스탄체는 이른바 현모양처와는 거리가 먼 여성이었으나, 모차르트 역시 애초부터 그런 여자를 원하지는 않았던 모양이다.

모차르트가 여행지에서 아내 앞으로 보낸 편지를 보면 유머러스하고 에로틱한 내용들로 가득 차 있으며, 또한 정열적인 애정이 흘러넘치고 있다. 모차르트의 생활고와 요절에 아내 콘스탄체가 기여(?)했다는 점은 부정할 수 없지만, 누가 뭐라고 해도 콘스탄체의 존재가 모차르트의 예술에 좋은 영향을 미쳤던 것만은 부정할 수 없는 사실이다.

모차르트의 장례식 날엔 세찬 비바람이 몰아쳤다. 콘스탄체는 병을 얻어 자리에서 일어나지 못했으며 장례식에도 참석하지 못했다. 또한 지인들 중 그 누구도 매장에 입회하지 않았던 까닭에, 우리는 지금도 천재 음악가 모차르트의 유골이 어디에 묻혀 있는지 알지 못하고 있다. ■

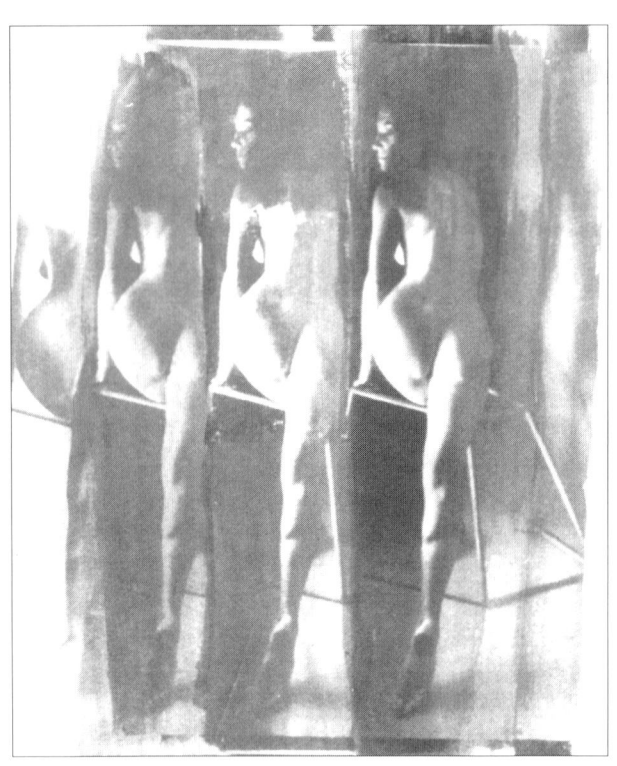

〈추상화된 누드〉, 얀 스모크

베르니 부인
— 프랑스 문호 발자크의 연인

> 발자크는 베르니 부인의 깊은 사랑을 잊지 못해, 두 사람의 관계를 토대로 한 아름다운 소설 〈골짜기의 백합〉을 완성시켰다.

가까운 이웃 나라인 일본의 여러 섬 지방에는 지금도 통나무배에 관한 전설이 남아 있는 곳이 많다고 한다. 통나무배에 관한 전설이란 바로 이런 것이다.

때때로 섬에는 커다란 나무 상자를 실은 통나무배가 혼자 떠밀려 오곤 했다. 상자는 자물쇠로 굳게 잠겨 있는데, 사람들이 그 안을 열고 보니 젊고 아름다운 여인이 거의 정신을 잃은 채 누워 있고, 그 옆에는 약간의 음식과 물통이 놓여 있었다. 또한 헝겊에 조심스레 싸인 물건도 하나 놓여 있는데, 펼쳐 보니 남자의 목이었다. 이는 간통한 자의 처벌 방법이었던 것이다. 섬 사람들이 여인의 처지를 딱하게 여겨 목숨을 건져주는 경우도 있지만, 대부분 그 죄를 미워하여 다시 자물쇠를 잠궈 떠내려보낸다고 한다.

중국에서도 처녀나 부인의 밀통을 엄하게 다스렸으며, 우리 나라 또한 과거에는 여인의 정조를 목숨보다 중하게 여겨왔다.

하지만 동양의 풍습이 이러했던 데 반해 유럽 세계는 사정이 매우 달랐다. 특히 그가운데서도 프랑스의 귀족사회에서는 부인들이 일으키는 연애사건이 그리 특별한 일로 여겨지지 않았다.

명문가의 처녀들은 결혼하기까지는 반드시 순결을 지켜야 했다. 그렇지 않으면 아무도 그를 아내로 맞이하려 하지 않았으며, 최악의 경우에는 평생을 수도원에 갇힌 채 살아야 했기 때문이다. 하지만 일단 누구누구의 부인이라는 이름을 얻게 되면 사정은 전혀 달라진다. 젊은 청년이나 분방한 신사들로부터 구애를 받을 경우, 이를 받아들인다 하더라도 세상 사람들은 그녀를 관대히 보아넘겨주었다.

오히려 아내의 바람기에 대해 크게 불평하거나 떠들고 다니는 남편 쪽이 사람들로부터 차가운 눈총을 받았다. 그런가 하면 아내를 다른 사람에게 빼앗기고도 아무것도 모르는 남편 역시 '코퀴'(오쟁이 진 남편이라는 뜻)라는 칭호와 함께 사람들로부터 손가락질을 당해야 했다.

하지만 젊은 청년들에게는 경험이 풍부한 연상의 여인으로부터 사랑의 보살핌을 받을 기회가 많이 주어졌으며, 때로는 그것이 그들의 삶에 커다란 플러스 요인이 되기도 했다.

프랑스의 문호 발자크도 젊은 시절, 가슴은 야심에 불타오르는 상태에서 지위도, 명예도, 돈도, 연인도 얻지 못한 고독한 생활을 견뎌야만 했다.

그러한 발자크가 23살이 되었을 때 격렬한 연애를 치르게 되었다. 발자크의 첫사랑 상대는 프랑스 전원의 영지에 사는 오랜 귀족 가브리엘 드 베르니 부인이었다.

△발자크. 연상의 여인 베르니를 사랑해 〈골짜기의 백합〉을 남겼다.

　베르니 부인의 원래 이름은 루이즈 앙투아네트 로울이었다. 로울의 아버지는 루이 16세 밑에서 일하던 음악가였으며, 어머니는 마리 앙투아네트의 시녀였다. 그녀가 태어났을 때, 왕과 왕비가 대부와 대모를 서주었기 때문에 각각 이름을 따서 그녀는 루이즈 앙투아네트가 되었던 것이다.
　연인이 된 발자크는 그녀를 로울이라 불렀다. 로울 자신도 왕이나 왕비를 가까이서 모신 경험이 있는 여자였다.
　자산가이긴 하지만 귀족은 아니었던 발자크에게 있어 베르니 부인은 과분하다고도 할 수 있는 상대였지만, 문제는 두 사람의 큰 나이차였다. 베르니 부인은 발자크보다 22살이나 연상인 45살의 나이였다.
　뿐만 아니라 용모 또한 아름답다고는 할 수 없었다. 그녀는 코가 매우 큰 여자였다고 전해지며, 남편과의 사이에 자식을 9명이나 두고 있었다.

열정에 불타는 문학청년 발자크의 연애상대로서는 어딘지 걸맞지 않을 것 같지만, 두 사람의 사이는 결코 그렇지가 않았다. 미인은 아니었지만 베르니 부인은 기품 있고 교양이 넘치는 여자였으며, 그녀의 몸짓에는 어딘지 에로틱한 면이 있었다고 일컬어진다. 변변한 여자 친구 하나 없었으며, 인생에 대해 완전히 무지했던 발자크는 이 연상의 연인을 통해 참으로 많은 것을 배울 수 있었다.

발자크는 이윽고 소설을 쓰기 시작했는데, 궁정생활의 경험이 있고 또한 대혁명 당시를 잘 알고 있는 베르니 부인은 그에게 많은 이야기 소재들을 제공해주었다. 당시의 복장이나 머리 모양에서부터 건물이나 장식물들의 모양, 풍습에 이르기까지 부인이 들려주는 모든 이야기들은 소설을 쓰는 발자크에게 더없이 좋은 선물이 되었다. 또한 부인이 왕이나 왕비 곁에서 일하며 비로소 알게 된 역사상의 비밀들을 얘기할 때마다 발자크는 지칠 줄 모르고 자신의 것으로 흡수시켰다.

베르니 부인은 발자크에게 소설의 재료를 제공했을 뿐만 아니라, 좋은 조언자의 역할도 훌륭하게 해냈다. 발자크는 자신의 작품을 가장 먼저 베르니 부인에게 읽게 했으며, 그녀의 비평을 구했다. 부인은 열정적인 젊은 연인에게 적절한 비판을 가할 줄 알았다. 발자크의 천재성을 가장 굳게 믿어주었던 베르니 부인이 곁에 있어줌으로써 젊은 발자크는 마음껏 자신의 재능을 펼쳐보일 수 있었던 것이다.

그렇듯 유용한 연인이었지만, 소설가로서의 지위를 확립하고 명성도 높아짐에 따라 발자크는 어느덧 다른 여인에게 마음이 이끌리게 되었다. 하지만 발자크가 눈을 돌렸던 제3의 여인은 그에게 깊은 상처와 배신감만을 안겨주었다. 슬픔에 잠긴 발자크는 곧바로 베르니 부인에게로 달려갔고, 그녀는 발자크를 넓은 가슴에 품고 위로해주었다.

이윽고 베르니 부인은 병을 얻어 자리에 눕게 되었고 59살의 나이에 세상을 떠났다. 베르니 부인의 죽음은 발자크에게 있어 커다란 시련이 아닐 수 없었다. 그는 부인의 깊은 사랑을 잊지 못하여 두 사람의 관계를 토대로 한 아름다운 소설 〈골짜기의 백합〉을 완성시켰다.

〈골짜기의 백합〉에 나오는 주인공 모르소프 부인의 모델은 물론 베르니 부인이다. 소설 속에서의 부인은 거칠고 신경질적이면서도, 병약한 남편이 세상을 뜨기까지 정조를 굳게 지킨다. 하지만 실제 베르니 부인과 발자크의 관계는 그리 소설적이지 못했다. 두 사람은 사귄 지 2~3달 만에 깊은 관계를 맺게 되었던 것이다.

정신적인 것 그리고 육체적인 것에 대해 발자크를 눈뜨게 했던 베르니 부인은 그가 남긴 수많은 주옥 같은 작품들 속에 언제까지나 살아 숨쉬고 있을 것이다. ■

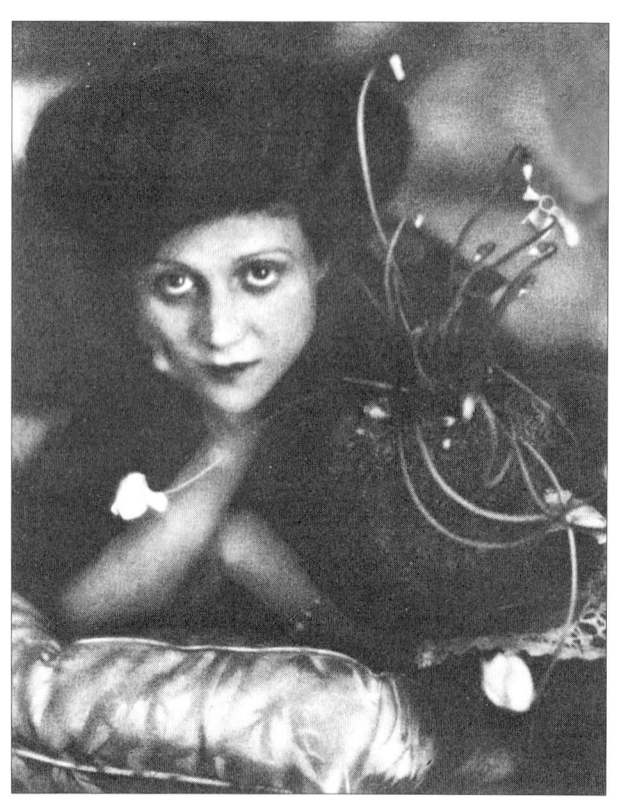

〈시클라멘, 필립 리디그 부인〉,
1913, 에드워드 J. 스타이켄

조르주 상드
— 피아노의 시인 쇼팽의 연인

> 병약한 쇼팽의 애처로운 모습은 상드의 모성애를 크게 뒤흔들어놓았다. 쇼팽에게는 약혼자가 있었지만 두 사람은 급격히 가까워지게 되었다.

제정시대 또는 왕정 복고시대의 프랑스 귀부인들 중에는 세상이나 남편의 눈을 피해 정부와 사랑놀이를 즐겼던 예가 드물지 않다. 하지만 겉모양을 그럴듯하게 포장하여 정숙함을 가장하는 경우, 사람들은 그것을 크게 나무라지 않았던 모양이다.

이와는 반대로 이혼을 하거나, 공공연히 연인을 갈아치우는 경우에는 세인들의 비난을 면하기 어려웠다. 그것을 강행할 경우엔 엄청난 용기를 필요로 했다. 여류작가인 조르주 상드에 대해서도 생전에는 수많은 찬사와 비난이 엇갈렸다.

상드는 본명이 아망딘 오로르 뒤팽으로, 명망 높은 가문에서 태어났다. 부모가 일찍 세상을 떠나, 그녀는 시골 지방의 관저에 사는 할머니 손에서 성장했다. 가무잡잡한 피부와 물기 어린 검은 눈동자를 지닌 그녀는 어릴 적부터 총명함이 돋보이는 소녀였다.

할머니가 돌아가신 후, 혼자 남게 된 상드는 카지밀 뒤드방 남작과 사랑에 빠져 결혼식을 올리게 된다. 남작은 보기 드문 미남이었으며, 그녀는 몸과 마음을 다 바쳐 남편을 사랑했다. 두 사람 사이에서는 1남 1녀가 태어났다.

하지만 아이를 낳은 이후, 남편에 대한 상드의 사랑은 점차 식어갔다. 남편은 시골 지주 신분에 만족한 채 술과 사냥에만 푹 빠져 있었다. 그는 상드가 좋아하는 문학이나 음악에 관한 화제에는 조금도 관심을 보이지 않았다. 게다가 아내를 배신하고 집에서 데리고 있는 하녀에게 손을 댔다. 이러한 그녀의 경험은 모파상의 작품인〈여자의 일생〉에 나오는 처참한 주인공의 모습과 너무도 흡사했다. 하지만 모파상의 주인공이 운명에 순종했던 데 반해, 그녀는 자신의 힘으로 새로운 길을 찾으려 했다. 남편에게 정나미가 떨어져버린 상드는 처녀시절 친구인 의학자 스테판의 연인이 되어 남편 몰래 파리에서 밀회를 즐기기도 했다.

이어 상드의 마음을 사로잡은 사람은 금발의 젊은 학생 줄 상드였다. 앞에서 말한 스테판도 미청년이었다고 일컬어지는 것을 보면 상드는 화려한 미남을 좋아했던 듯싶다.

줄과의 사랑이 계기가 되어 상드는 남편과의 별거를 단행한다. 남편과 어린 자식들을 시골의 저택에 남겨둔 채 파리에서의 생활을 시작한 것이다.

남편으로부터 해마다 3천 프랑의 돈을 받고 있었으나, 그래도 쪼들렸던 그녀는 생활에 보탬이 될까 하여 소설을 쓰기 시작했다. 이때 펜 네임으로서 '조르주 상드'라는 남자 이름을 골랐다.

그녀는 어릴 적 할머니를 대신하여 영지를 관리하기 위해 남장을 한 채 말을 타고 다녔던 적이 있었다. 남편도, 자식도 버리고, 파리

△조르주 상드. 한때는 연하의 쇼팽을 격렬히 사랑했지만, 사랑이 식자 더없이 냉담한 여성으로 변했다. 쇼팽은 절망 끝에 숨지고….

에서 자립하기 위해서는 여성에게 가해지는 제약으로부터 자유로워지는 편이 훨씬 유리했다.

상드는 이름만을 바꾼 것이 아니라, 정말 남자복장을 하고 담배를 피우며, 남자들과 대등하게 문학을 이야기하고 혁명을 논했다.

줄 상드에 대한 사랑이 식은 조르주 상드는 한치의 주저함도 없이 그를 버렸다. 남자에게 버림받아 우는 여인들이 많았던 그 시절에, 상드는 연애관계에 있어서도 남성을 리드했다.

한때 메리메와 염문을 뿌린 뒤, 상드는 조숙한 시인 뮈세와 만나게 된다. 뮈세는 겨우 23살에 불과했으나, 지나치게 예민한 그의 신경은 술이나 도박, 그리고 여자에 탐닉하는 나날 속에서 깊은 번민에 휩싸여 있었다.

상드의 넓은 가슴이야말로 자신을 쉬게 해줄 유일한 구원처임을 확신한 뮈세는 끊임없이 자신의 마음을 상드에게 적어 보냈다. 이미 29살이 된 상드는 처음 얼마 동안은 그의 구애를 거절했으나, 마침내 그를 받아들여 두 사람은 함께 이탈리아로 여행을 떠났다.

뮈세 역시 상드가 좋아하는 금발의 미청년이었다.

하지만 이탈리아 여행은 참담하게 끝나고 말았다. 뮈세 역시 외모는 스테판이나 쥴과 비슷한 날씬한 체격의 미청년이었으나, 그 근성만은 그들과 전혀 달랐다. 애정문제에 있어서도 연상의 상드가 하자는 대로 순순히 따라오는 스타일이 아니었다. 두 사람의 강한 개성은 쉴 새 없이 부딪치며 불꽃을 튀겼다. 그리고 두 사람의 싸움에서는 뮈세가 번번이 밀렸으며, 그는 결국 정신이상의 증세까지 보이게 되었다. 뮈세는 치료를 위해 부른 의사 파제로와 상드가 자신의 머리맡에서 서로 포옹하는 환상을 보게 되었다.

뮈세는 상드를 알기 전보다 더욱 깊은 상처를 입었으나, 이 강인한 여성과의 이별 경험은 시인으로서의 뮈세를 크게 비약시켰다.

상드가 '피아노의 시인'이라 일컬어지는 쇼팽과 처음으로 만난 것은 뮈세와 결별한 이듬해였다. 병약한 쇼팽의 애처러운 모습은 상드의 모성애를 크게 뒤흔들었다. 쇼팽에게는 약혼자가 있었고, 상드 역시 어린 연인이 있었지만 두 사람은 급속도로 가까워지게 되었다. 이들은 결국 다른 두 사람을 동반하여 함께 지중해에 떠있는 마요르카 섬으로 출발한다.

마요르카 섬, 마르세유, 상드의 영지인 노앙의 저택에서 상드와 쇼팽은 약 10년에 걸쳐 함께 살았다. 쇼팽은 인후결핵에 걸려 병세는 점점 더 악화되었지만, 6살 연상의 강인한 생활력을 지닌 여성 상드의 보살핌 속에서 수많은 명곡들을 남겼다.

그리고 격렬하게 사랑했던 두 사람에게도 이별의 때는 찾아왔다. 상드의 곁을 떠난 지 얼마 안 있어 쇼팽은 세상을 뜨고 말지만, 상드는 그의 장례식에도 참석치 않았다.

상드의 마지막 연인은 13살 연하의 조각가인 망소였다. 망소는 상드의 좋은 이해자이자 협력자였으며, 결코 그녀를 배신하는 일 없이 상드에게 지순한 사랑을 바쳤다. 하지만 상드의 나이 61살에 망소는 병으로 죽고 만다.

망소가 세상을 떠난 지 11년 후, 72살의 생일 한 달 전에 상드도 그의 생을 마감했다. 그녀는 〈사랑의 요정〉 등 몇 개의 뛰어난 작품을 남겼지만, 지금은 뮈세와 쇼팽을 성공시킨 여인으로서 그 이름이 더 널리 알려져 있다. ■

〈창 안의 누드〉, 1954, 윈 벌로크

나탈리야
— 러시아의 대문호 푸슈킨의 아내

> 결혼한 후에도 많은 남자들의 사랑을 받기를 갈망했던 나탈리야의 바람기는 푸슈킨에게 끝없는 괴로움을 안겨주었다.

나탈리야는 러시아의 대문호 푸슈킨의 아내이다.

1828년 겨울, 모스크바의 사교계에 한 소녀가 화려하게 모습을 드러냈다. 날씬한 몸매와 천사를 방불케 하는 순진무구한 용모는 즉각 많은 남자들에게 불면의 밤을 선사했다. 그러한 남성들 가운데는 30을 갓 넘은 젊은 황제 니콜라이 1세도 포함되어 있었다.

소녀의 이름은 나탈리야 니콜라예브나 곤차로바였으며, 그녀의 아버지는 외무성에 근무하는 관리였다. 그녀의 어머니 또한 과거에 사교계를 떠들썩하게 만들었던 미녀였는데, 나탈리야는 세 자매 중 그러한 어머니의 피를 가장 많이 물려받은 막내딸이었다.

당시 16살이었던 나탈리야의 주위에는 이미 많은 구혼자들이 구름떼처럼 몰려들었다. 하지만 그녀의 어머니는 모두 고개를 가로저을 뿐이었다. 실은 그 무렵 나탈리야의 아버지는 말에서 떨어지는 사고로 병석에 드러누운 지 오래였으며, 그로 인해 가정 형편이 몹시 어려운 상황이었다. 그런만큼 나탈리야의 어머니는 막내딸의 혼사문제에 많은 기대를 걸고 있었다. 위의 두 딸들은 나탈리야만큼 아름답지 않았으므로 돈 많은 남편을 얻을 가능성이 그만큼 희박했던 것이다.

그러나 대귀족이나 자산가들은 가세가 기운 집안의 딸과 혼인하려 들지 않았으므로, 어머니의 마음에 꼭 드는 신랑감이 쉽게 나타나지 않았다.

그러한 나탈리야의 구혼자들 가운데 가장 열의를 보인 인물이 바로 알렉산드르 세르게비치 푸슈킨이었다. 몰락 귀족의 가문에서 태어난 푸슈킨은 15살 때부터 시작詩作에 천부적인 재능을 보였으며, 이후 줄곧 주목받는 작품들을 발표해온 터였으므로 이미 30살 전후에는 국민시인으로서 대중들의 사랑을 한몸에 받고 있었다.

그러나 애석하게도 그러한 명성 따위는 나탈리야의 어머니 눈에는 아무런 가치도 없어 보였다. 그녀가 원하는 것은 기울어진 집안을 다시 일으켜세워줄 수 있는 돈 많은 신랑감이었다. 하지만 가난한 시인인 푸슈킨에게 그럴 만한 재력이 있을 리 없었다.

푸슈킨이 솟구치는 열정에 몸을 맡긴 채 분방한 생활을 하고 있는 것도, 또한 급진사상의 소유자로서 당국으로부터 감시의 눈초리를 받고 있는 것도 모두 나탈리야의 어머니 마음에 들지 않았다.

그럼에도 불구하고, 푸슈킨의 눈물겨운 노력이 헛되지 않아 마침내 나탈리야의 어머니로부터 결혼 승낙을 얻어내게 되었다. 하지만 나탈리야의 어머니가 요구해오는 금전적 부담은 푸슈킨을 많이 지치게 했다. 그는 여기저기 친구들로부터 많은 돈을 빌려야만 했다.

그녀와 사귄 지 2년 후에 푸슈킨은 나탈리야와 결혼식을 올렸다.

△나탈리야(왼쪽)와 푸슈킨. 나탈리야는 자신의 바람기로 결국 대시인인 남편 푸슈킨을 사지로 몰아넣었던 여인이었다.

31살의 지친 신랑과 19살의 앳된 신부였다. 이제까지 분방한 염문을 뿌리고 다녔던 푸슈킨도 청순한 아내를 맞아들이자 마음을 한 곳에 모을 수 있었다.

두 사람 사이에는 잇달아 네 아이가 태어났다. 푸슈킨은 그 기간 동안 창작면에 있어서도 〈스페이드 여왕〉을 비롯한 수많은 걸작들을 발표했다.

하지만 신혼의 열기가 채 식기 전부터 푸슈킨은 아내의 바람기로 괴로움을 겪어야 했다.

나탈리야가 특별히 단정치 못한 여자였기 때문은 아니었다. 그녀는 자신 쪽에서 사랑을 찾아나서는 스타일은 아니었다. 하지만 많은 남자들에 둘러싸여 그들로부터 떠받들어지는 것을 즐기는 성격의 여자였다. 게다가 아름다운 나탈리야에게는 그럴 만한 기회가 얼마든지 있었다.

천사처럼 청순한 아름다움을 보였던 나탈리야도 막상 결혼하고 보니 다른 여자들과 다른 바가 하나도 없었다. 그녀가 다른 여자들과 다른 점이 있다면 결혼한 후에도 많은 남자들로부터 사랑받기를 갈망했다는 점이다.

결혼 전 나탈리야의 순진무구한 태도와 천사 같은 얼굴이 푸슈킨의 마음을 강하게 끌었지만, 결혼 후에는 아내의 그러한 점이 푸슈킨의 마음에 괴로움을 심어주었다. 나탈리야는 플레이보이에게서 눈길을 받았을 때 그것을 완강히 물리치거나 적절하게 처리할 줄을 몰랐다. 그로 인해 항상 세간에는 소문이 그치질 않았다.

반체제 시인으로 알려진 푸슈킨이 황제의 시종에 임명되었을 때에도 세인들은 모두 푸슈킨의 부인을 흠모하는 황제가 부인에게 궁정에 출입할 수 있는 자격을 주기 위해 내린 조치였다고 쑤근댔다. 푸슈킨에게는 이중의 굴욕이 아닐 수 없었다.

결혼 후 3년이 지났을 무렵, 남편으로서의 푸슈킨에게 강한 라이벌이 등장했다. 프랑스의 사관인 조르주 단테스였다. 혁명 후 고향을 도망쳐나온 잘생긴 이 프랑스 청년은 당시 부인들 사이에서 크게 인기를 얻고 있었다. 여자들에게 친절하고 놀기 잘한다는 것 외에는 별로 내세울 것이 없는 남자였지만, 그로부터 사랑의 고백을 듣게 된 나탈리야는 앞뒤 가리지 않고 곧바로 그에게 빠져버렸다.

12살이나 연상인데다 지독히 러시아적인 자신의 남편이 갖지 못한 매력들을 이 프랑스의 젊은 연인인 단테스는 지니고 있었다.

단테스와 나탈리야는 동갑이었다. 두 사람의 관계는 사교계에서 모르는 사람이 없을 정도로까지 발전하게 되었다. 푸슈킨의 책상에는 그를 비웃는 익명의 편지들이 날아들었다. 푸슈킨을 오쟁이 진 남편들의 모임인 '코퀴 클럽'의 회장 보좌직에 임명한다는 내용의 편지도 끼어 있었다.

화가 난 푸슈킨은 단테스에게 결투를 신청했다. 이때 푸슈킨을 아끼는 사람들이 나서서 이를 말림으로써 결투는 무산되었다. 하지만 얼마 못 가서 푸슈킨은 다시 아내와 단테스의 밀회 장소를 알리는 편지를 받게 되었다. 그러자 푸슈킨은 더이상 분노를 참지 못하고 결투를 강행했다.

결투는 눈 덮인 페테르부르크 교외에서 행해졌다. 단테스의 권총에서 먼저 불꽃이 튀었고, 푸슈킨은 하복부를 맞아 눈 속에 쓰러졌다. 하지만 흰눈을 붉게 물들이는 가운데 푸슈킨도 반격의 방아쇠를 당겼다. 단테스는 팔에 부상을 입었다.

집으로 실려온 푸슈킨은 고통 속에서 신음하다가 결국 40시간 후에 숨을 거두었다. 무서운 고통 속에서도 푸슈킨은 울며 매달리는 아내에게 이렇게 말했다.

"걱정하지 말아요, 당신이 나쁜 것은 아니었소."

아내에게 마지막 위로의 말을 남긴 푸슈킨은 38살의 젊은 나이로 세상을 떠났다.

요절한 시인은 러시아 국민들에게 오래도록 커다란 애석함을 안겨주었다. 그리고 푸슈킨을 죽음으로 몰고간 결투는 그의 진보적인 사상을 미워한 궁중세력이 파놓은 함정이었다는 사실이 후에 명백히 드러나게 되었다. 그들은 함정의 미끼로 비열하게도 푸슈킨의 아내 나탈리야를 이용했고, 바람기 많고 철 없었던 나탈리야는 자신도 모르는 사이에 남편의 죽음을 위한 미끼로 제공됐던 셈이다. ■

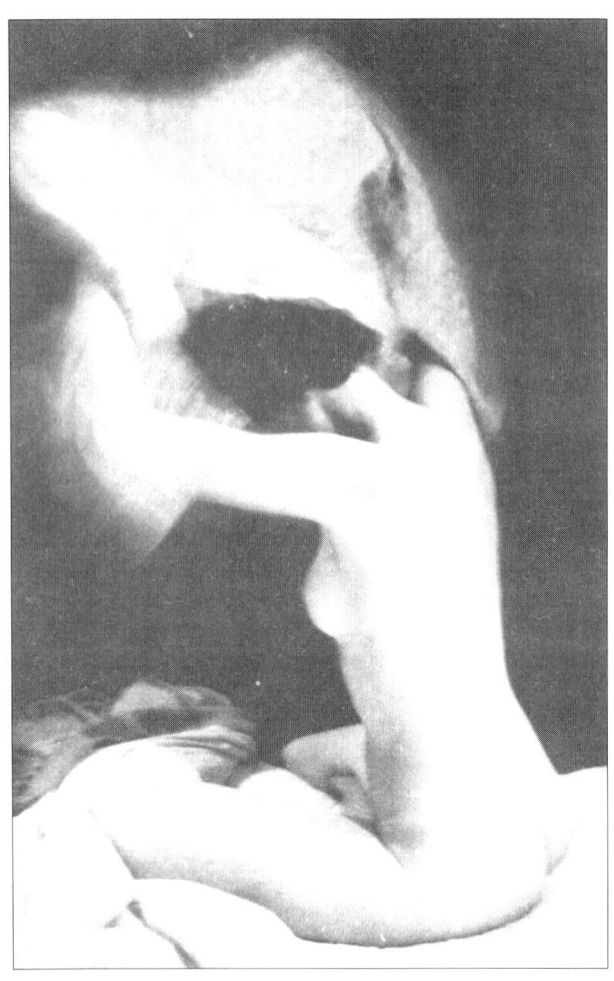

〈사랑의 눈〉에서, 1953, 르네 그로블리

예니 베스트팔렌 마르크스
— 카를 마르크스의 아내

> 예니는 약혼자 마르크스에게 뒤지지 않기 위해 맹렬히 공부했지만, 때로는 열등감에 사로잡힌 나머지 히스테리 발작을 일으키기도 했다.

예니 마르크스는 1814년 브라운슈바이크 부근의 유지였던 베스트팔렌 가의 맏딸로 출생했다. 용감한 군인들과 고급관료들을 많이 배출했던 그녀의 집안은 귀족의 칭호를 받고 있었다. 예니는 이러한 가문의 배경을 상당히 흡족히 여겼으며, 자신의 명함에도 그러한 귀족 칭호를 반드시 박아넣도록 했다.

하지만 예니에게 많은 영향을 주었던 그녀의 아버지 루드비히는 누구보다 자유를 사랑하는 사람이었으며, 권력과 명예보다는 아이들과 어울리고 그들을 가르치는 일에서 더 큰 즐거움을 느꼈다. 문학에 깊은 관심을 보였던 그는 호메로스의 서사시들을 줄줄 외우곤 했으며, 사람들에게 셰익스피어를 비롯한 대문호의 말을 즐겨 인용하곤 했다. 또 어학에도 특별한 재능을 보여 영어와 불어뿐 아니라, 스페인 어와 그리스 어, 라틴 어 등을 자유자재로 구사할 줄 알았다.

루드비히는 두번째 결혼에서 얻은 예니와 그녀의 동생 에드가를 몹시 사랑했으며, 자신의 친구인 마르크스 집안의 두 아이들인 카를과 소피와도 함께 어울리는 시간을 많이 가졌다.

그중 마르크스는 예니보다 4살이 어렸지만, 이들은 놀 때나 공부할 때 좋은 친구가 되곤 했다. 이때는 물론 함께 놀고 새로운 지식을 흡수하는 좋은 동료였을 뿐, 특별한 감정을 품기에는 두 사람 모두 어린 나이였다. 남달리 총명하고 지식욕이 강했던 예니는 함께 어울려 공부하던 두 소년이 인문고등학교에 입학하자 남몰래 마음에 상처를 받아야 했다. 왜냐하면 당시에는 여자에게 그와 같은 정규교육의 혜택이 허락되지 않았기 때문이다.

하지만 예니는 아버지로부터 여러 가지 것들을 배우는 데 게을리 하지 않았으며, 여성으로서의 아름다움이 차차 모습을 드러내게 되자 이윽고 사교계에 나가게 되었다. 아름다운 용모와 강한 개성을 지녔던 예니는 곧 사교계에서 '트리어 최고의 미녀'라는 별명을 얻게 되었다.

마르크스가 학교에 들어가고 난 뒤, 예니 역시 자신의 변모를 꿈꾸었다. 그리고 그것은 젊은 귀족인 미남 청년과 서둘러 약혼하는 결과를 낳았다. 하지만 지적 욕구와 남달리 개성과 모험심이 강했던 예니로서는 미남 청년에게 곧 싫증을 느꼈고, 결국 이들의 약혼은 그리 오래 가지 못했다. 예니 쪽에서 파혼을 요구한 것이다. 예니는 젊은 귀족과 있을 때보다는 4살 연하의 마르크스와 함께 있을 때 훨씬 더 생기를 보였으며, 진지한 두 사람의 대화와 토론은 종종 새벽까지 이어지곤 했다.

예니는 이렇게 해서 잠시 사교계에 돌렸던 눈길을 다시 다양한

△예니(왼쪽)와 카를 마르크스. 아내 예니에게 더없이 고통을 준 그는 결코 좋은 남편은 아니었다.

여러 가지 책들 속으로 돌리게 되었으며, 4명의 젊은이는 다시 예니의 아버지인 루드비히 밑에서 여러 흥미진진한 것들을 함께 공부해나갔다.

그러는 사이 예니와 마르크스는 너무도 자연스럽게 이성의 감정을 느끼게 되었고, 그들은 서로를 필요로 했다.

예니가 마르크스에게 특별한 관심을 보이자 그녀의 아버지는 이들의 사이를 갈라놓으려 했다. 나이도 나이지만, 장래가 불투명한 마르크스 대신 예니에게 어울리는 훌륭한 신랑감이 얼마든지 있었기 때문이다.

하지만 두 사람은 집안의 심한 반대에도 불구하고 1937년 공식적으로 약혼을 발표했다. 이때 예니의 나이 23살, 마르크스의 나이 19살이었다.

그후 45년 6월 두 사람이 마침내 결혼식을 올리기까지 자그마치 7년이라는 세월이 걸렸다. 약혼자보다 4살이나 많았던 예니가 이 기간을 견디기란 그렇게 쉬운 일이 아니었을 것이다.

본에서 법률 공부를 시작한 카를은 지적·정치적으로 성장을 거듭하고 있었으며, 예니 자신은 중소도시의 편협한 가치관 속에서 시달림을 받는 게 고작이었다. 하지만 정신과 육체가 모두 강인했던 예니는 이만한 일로 결코 좌절하지는 않았다.

그녀는 카를의 조언에 따라 그가 심취했던 헤겔 철학을 공부했으며, 아버지로부터 라틴 어와 그리스 어를 비롯한 여러 가지 어학들을 공부해나갔다. 이제 그녀의 공부는 순수한 지식욕에서 비롯된 것만은 아니었다. 다분히 약혼자인 카를을 의식하고 있었으며, 결코 그에게 모자라는 상대가 되지 않겠다는 굳은 각오로 최선을 다했던 것이다.

그러나 한편으로 예니는 불안의 그림자를 떨쳐버릴 수 없었다. 정신적인 면에서 우위를 점했던 연상의 예니를 그리 오래지 않아 능가하게 된 카를이 급기야는 자신에게서 만족을 느끼지 못하게 되리라는 예감 때문이었다. 이러한 열등감에 사로잡히게 된 예니는 간혹 히스테리 발작을 일으키기도 했다.

하지만 정신적으로 굳게 결속된 두 사람은 마침내 크로이츠나하에서 조촐한 결혼식을 올리고 달콤한 신혼생활에 접어들었다.

예니와 카를 두 사람은 서로를 깊이 존경하고 신뢰했으며, 서로에게 지적 자극을 주기 위해 남다른 노력을 기울였다. 예니는 물론 카를을 위해 가정을 충실히 돌보아야 했지만, 결코 평범한 가정주부는 아니었다. 남편과 보조를 맞추기 위해 꾸준히 이론서적을 탐독했으며, 많은 철학서들을 섭렵해나갔다.

또한 예니는 카를의 충실한 비서 역할도 게을리하지 않았다. 그를 위해 필요한 글들을 정리하고 자료를 모았으며, 그가 쓴 수많은 원고들을 정서하느라 손에 물집이 생기기 일쑤였다. 뿐만 아니라, 인쇄나 출판업자들과 직접 만나거나 서신을 왕래하며 남편의 책을 출판하는 일에도 직접 나서서 처리했다.

그런 가운데서도 예니는 모두 7명의 아이들을 낳아 길렀다. 밖으로는 둘도 없는 남편의 오른팔로서 그의 작업을 도와야 했으며, 안으로는 일곱이나 되는 아이들을 돌보고 어려운 살림을 꾸려나가야 했던 것이다.

1948년 파리에서 시작된 혁명이 이탈리아를 비롯해 여러 곳으로 파급되어나가자 카를은 파리 · 브뤼셀 등지를 오가며 혁명에 참가했고, 이러한 혁명이 성공을 거두지 못하자 그의 입지도 매우 어려워지게 되었다. 그에게는 잇따라 추방령이 내려졌으며, 결국 런던으로 망명하여 정신적 빈궁과 물질적 빈곤을 겪어야 했다.

이러한 어려운 살림 속에서도 예니는 결코 '혁명의 사도'로서의 자긍심을 잃지 않았다. 그러나 7명의 자녀 중 4명이나 되는 아이들이 차례로 세상을 뜨자, 제아무리 굳건한 예니였지만 마음의 안정을 유지하기 어려웠다. 게다가 경제 사정 또한 파산의 위기에 처하게 되어 자주 히스테리를 일으켰다.

오랜 우울증에 시달리던 예니는 한때 자살을 결심하기도 했다. 하지만 그녀에게 어울리지 않는 자살에의 동경은 단순히 어려운 살림에 그 원인이 있었던 것은 아니다. 그 직접적인 동기는 바로 카를의 외도에 있었다. 그의 외도 상대는 한 집안에서 식구처럼 살아왔던 충실한 가정부 헬레네였다. 하지만 예니를 위해서였는지 아니면 다른 사람들을 의식해서였는지, 카를의 절친한 동지인 엥겔스가 자신이 헬레네가 낳은 아이의 아버지임을 자처하고 나섰다.

예니는 결국 이 일로 인해 씻을 수 없는 마음의 상처를 입게 되었다. 참담한 망명생활 속에서도 그녀가 오로지 한 가닥 위안으로 삼고 있었던 자신에 대한 남편의 성실함이 한순간에 무너지고 말았기 때문이다. 예니는 이미 오래 전에 프리드리히 엥겔스에게 지적인 반려로서의 지위를 빼앗겼으며, 이제 마지막 남은 여성으로서의 지위마저 가정부인 헬레네에게 빼앗긴 셈이 된 것이다.

그러나 외적인 것은 아무것도 달라진 게 없었다. 카를은 여느 때와 다름없이 안팎으로 예니의 손길을 필요로 했으며, 예니 또한 결코 카를을 떠날 수 없었다. 예니는 마음의 상처를 치유하기 위해 전보다 더욱더 일에 매달렸다.

말없이 흐르는 세월은 예니에게 세상과 타협하는 것이 어떤 것인가를 가르쳐주었다. 남편의 역작이 점차 세상에 알려지는 가운데 재정상태도 나아져갔으며, 세 딸들이 모두 총명하게 자라 각기 훌륭하게 제 몫을 해나가자 예니도 어느덧 차분하고 온화한 미소를 머금게 되었다.

예니가 강한 여성으로서 특히 빛을 발하는 이유는 바로 마르크스의 반려로서 그와 오래도록 화합할 수 있었다는 데 있다. 왜냐하면 마르크스는 몹시 까다로운 성격의 소유자였기 때문이다.

그렇다면 여기서 잠시 마르크스의 성격을 살펴보자. 타고난 반골인 마르크스는 정신적으로 성숙되면서 그러한 반항적 기질을 더더욱 굳혀갔으며, 결코 남에게 지고 싶어하지 않는 성격을 지니고 있어, 삶에서 결코 차선을 취하는 법이 없었다.

또한 그는 늘 사람들에게 오만하다는 인상을 주었으며, 자신의 의견에 대해 무조건 복종할 것을 사람들에게 요구했다. 그로 인해 자신의 생각에 대해 반론을 펴거나 인정하지 않는 사람들은 모두 그에게 얼간이로 취급받을 수밖에 없었다. 이런 성격으로 인해 그는 논쟁 벌이는 것을 싫어했으며, 우수한 학자와의 토론도 가급적 피하려 했다. 그리고 자신의 가족 이외의 사람들에게 혐오하고 경멸하는 마음을 숨기지 않았다. 그는 또 민중해방을 부르짖었지만, 민중 속으로 들어가 그들과 정을 나누지는 못했던 한낱 이론가였을 뿐이다.

이러한 성격을 가진 남편과 좋은 관계를 오래도록 유지할 수 있었다니, 과연 악녀가 아니라면 해내기 어려운 일이라고 말하지 않을 수 없다.

1870년 후반부터 여러 가지 질병과 장암에 시달리던 예니는, 육신은 병들었지만 체념과 관용의 미덕을 배움으로써 만년에 들어 어느 정도 마음의 평화를 지켜갈 수 있었다. 결국 장암이 악화된 그녀는 81년 마르크스보다 2년 앞서 66살을 일기로 순탄하지만은 않았던 생을 마감했다. ■

〈누드, 런던〉, 1952, 빌 브란트

클라라 비크 슈만
― 작곡가 슈만의 아내

> 약혼기간 중에 클라라가 슈만에게 보낸 한 통의 편지는 슈만의 자존심에 커다란 생채기를 만들었으며, 이것이 두 사람의 불행한 앞날에 대한 예고가 되었다.

촉망받던 여류 피아니스트인 클라라 비크와 작곡자 슈만의 결혼은 흔히 프란츠 리스트의 말처럼, 이상적인 결혼의 한 전형으로 사람들에게 자주 이야기되고 있다.

"이념을 형상화시키는 작곡가와 그 곡을 가장 잘 표현할 수 있는 연주가와의 결혼―예술세계에서 남편이 작곡한 것을 아내가 연주하는 결혼생활보다 더 행복하고 조화로운 것은 찾아보기 어려울 것이다."

하지만 모든 빛들 뒤엔 그만큼의 어둠이 도사리고 있듯, 클라라와 슈만의 가정생활에도 여러 가지 문제들이 자리하고 있었다.

작곡가로서 이미 당대에 인정을 받고 있던 슈만은 결혼 초기부터 심한 우울증에 빠지곤 했다. 45살의 나이에 라인 강에 투신했다가 가까스로 구조된 일, 그후 결국에는 정신병원에 수용되어 2년간의 투병 끝에 46살의 한창 나이로 생을 마감하고 만 그의 인생 행로 속에서 얼마간은 그 어둠의 정체를 감지할 수 있다.

클라라는 슈만보다 9년 늦은 1819년, 피아노 제작자이자 교육자인 아버지와 피아니스트인 어머니 사이에서 태어났다.

클라라의 아버지 비크는 클라라를 이야기하는 데 빼놓을 수 없는 인물이다. 왜냐하면 비크는 부인과 이혼한 뒤 아내에게서 딸을 데려다 먹이고 입히며 그녀를 키웠을 뿐만 아니라, 자신이 클라라의 교사가 되어 음악을 비롯한 모든 교육을 떠맡아 그녀를 한 사람의 음악가이자 한 여성으로 성장시켰기 때문이다.

비크는 당시 라이프치히에 공장을 세워 피아노를 제작했으며, 획기적인 교육방식으로 피아노 교육 분야에서 상당한 인정을 받고 있었다. 그리고 그러한 그의 교육방식이 훌륭했다는 것을 사람들에게 가장 확실하게 보여준 것이 바로 클라라였다.

엄격하다 못해 무섭고 매정한 일면을 지녔던 비크와 끝내 가정생활을 꾸리지 못하고 이혼한 클라라의 어머니 역시 비크의 제자였으며, 이혼 후 라이프치히에서 피아니스트로서 남편 못지않은 성공을 거두었다.

성공한 피아니스트 어머니에게서 어린 클라라를 데려온 무서운 선생님 비크는 그날부터 재능 있는 딸 클라라를 통해 '완벽한 존재를 생산하려는' 남자들의 오랜 소망을 구현해나가기 시작한다.

클라라는 하루도 거르지 않고 아버지로부터 음악에 관한 여러 이론수업들과 집중적인 피아노 교육을 받았다. 그녀는 정규교육은 받지 않았다. 모든 교양과 학문을 오직 한 사람, 아버지로부터 흡수해들였으며, 체력이 약했던 그녀는 아버지와 함께 하는 규칙적인 산책까지도 매일의 일과에 반드시 포함시켜야 했다.

△행복한 한때의 슈만과 클라라.

▽클라라 비크 슈만.

 클라라는 양친의 음악성을 고르게 물려받았던 탓인지 하루가 다르게 음악적인 성장을 보여나갔다. 하지만 비크는 그러한 재능을 보이는 딸에 대해 결코 칭찬의 말을 하지 않았다. 오히려 딸에게서 커다란 가능성을 발견하면 할수록, 달리는 말에게 더욱 채찍을 휘두르듯 그녀의 음악수업에 박차를 가해나갔다.
 한편 클라라의 집안에서 비크에게 함께 음악수업을 받았던 슈만은 이들 가정 안에서 충격적인 장면을 목도하게 된다.
 당시 클라라의 남동생인 알빈도 아버지 비크로부터 함께 음악수업을 받고 있었는데, 그는 주로 바이올린을 연주했다. 한번은 알빈이 서툴게 바이올린을 연주했을 때의 일이다. 채 연주가 끝나기도 전에 비크는 아들에게 달려와 바이올린을 빼앗은 뒤, 사정없이 알빈을 바닥에 쓰러뜨렸다. 그리고 다시 그를 잡아 일으키더니 머리채를 움켜쥐고 마구 흔들어대며 이렇게 소리치는 것이었다.

"이 나쁜 놈! 이게 고작 네 애비에게 갚는 보답이란 말이냐, 이 나쁜 놈!"

그리고는 알빈을 다시 일으켜세우려 했다. 하지만 겁에 질린 알빈은 제대로 몸을 가누지도 못했다. 그러자 비크는 다시 알빈을 바닥에 내동댕이쳤다. 쓰러진 알빈은 아버지의 발에 매달리며 다시 바이올린을 달라고 울며 애원했다. 슈만으로서는 이러한 광경을 지켜보는 것이 커다란 충격이 아닐 수 없었다. 그런데 클라라는 그들과 함께 이러한 광경을 모두 지켜보면서도 입가에 미소를 머금은 채 가슴에 교본을 껴안고 조용히 피아노 앞에 앉아 있었다.

슈만은 이에 대해 "이들이 과연 뜨거운 심장을 지닌 인간이란 말인가!"라고 당시의 심정을 토로하고 있다.

이런 점을 생각해볼 때 강도 높은 훈련을 불평 한마디 없이 견뎌낸 클라라의 인내심과 끈기에 혀를 내두르지 않을 수 없다. 청순가련한 얼굴과 꿈꾸는 듯한 커다란 눈동자, 버들잎처럼 가늘고 여린 그녀의 몸매 그 어디에 그런 끈질긴 힘이 깃들어 있는 것일까?

이러한 클라라는 9살 때에 라이프치히의 게반트 하우스에서 화려한 데뷔 무대를 가졌으며, 11살 때는 이미 신동으로 사람들에게 널리 알려지게 되었다.

클라라는 1830년부터 약 10년간 독일 지방 전역을 비롯하여 비엔나나 파리 등지의 순회 연주회를 통해 눈부신 성공을 거두었다.

그녀의 이러한 연주여행에는 물론 아버지 비크가 그림자처럼 그녀의 뒤를 따랐으며, 그는 이 여행을 통해 엄청난 재정적 수익과 명성을 한손에 거머쥐게 됐다. 클라라 역시 이러한 부와 명예를 결코 소홀히 생각하지 않았다.

한편 클라라가 이팔청춘의 꽃다운 나이로 접어들 무렵, 한 집에서 잠시 함께 생활했던 로베르트 슈만과 가까워지게 되고, 두 사람이 마침내 장래를 약속하는 단계에 이르렀을 때, 클라라의 이러한 경제관이 두 사람 사이에 장애물로 등장하게 되었다. 이로 인해 슈만은 자존심에 크게 상처를 입게 되는데, 이 이야기는 잠시 뒤로 미루고 로베르트 슈만에 대한 이야기를 먼저 해보기로 하자.

1810년 작센 근교에서 5형제 중 막내아들로 태어난 로베르트 슈만은 서적상을 하는 아버지로부터 문학적인 취미를 물려받았으며, 신앙심과 음악적 소양이 깊었던 어머니로부터 섬세한 감수성을 이어받았다.

어릴 적부터 음악에 특별한 재능을 보였던 슈만은 이미 11살 때부터 작곡을 시작했다. 하지만 그가 사춘기에 접어들 무렵 아버지가 세상을 뜨자 가세가 눈에 띄게 기울었고, 혼자 남은 어머니의 뜻에 따라 슈만은 음악 대신 장래가 확실하게 보장되는 법률을 공부하기로 마음먹고 라이프치히 대학 법학부에 입학했다.

하지만 슈만의 사그라들지 않는 재능과 음악에 대한 열정은 그로 하여금 법률가 대신 앞날이 불안한 음악가의 길을 선택하도록 그를 부추겼다.

그래서 그는 클라라의 아버지 비크에게서 피아노를 배우는 한편, 여러 훌륭한 교사들로부터 재능을 인정받으며 본격적인 음악수업에 몰두했다.

　20살 무렵부터 음악평론에 손을 대기 시작한 슈만은 쇼팽 등 새로운 음악가를 발굴해내기도 했다.

　이후 슈만은 오른손 약지를 다쳐 피아니스트로서의 꿈을 단념하고, 오로지 작곡과 평론에만 전념하게 된다.

　1934년 슈만의 나이 24살이 되던 해 첫사랑의 여인으로부터 실연의 상처를 입게 된 그는, 상처난 조개가 진주를 품듯 〈사육제〉 등의 주옥 같은 작품들을 완성시켰다.

　그로부터 2년 후 슈만은 사랑하는 어머니를 잃게 됨과 동시에, 스승의 딸인 클라라와의 관계가 급속도로 가까워져 연애로까지 발전하게 되었다.

　당시의 클라라는 피아니스트로서뿐만 아니라 작곡가로서도 어느 정도의 명성을 얻고 있었는데, 연정을 품었던 슈만으로부터 '예술 공동체'의 제안을 받게 되자, 결혼을 통해 자신의 새로운 예술인생을 펼쳐나갈 계기가 마련될 것임을 믿어 의심치 않았다.

　하지만 쉽게 승낙을 얻게 될 줄 알았던 슈만과의 결합은 클라라의 아버지이자 후견인이며 스승인 비크의 강력한 반대에 부딪치게 되었다. 비크는 만약 클라라가 슈만과 결혼한다면 부녀의 인연을 끊겠다며, 죽어도 그 결혼을 허락할 수 없다고 맞섰다.

　그때까지 결코 아버지를 거역한 적이 없었던 클라라는 전적으로 자기 인생의 성패가 걸린 결혼문제에 있어서만은 아버지의 뜻을 따를 수가 없었다. 또한 비크의 모략과 압력은 오히려 두 사람을 더욱 단단히 결속시키는 기폭제의 역할을 하게 되었다.

　슈만은 결국 법정에 제소하여 1840년 클라라와의 결혼에 성공하게 되었다. 그토록 우여곡절을 겪으면서도 끝내 슈만의 아내가 되고자 했던 클라라의 가슴 속에는 더이상 아버지를 통해 채울 수 없었던 여러 욕망들이 활화산처럼 불타오르고 있었다.

클라라는 적어도 슈만과의 결합을 통해 피아니스트로서뿐만 아니라 작곡가로서의 확고한 지위를 구축하려 했으며, 슈만이 손가락을 다침으로써 스스로의 곡을 연주할 수 없었던 점 또한 클라라에게는 좋은 조건으로 비쳤던 것이다. 이렇게 되면 그녀는 예술가로서의 성공과 동시에 사랑받는 아내의 자리를 함께 차지할 수 있다고 여겼던 셈이다. 괴테가 일찍이 클라라에게 소년 6명의 힘을 가진 아가씨라고 평했던 것도 가녀린 그녀의 육신 안에 숨겨져 있는 이런 당찬 욕망들을 간파했던 때문인지도 모른다.

이런 클라라였던만큼, 이들의 약혼기간 중에 클라라가 슈만에게 보낸 한 통의 편지는 앞에서 말했듯이 슈만의 자존심에 커다란 상처를 입힌 동시에 미래에 아내에 대해 견제하는 마음을 갖도록 만들었다.

"…… 당신에게 한 가지만은 꼭 말씀드려야겠어요. 현재의 상황이 달라지기 전에는 당신의 아내가 될 수 없다는 것이지요.…… 나는 근심에서 해방된 삶을 살고 싶어요. 내가 예술가로서 계속 활동할 수 없고 먹고 사는 문제에 신경을 소모해야 한다면…… 전 결코 행복해질 수 없으리라 생각해요. 그러니 로베르트…… 저를 행복하게 해줄 수 있는지 다시 한번 숙고해주길 바라요."

슈만은 사랑하는 클라라로부터 이런 편지를 받게 되자 심한 정신적 충격을 받았다. 슈만은 홀로 방황하다 클라라에게 이런 답장을 띄웠다.

"천사 같은 당신, 클라라가 내게 그런 편지를 보내다니……. 그 편지는 마치 당신 아버지를 보는 것 같았소. 당신의 편지에 서린 싸늘함은 가히 살인적이라 할 만하오. 난 꿈을 꾸었소. 깊은 강물을 따라 혼자 걷고 있었지. 그러다 문득 당신이 보낸 차가운 편지가 뇌리를 스쳤다오. 난 그때 당신이 준 반지를 강물 속에 힘껏 던져버렸다오. 그 순간 나도 반지와 함께 강물로 뛰어들고 싶은 격렬한 충동에 사로잡히고 말았다오……."

두 사람은 이러한 갈등의 소지를 내부에 잠복시킨 채 결혼했으며, 과연 줄줄이 태어나는 아이들로 인해 그들의 돈주머니는 항상 가벼울 수밖에 없었다. 클라라는 결혼 후 14년 동안 모두 8명의 아이들을 출산했다. 임신과 출산, 육아, 그리고 늘어만 가는 가사일은 클라라에게 커다란 부담으로 작용했으며, 당연히 그녀의 예술 생활도 위협받을 수밖에 없었다.

그러한 가운데서도 클라라의 가슴 속에 불타오르는 예술가로서의 성공에 대한 바람은 결코 사그라들지 않았다.

클라라는 기회가 있을 때마다 슈만에게, 연주회를 열어 거기서 얻어지는 수입을 살림에 보태겠다고 졸랐다. 물론 그들에게는 넉넉한 생활비가 필요했지만, 클라라가 바라는 궁극적인 것은 결코 돈은 아니었다. 하지만 클라라는 자기의 속마음을 좀처럼 밖으로 드러내려 하지 않았다. 처음 얼마 동안은 자기의 음악적 재능을 그 누구보다 높이 사 예술활동에 전념할 것을 당부했던 남편 슈만도 결국엔 자신의 예술을 위해 아내가 완벽하게 자신을 내조해줄 것을 원한다는 걸 클라라는 너무도 분명히 알고 있었다.

슈만은 결국 재정형편이 최악에 달했던 결혼 3년 후, 클라라에게 처음으로 연주회를 허락했다. 그리고 클라라는 그 연주회에서 보란 듯이 화려한 성공을 거두었다. 그러나 이러한 성공은 슈만에게 손톱만큼의 즐거움도 주지 않았으며, 오히려 두 사람 사이의 갈등이 표면으로 드러나는 계기가 되었을 뿐이었다.

  이후 슈만에게는 이따금씩 심한 우울증에 빠지는 시기와 왕성한 창작력에 불타는 시기가 뚜렷하게 반복되었다. 자신의 작곡이 뜻대로 되지 않는 것에 대한 불안과, 성공을 보이는 아내에 대한 경쟁심이 슈만을 그 두 갈래 길에서 헤매도록 만들었던 것으로 보인다.

  결국 슈만은 아내의 음악에 대해 가혹한 비판을 가하는가 하면, 자신의 음악을 연주하는 데 있어 다른 연주자들을 지목하기까지 했다. 슈만의 이러한 처사에 대해 클라라는 결코 불만이나 부당함을 드러내어 말하지 않았다. 아버지 비크에게 그랬던 것처럼…….

  그럼에도 클라라는 결코 자신의 예술세계를 양보하려 들지 않았으며, 간간이 열렸던 연주회에서 거듭 화려한 성공을 거두었다. 하지만 남편이 동조해주지 않았던 성공은 그녀에게 역시 진정한 위안이나 기쁨이 되지 못했다. 그녀는 연주회가 끝난 후 일기에 이렇게 자신의 심정을 적고 있다.

  "연주회 이후 나는 내내 흡족하기는커녕 불행 속에 빠져 있다. 로베르트가 나의 연주에 대해 아무런 태도도 보여주지 않았기 때문이다. 그는 나를 참으로 우울하게 만든다……."

  슈만은 아내와 예술 사이의 갈등을 극복하지 못한 채 1854년 2월 차가운 라인 강에 몸을 던지고 말았다. 다행히 사람들에게 구조

된 슈만은 심각한 피해망상에 시달리다가 본 교외에 자리잡은 정신병원에 갇히게 되었다.

 2년 후 결국 병마에 지고 만 슈만이 세상을 떠난 뒤, 클라라는 8명의 자녀를 혼자 키워가며 연주활동을 재개하여 자신의 예술세계를 펼쳐나갔다. 하지만 거기에는 당연히 있어야 할 기쁨과 즐거움의 빛이 결여되어 있었다. 게다가 8명의 아이들 중 딸 하나를 잃었으며, 두 아들은 계속해서 병원 신세를 져야 했고, 나머지 아이들도 성장과정에 많은 문제가 있었다.

 그럼에도 불구하고 클라라는 결코 피아노 곁을 떠나지 않았다. 만년에는 프랑크푸르트의 암 마인 음악학교 교사로 일했으며, 슈만이 죽은 후 36년을 더 산 클라라는 77살을 일기로, 뜻대로만은 되지 않았던 화려한 생을 마감했다. ■

서태후西太后
— 청나라의 근대화를 좌절시킨 여걸

> 문종이 죽었을 때 서태후는 스물 여섯의 한창 나이로, 갑자기 물욕·정욕·권력욕을 왕성히 보이기 시작했으며, 이에 방해되는 사람은 비록 자기 자식이라도 가차없이 제거했다.

서태후는 청나라의 선종宣宗 때인 도광道光 15년(1835년) 강남에서 관리의 딸로 태어났다. 난아蘭兒가 그녀의 이름이다.

1850년, 선종이 죽자 그의 아들인 문종文宗이 즉위했는데, 그로부터 2년 후 난아는 수녀秀女(여관의 계급 중 하나)에 선발되어 문종의 후궁으로 들어갔다.

이때 난아의 나이 17살. 아름다운 용모를 지니고 있었으나, 경쟁심이 강하고 고집이 세었던 까닭에 궁녀들과 그리 사이가 좋지 않아 늘 외톨이로 지냈다.

어느 날 문종이 어원을 산책하고 있노라니 어디선가 바람을 타고 고운 노랫소리가 들려왔다. 음악을 좋아했던 문종은 그 소리에 마음이 끌려 노래 부르는 이를 데려오라고 시종들에게 명했다. 어원 뒤쪽에서 혼자 노래를 부르고 있던 사람은 바로 난아였다. 그녀는 어릴 적부터 노래 부르기를 좋아했고, 노래솜씨 또한 빼어났다.

"외로움을 달래느라 혼자 노래를 부르고 있었지요. 소리를 죽여 가만가만 불렀는데……."

문종에게 불려나와 노래솜씨를 칭찬받았을 때 난아는 그렇게 말했다. 하지만 사실은 모든 게 계획된 행동이었다.

그로부터 문종은 난아를 지극히 사랑하게 되었다. 난아는 효정황후도 갖지 못한 보물들을 문종으로부터 선물받을 때가 많았다.

효정황후는 한마디로 부덕을 두루 갖춘 현부인賢婦人 스타일의 여자였다.

"저 사람은 여자 성인이야."

문종은 입버릇처럼 이렇게 말했다. 난아는 여자 '성인'과는 달라 대단히 분방한 면이 있었다. 그녀는 매사에 적극적이었으며, 여러 가지 재주를 가지고 있었다.

문종은 그런 난아에게 신선한 매력을 느꼈다. 자신을 권태롭게 만들지 않는 난아의 처소에 문턱이 닳도록 드나들게 된 문종은 그래도 한마디 불평도 하지 않는 효정황후에 대해 "그 사람은 여자 성인이니까"라고 한마디로 일축해버렸다.

1856년 3월, 난아는 태자 재순載淳을 낳았다. 그러자 그녀는 귀비의 자리로 올라갔으며, 의귀비懿貴妃라 불리게 되었다. 사람들은 그녀를 난귀비라 부르기도 했다.

태자를 낳은 덕분에 귀비의 자리에 오르자 그녀는 점차 제멋대로 행동하는 일이 많아졌다. 그러자 문종에게 있어 예전에는 신선하게만 보였던 난귀비의 악한 성품이 노골적으로 모습을 드러내게 되었으며, 문종 역시 그것을 추하게 보기 시작했다.

문종이 난귀비를 마음에서 멀리하게 되자, 문종의 형인 두 명의

△서태후. 청나라의 근대화를 좌절시켜 결국 수억의 인민들을 고통 속으로 몰아넣었다.

친왕과 문종의 동생인 숙순肅順 등이 마음을 달랠 겸 멀리 놀이를 가볼 것을 권유했다. 그 사이 그들은 정치적 권력을 자신들의 손에 넣게 되었는데, 그 중심인물은 숙순이었다.

1856년에 일어난 '애로호 사건'에 뒤이어 1860년 영국과 프랑스의 군대가 북경을 위협해왔다. 그로 인해 문종은 열하熱河로 피난을 떠나야 했으며, 이듬해 3월 그곳에서 명을 다했다.

그러자 태자 재순이 문종의 뒤를 이어 곧바로 제위에 올랐다. 그가 바로 목종穆宗이다. 이때가 목종의 나이 불과 5살 되던 해의 일이다.

생모인 난귀비는 성모태후聖母太后, 효정황후는 모후태후라 칭해졌는데, 성모태후는 서쪽의 평안궁에 살고 있었고, 모후태후는 동쪽의 수리전에 살았다. 따라서 사람들은 각각 서태후와 동태후로 두 사람을 부르게 되었다.

동태후는 이른바 부덕婦德 제일의 교육을 받은 여자였으므로, 여성에게 불필요하고 무익한 것이라 여겨졌던 학문은 전혀 익히지 않았다. 즉, 문맹이었던 것이다. 그로 인해 신하들이 올리는 문서나 상소문 등은 모두 서태후가 대신 읽어주었으며, 그 의미까지도 해석해주는 것을 듣는 형편이었다.

사정이 이렇다 보니 자연히 동태후는 정무 처리에서 멀어지게 되었고, 모든 것이 서태후에게 맡겨졌다. 서태후는 처음 얼마 동안은 모든 것을 동태후와 의논하여 일을 결정했으나, 이윽고 동태후를 무시함으로써 권력은 자연 서태후의 손아귀에 쥐어지게 되었다.

문종이 죽었을 때 서태후의 나이 26살이었으므로 한창 건강미가 넘칠 나이였다. 그녀는 갑자기 권력욕·물욕·정욕을 왕성히 보이기 시작했으며, 이에 방해가 되는 사람은 비록 자기 자식일지라도 가만 두지 않았다. 그로 인해 목종까지도 생모인 서태후보다는 온후한 동태후 쪽을 따르게 되었다.

동치同治 11년(1872년) 목종의 나이 16살이 되었을 때, 그는 황후를 맞아들이게 되었다. 동태후는 상서 벼슬에 있는 숭기崇綺의 딸을 천거했고, 서태후는 시랑侍郎 봉수鳳秀의 딸을 천거했다. 목종이 선택한 쪽은 숭기의 딸이었다. 그가 바로 효철의孝哲毅황후이다. 봉수의 딸은 혜비慧妃의 자리에 앉게 되었다.

서태후는 내내 의황후를 마음에 들어하지 않았다. 의황후의 기품이 넘치는 자태에 대해 서태후는 아니꼽고 역겨워 볼 수가 없다고 평하며, 신하들 앞에서 자주 망신을 주곤 했다.

"그대는 내 품행이 천박하다는 것을 신하들 눈에 두드러지게 하기 위해 그렇게 행동하는 것이지?"

이렇게 나무라는 것이 서태후의 입버릇이 되었다. 서태후는 입으로 나무라는 것만으로는 만족하지 못해 마침내 아들인 목종을 불러 다음과 같이 당부했다.

"황후는 아직 어립니다. 그러니 지금은 여러 가지를 배워야 하지요. 마마께서 가시면 공부에 방해가 될 터이니, 당분간은 황후의 처소에 가는 것을 삼가주시오."

목종은 이렇게 해서 황후와 만나는 것이 금지되었다. 그런 일로 목종이 시름에 잠긴 나날을 보내고 있을 때, 신하 한 명이 목종에게 이렇게 유혹했다.

"폐하께서 기분이 울적하신 듯하오니, 제가 재미있는 곳으로 안내해드리겠습니다."

그가 황제를 데리고 간 곳은 유곽이었다. 목종은 그곳을 드나들다가 매독에 걸리고 말았다.

당시 항간에서 '광동병'이라 불리던 성병에 대해, 궁중의 의사들은 아직 아는 바가 없었다.

서태후는 어느 날 병상에 누워 있는 목종의 환부를 보더니 한눈에 종기라고 진단했다. 그후 종기에 대한 치료밖에는 하지 않았기 때문에 상처는 더욱 악화되어갈 뿐이었다.

목종의 상태가 위중해졌을 때, 서태후는 의황후의 처소를 찾아가 이렇게 힐문했다.

"황제가 중태인데 그대는 어째서 문안을 오시지 않소?"

"분부가 계시질 않아 가지 못하고 있던 중입니다."

힘없는 황후의 대답이었다. 그러자 서태후는 갑자기 손바닥으로 황후의 뺨을 갈겼다. 황후의 얼굴에서는 몇 줄기 피가 흘러내렸다. 긴 손톱을 보호하기 위해 금으로 만든 쇠장식이 황후의 피부를 긁었던 것이다.

그로부터 며칠 후 목종은 세상을 뜨고 말았다. 목종의 나이 18살 때의 일이다.

서태후는 목종의 죽음을 전해듣자 당장 황후를 불러들였다.

"황제를, 내 아들을 죽인 것은 바로 그대요. 내 아들을 죽여놓고도 그대는 황태후의 자리에 앉아 있을 작정이오?"

서태후가 윽박질렀다. 그리고는 흐느껴 우는 황후에게 당장 중신들을 불러모으도록 명했다.

"황제의 병상은 어떠하오십니까?"

중신들이 묻자 서태후는 즉각 이렇게 대답했다.

"달라진 것은 없습니다. 하지만 만일의 일을 대비하여 지금 이 자리에서 태자를 결정해야만 합니다."

대신인 문상文祥이 일동을 대표하여 몇몇 친황들의 이름을 거론했다. 하지만 서태후는 그의 말에 전혀 귀를 기울이지 않고 다음과 같이 말했다.

"순친왕의 아들이 총명하시니 태자에 적합할 듯합니다. 다른 의견들은 없으시겠지요? 당장 황제에게 그러한 뜻을 전하고 오겠습니다."

그리고 일단 안으로 들어갔던 서태후는 곧장 되돌아 나오더니 다음과 같이 말했다.

"황제는 지금 막 붕어하셨습니다."

이렇게 해서 즉위한 것이 덕종德宗 광서제光緒帝이다. 이때 덕종의 나이 불과 3살이었다.

서태후는 목종이 어느 정도 나이가 들게 되고부터 정무에서 손을 떼고 있었으나, 덕종이 즉위하자 다시 몸소 정치를 행했다. 하지만 단정치 못한 품행은 여전하여 서태후에 관한 추문은 끊일 날이 없었다.

광서 7년(1881년) 서태후는 문란한 생활로 인해 병을 얻게 되었다. 서태후가 자리를 털고 일어났을 때, 동태후는 축연을 베풀어 그녀의 오랜 투병을 위로해주었다. 그리고 그 자리에서 넌지시 정권을 쥐고 있는 일과 문란한 생활에 대해 충고의 말을 건넸다. 서태후는 그런 말에 대해 일일이 고개를 끄덕이며 나중에는 동태후에게 감사의 뜻을 표했다. 그리고 앞으로는 동태후의 충고에 따라 처신하겠노라고 했다.

그로부터 며칠이 지난 후, 서태후는 자신의 궁전으로 동태후를 불러 답례연을 베풀었다. 이튿날 동태후의 처소에 떡이 전해졌다. 어제 답례연에서 동태후가 아주 맛이 좋다고 칭찬했던 것과 같은 떡이었다. 동태후는 그것을 보자 기쁜 얼굴로 이렇게 말했다.

"서태후도 병이 나은 뒤부터는 마음씨가 한결 부드러워졌구나."

그리고는 맛있게 2~3개의 떡을 먹었다. 얼마 지나지 않아 동태후는 기분이 언짢다고 하며 자리에 누웠다. 그리고는 그대로 조용히 눈을 감고 말았다. 떡 속에 독이 들어 있었음은 두말할 나위도 없다.

광서 34년(1908년) 가을, 덕종은 병을 얻어 자리에 눕게 되었다. 이어 서태후도 설사가 멈추지 않아 자리에 드러누웠다. 10월 21일 황후가 문병을 가보니 덕종은 이미 숨이 끊어져 있었다. 언제 그리 되었는지 옆에 있는 신하들도 미처 알아차리지 못했던 것이다.

황후가 놀라 서태후의 궁전으로 달려가 울며 황제의 죽음을 전했다. 그러자 서태후는 고개를 끄덕여 보이며 입가에 엷은 웃음을 피워올렸다. 그리고는 안심했다는 듯, 그 이튿날 자신도 숨을 거두었다. 향년 72살이었다.

서태후가 은거하기 위해 지은 북경의 이화원頤和園은 군함건조를 위해 마련한 국비를 유용하여 축성한 것이었다. 그로 인해 북양해군은 장비의 충실을 기할 수가 없었으며, 그것이 청일전쟁에 참패한 하나의 원인이 되었다고 일컬어지고 있다. ■

소피아
— 대문호 톨스토이의 아내

> 82살의 나이에 가출한 톨스토이는 병을 얻어 아스타포보라는 쓸쓸한 시골역의 역장 관사에서 눈을 감았다. 그리고 그는 끝내 아내 소피아의 간호를 거부했다.

〈전쟁과 평화〉〈부활〉〈안나 카레리나〉 등 수많은 걸작을 남긴 러시아의 대문호 톨스토이는 82살이라는 고령의 나이에 처자식을 버리고 집을 나왔다. 그리고는 아스타포보(현 톨스토이 역)라는 썰렁한 기차역에서 파란만장한 생에 종지부를 찍었다. 만년의 톨스토이가 이렇게 되도록 그를 내몬 것은 아내 소피아의 몰이해와 히스테리였다고 일컬어진다.

그렇다고는 하지만, 결혼할 당시의 두 사람은 누구도 부러울 것이 없는 행복한 한 쌍이었다.

독신 시절의 톨스토이는 청년 귀족으로서 모든 이들의 관심의 표적이 되곤 했었다. 또한 그는 엄청난 열정가이기도 했다. 그러한 성격 때문인지 젊은 날의 톨스토이는 술과 노름 그리고 여자에 깊이 빠져 오랜 날들을 방탕 속에서 보냈다. 그 무렵 그는 지독한 성병에 걸려 한동안 모진 고생을 하기도 했다.

하지만 본래 순수했던 톨스토이는 그러한 삶 속에서 결코 진정한 위안을 발견할 수가 없었다. 내면적으로는 오히려 건강과 순결을 깊이깊이 동경하던 그였다.

톨스토이는 대인관계에 있어 교제의 범위가 넓은 편이었다. 그 가운데에는 궁정에서 의사일을 맡고 있는 베르스도 들어 있었다. 베르스 가에 드나들던 톨스토이는 어느 날 의사의 딸인 소피아를 소개받게 되었다.

소피아는 동그스름한 얼굴을 지닌 사랑스럽고 귀여운 처녀였다. 많은 여인의 품속을 전전했지만 진정한 위안을 얻지 못했던 톨스토이는 청순한 매력이 흐르는 소피아에게 차츰 마음이 끌리게 되었다.

그 무렵 톨스토이의 가슴 속에 싹텄던 소피아에 대한 사랑은 그의 소설 〈안나 카레리나〉 속에 등장하는 레빈과 키티의 사랑으로 묘사되고 있다. 그들 두 사람 사이에 피어난 순수한 사랑은 안나와 브론스키의 육체적인 연애와 대비되어 지극히 청순하게 묘사되고 있다.

두 사람이 드디어 결혼에 이르렀을 때, 톨스토이의 나이는 34살, 소피아의 나이는 18살이었다. 이미 진하디진한 애욕의 세계를 경험한 바 있는 톨스토이의 눈에는 자신보다 16살이나 어린 순진무구한 소피아의 모습이 사랑스러운 천사의 존재처럼 비쳐질 수밖에 없었다.

분명 소피아는 세상의 때가 묻지 않은 순진한 아가씨였다. 물론 그녀는 남자 경험도 없이 육체적으로도 순결한 처녀였다. 하지만 소피아는 그 이상도 또 그 이하도 아니었다. 결혼해서 톨스토이 부

△소피아. 대문호인 남편 톨스토이와의 불화로 남편이 가출, 객지에서 숨지게 한 데 일조했다.

인이 되자, 천사처럼만 보였던 그녀도 다른 여자들과 크게 다를 바 없는 보통 여자, 보통의 인간이란 것을 톨스토이는 깨달아야 했다.

일본 문학자인 나쓰메 소세키(夏目漱石)가 자신의 아내를 빗대어 〈길가의 풀〉이라는 작품 속에서 거듭 말했듯이 '여자는 결혼하면 못쓰게 되고 만다'는 생각을 톨스토이 역시 하게 되었을지도 모른다. 하지만 여자 쪽에서 보자면 그것은 남자의 인식부족 이외에는 아무것도 아니라고 할 수 있다.

당시 결혼은 여성에게 있어 일종의 취직이나 마찬가지였다. 여성 역시 천사의 자리에서 보통의 여자로 변신하지 않으면 세상에 발을 딛고 살기가 어려웠던 것이다. 그럼에도 그러한 점을 탓하는 것은 너무 가혹한 처사가 아닐까?

소피아가 아직 천사의 날개를 다 떼어놓지 않았던 무렵, 결혼하여 가정의 안락함이 무엇인지를 맛보게 된 톨스토이는 역작 〈전쟁과 평화〉를 썼으며, 〈안나 카레리나〉를 완성했다. 소피아는 집필에 몰두하는 남편을 위해 집안을 정돈했으며, 아이를 낳아 건강하게 키웠다. 또한 남편의 창작활동을 안쪽에서 지원하기도 했다. 이로 인해 톨스토이의 명성은 안팎으로 널리 알려지게 되었으며, 동시에 그의 수입도 현저하게 불어났다.

　톨스토이와 소피아의 부부관계에 금이 가기 시작한 것은 결혼 후 10년 정도가 지났을 때였다고 전해진다. 그 10년 동안 아내 소피아에 대한 불만이 톨스토이의 가슴 속에 차곡차곡 쌓여갔는지 모르지만, 직접적인 계기가 된 것은 그 유명한 톨스토이의 '회심回心' 때문이었다.

　문학가로서 성공을 거두어 아내와 함께 부와 명성을 누리고 있던 톨스토이가 어느 날 갑자기 그러한 것들을 모두 버리고 신앙의 세계 안에서 살고 싶다는 갈망을 품게 된 것이다.

　물론 톨스토이로서는 갑작스럽게 이루어진 일이 아니었다. 톨스토이는 어느 때부터인가 삶의 무상함과 죽음의 공포에 대해 심한 정신적 동요를 일으키고 있었다. 그는 그러한 문제에 대한 해답을 철학이나 과학 속에서 찾아보려 했지만 뜻을 이루지 못하고 마침내 종교에 귀의하게 되었던 것이다.

　톨스토이는 타락한 현대의 기독교를 배제하고, 사해동포주의를 전제로 한 원시 기독교에 복귀하고자 했다. 뿐만 아니라 그는 모스크바 빈민굴을 돌아본 후 정신적인 충격을 받아 일체의 사유재산을 부정하기에 이른다. 하지만 집안 살림을 돌봐야 하는 소피아로서는 남편의 그러한 결정이 황당하고 갑작스러운 일일 수밖에 없었다. 그런만큼 불평 한마디 없이 남편의 희망대로 따라가기란 쉬운 일이 아니었다.

　일찍 죽은 아이까지 포함해 소피아와 톨스토이 사이에는 자그마치 13명의 아이들이 있었다. 만일 모든 사유재산을 포기한다면 일가는 당장 거리에 나앉게 될 처지였다.

상류사회 출신인 소피아도 상당한 교양을 몸에 지니고 있었다. 톨스토이가 쓴 원고들을 곁에서 정서하기도 했으며, 오류를 발견하는 등 창작활동의 조수 역할도 했다.

뿐만 아니라, 농촌생활을 사랑하고 농부처럼 살고자 했던 남편의 뜻도 거스르지 않고 살았다. 그렇지만 상식인이었던 소피아에게는 거기까지가 한계였다. 그녀는 아이들이 성장함에 따라 모스크바에서 교육을 받도록 하고 싶었고, 사교계에도 내보내기를 원했던 보통 어머니였던 것이다.

남편에게 재산 포기의 의지가 있음을 확실히 알게 된 소피아는 이에 맹렬히 반대하고 나섰다. 그리고 남편이 마음대로 행동하지 못하도록 감시를 게을리하지 않았다.

아내 소피아가 자신의 일기를 훔쳐보고 있음을 안 톨스토이는 두 종류의 일기를 써나갔다. 그리고 아내에게 보여주고 싶지 않은 일기장은 늘 자신의 긴 장화 속에 숨겨넣고 다녔다.

아마도 소피아의 눈에는 모든 재산과 처자식을 버리려는 남편이 일종의 정신병자처럼 보였을는지도 모른다.

남편이 재산을 포기하려 할 때마다 소피아가 히스테리 발작을 일으켜, 그는 결국 자신의 저작물 판권 모두를 소피아에게 위임했다. 이러한 소피아의 히스테리를 끓어오르는 물욕의 소치라 보는 이도 있지만, 한편으론 새끼들을 지키려는 어미닭의 필사적인 날갯짓을 연상시킨다.

게다가 종종 같은 집에서 생활했던 고제高弟 첼트코프에 대한 소피아의 증오와 질투 또한 그들의 가정생활에 심각한 파문을 던져

주곤 했다.

　1890년에 발표되었던 〈빛은 어둠 속에서 빛난다〉는 작품을 보면 당시의 그러한 갈등들이 생생히 묘사되어 있다. 이렇듯 톨스토이 부부의 관계는 점차 참담한 양상을 띠어가게 되었다. 톨스토이는 이에 대한 반발로 더더욱 첼트코프에게 기울어갔으며, 아내 소피아 또한 모종의 연애사건으로 남편을 괴롭히곤 했다.

　톨스토이는 몇번이나 아내와 헤어지려 했으며, 또한 가출을 했다가 되돌아오는 일을 반복했다. 만약 러시아에 가출하여 산사 같은 곳에 은둔하는 관습이라도 있었다면 톨스토이도 구원을 받았을지 모른다.

　마침내 1910년 10월 29일 새벽, 장녀를 데리고 방랑길에 오른 톨스토이는 도중에 병을 얻어 아스타포보라는 쓸쓸한 시골역 역장의 관사에서 눈을 감았다. 그곳에서 쓰러졌을 때, 톨스토이는 끝까지 아내의 간호를 거부했다고 전한다. ■

명성황후 민비閔妃
— 조선조 고종황제의 황후

> 민비는 일세의 호걸이었던 대원군까지 적수가 되지 않을 만큼 재능과 수완이 뛰어났으며, 지략과 원모로써 한 세상을 주름잡았던 여장부였다.

명성황후 민비는 조선조 500년의 역사상 가장 큰 영향력을 휘두른 여성 중의 하나라고 할 수 있다. 가난한 사대부 집안의 딸로 태어나 어려서 부모를 잃고 고아로 자랐으나 이윽고 한 나라를 뒤흔든 여걸이 되었으며, 마지막에는 일본의 정치깡패들에 의해 비참하게 목숨을 잃은 비운의 왕비이기도 하다.

그녀의 비참한 운명은 스러져가는 조선조의 운명과 결코 다르지 않았으며, 망국의 백성들에게 그 슬픔과 분노를 더욱 처절하게 느끼게 해준 것이었다.

명성황후의 성은 민씨閔氏이며, 본관은 여흥驪興, 출신지는 경기도 여주이다. 9살 때 아버지(致祿)를 여의고, 또 얼마 되지 않아 어머니마저 세상을 떠남으로써 그녀는 본가에서 외롭고 가난하게 자랐다. 이러한 민씨가 어떻게 하여 대원군의 며느리가 되고 한 나라의 왕비가 될 수 있었는가는 그야말로 소설처럼 흥미를 자아내게 하는 대목이 아닐 수 없다.

　한미한 집안의 딸로서 부모를 여의고 고아가 된 민씨가 왕비로 간택될 수 있었던 것은 오히려 민씨가 가진 그러한 조건 덕분이었다.

　안동 김씨의 외척세력으로 인해 오랜 세월 동안 온갖 신산한 체험을 다한 대원군은 천신만고 끝에 쥐게 된 대권을 두번 다시 외척세력에 의해 농단당하지 않게 하기 위해 되도록이면 세력이 약한 가문의 규수를 며느리로 들이고자 했던 것이다.

　이러한 조건에 가장 걸맞은 며느릿감으로 떠오른 것이 바로 민씨였다. 이 민씨를 왕비로 천거한 사람은 다름아닌 대원군의 내실 부대부인 민씨였다. 민비는 부대부인 민씨와 먼 친척뻘이 되었다.

　고종이 왕위에 오르고 그 아버지인 대원군이 국태공國太公으로서 섭정을 한 지 3년이 지났을 때, 전왕이었던 철종의 3년상이 끝남에 따라 12살이 된 고종의 왕비를 책립하는 일이 왕실의 긴급한 문제로 떠오르게 되었다. 그리하여 대원군은 세도 있는 명문가의 규수들은 되도록이면 피하고, 자신의 세력을 위협하지 않을 만한 집안의 규수를 자신의 며느리이자 왕비감으로 찾아나섰던 것이다.

　이러한 대원군의 바람을 충족시키는 인물로 떠오른 것이 바로 치록의 딸 민씨였다. 게다가 민씨는 비록 집안은 한미하지만 그 인물됨이 명민할 뿐만 아니라, 어려서부터 글과 글씨를 좋아해서 학문 또한 만만치 않다는 소문이었다.

　이 모든 점이 대원군의 귀를 솔깃하게 하는 것이 아닐 수 없었다. 집안이 그다지 명문대가가 아니니 자신의 권세를 위협할 위험이 전혀 없는데다, 인물까지 총명하고 호학하여 어느 명문가의 규수와 비교해도 빠지지 않을 만하다니 자신의 며느릿감으로 더없이

△명성황후 민비. 난세를 만나 어느 영웅보다 일세를 주름잡았으나 일본인 정치깡패에게 비참한 죽임을 당했다.

안성맞춤이라는 생각이 들었다.

그러나 사람의 일이 흔히 그렇듯이, 그러한 민규수의 조건들이 나중에는 그에게 가장 두려운 위협이 될 줄은 당시의 대원군으로서는 꿈에도 생각지 못했던 일이었다.

어쨌든 대원군은 민규수의 그러한 조건에 혹한 나머지, 그녀를 운현궁으로 불러 친히 선을 보았다. 대원군이 민규수를 보고 마음에 들어했음은 더 말할 나위가 없다. 그는 곧 대궐로 들어가 고종의 양어머니인 조대비에게 왕비 간택의 허락을 구했다. 나라의 크고 작은 일을 모두 대원군에게 맡기고 있는 조대비가 이를 허락하지 않을 리가 만무했다.

그 다음부터 모든 일은 대원군이 뜻한 대로 진행되어갔다. 그리하여 민규수는 한미한 집안 출신임에도 불구하고 쟁쟁한 명문대가의 규수들을 모두 물리치고 여성 최고의 지위인 왕비가 되었다.

민규수는 왕비가 된 후에도 그 영민한 기질을 유감없이 발휘했다. 대왕대비 이하 왕실의 어른들을 극진히 모시며, 시부모에게도 효성을 다하여 귀여움을 한몸에 받았을 뿐만 아니라, 아랫사람들에 대해서도 자상한 손길을 펴서 국모로서 모자람이 없는 처신을 해보였던 것이다. 그러니 궁궐 안팎에서 민비를 칭송하는 소리가 그치지 않았다.

이렇게 볼 때에는 무엇 하나 부러울 것이 없는 민비였지만, 한 여성으로서의 민비는 결코 행복한 여자라고는 할 수 없었다. 왜냐하면, 남편인 고종과의 금실이 그다지 좋지 못해 지아비의 사랑을 제대로 받지 못하고 있었기 때문이다. 고종은 민비가 들어오기 전에 이미 이씨라는 궁인을 총애하여 민비에게는 무덤덤한 태도를 보였다. 그는 신혼 첫날밤부터 민비를 소박하기도 했다. 신랑이 신부의 옷고름 푸는 예법조차 무시했던 것이다.

어려운 집안에서 부모를 일찍 여의고 고아로 자란 민비로서는 고종의 이러한 박대에 깊은 마음의 상처를 입었을 것임은 짐작하기 어렵지 않다. 그러나 남달리 총명했던 민비는 이 모든 감정들을 가슴 속 깊이 숨긴 채 때가 오기만을 기다렸다.

민비가 시아버지인 대원군과 결정적으로 틀어지게 된 것은 궁인 이씨가 왕자를 낳은 데서 비롯되었다. 민비가 입궐한 지 3년째 되던 해였다. 그때까지도 태기가 없었던 터에 궁인 이씨가 먼저 왕자를 낳음으로써 민비의 마음에는 전에 없는 불안한 그늘이 드리워지게 되었다. 옛 사서 등 서책을 늘 가까이하며 많은 독서량을 자랑했던 민비로서, 왕자가 다른 여자의 몸에서 태어났다는 사실이 장차 자기에게 어떤 영향을 미칠 것인가를 누구보다 잘 알고 있었던 것이다.

이러한 민비의 불안과 치욕에 불을 지른 사람은 다름아닌 대원군이었다. 자기의 혈통을 이을 첫 왕손이라 하여 이씨가 낳은 완화군 完和君을 드러내놓고 싸고도는 것이었다. 이를 본 민비의 불안과 질투가 어떠했을까는 불을 보듯 뻔한 일이다.

민비가 그 뛰어난 지략을 본격적으로 발휘한 것은 바로 이 무렵부터였다. 그녀는 자기를 감싸고 있는 모든 불안과 불행을 스스로의 손으로 해결해나가리라는 결단을 내리고, 대원군의 반대세력을 규합하는 데 나섰다. 이는 곧 10년간 독재권력을 누리고 있는 이 나라 제일의 실력자이자 자신의 시아버지인 대원군을 상대로 한바탕 권력투쟁을 벌이겠다는 것이었다.

구중궁궐 깊숙한 곳에 들어앉아 있는 나이 갓 스물의 젊은 여자로서 그 같은 엄청난 일을 결심했다는 것 자체가 이미 범상한 여자가 아니라는 것을 잘 말해주고 있다.

그런데 민비가 여기에서 드러내보인 지모와 수완은 스무 살 여자의 것이라고 하기에는 놀랄 만큼 빈틈없고 기민한 것이었다. 권력의 역학관계를 일단 파악한 다음 민비가 취한 조치들은 대원군의 가장 취약한 점을 정확하게 찌르는 것들이었다.

10년에 걸친 대원군 치하에서 소외되었던 세력들을 종횡으로 치밀하게 연결·규합해나가는 한편, 외척 민씨 중에서도 가장 근친인 오라버니 승호升鎬를 비롯한 여럿을 정부 요로에 배치하는 등, 대원군의 세력을 견제할 수 있는 포석을 착실히 해나갔다. 뿐만 아니라, 조대비의 친정 조카 등 대원군에게 등용되지 못한 불만세력들을 모아들였는데, 그중에 안동 김씨 문중과 정계 원로이면서도 현실정치에서는 소외당하고 있던 조두순趙斗淳, 동생에게 중용되지 못해 불만이 만만치 않던 대원군의 친형 이최응李最應까지 끌어들이는 데 성공했다. 놀랄 만한 조직력과 수완이라 하지 않을 수 없었다.

민비의 성공은 여기서 그치지 않았다. 그녀는 고종 8년(1871년) 11월에 이윽고 원자를 탄생시킴으로써 고종의 사랑까지 독차지하게 되었던 것이다. 그러나 무슨 악신이 시기했음인지 원자는 태어나자마자 건강에 문제를 보이기 시작했다. 3일이 지나도록 대변을 보지 않는 것이었다. 고종과 민비의 걱정이 여간이 아니었음은 두말할 나위도 없다.

이때 대원군이 원자의 건강을 위해 귀한 산삼을 올려왔다. 그런데 산삼을 먹인 지 이틀 만에 원자는 숨을 거두고 말았다. 민비는 이를 대원군이 진상한 산삼 때문이라고 단정하고, 더욱 증오심을 불태우게 되었다.

이에 민비는 그 동안 구축해놓았던 자신의 세력을 가동해 대원군 실각에 본격적으로 나서게 되었다. 최대의 무기는 왕의 친정이라는 명분이었다. 이제 고종이 장성했으니 대원군의 섭정을 거두어야 한다는 주장이었다.

민비는 또 한편으로는 고종에게 영향력을 행사하여 고종이 점점 정치에 관심을 기울이게끔 했다.

고종이 정치에 관심을 기울이게 된 직접적인 계기는 일본의 정한론征韓論이었다. 1873년(고종 10년), 대원군의 쇄국정책이 빌미가 되어 일본에서는 한국을 쳐야 한다는 이른바 정한론이 고개를 들기 시작했다. 이는 조선에 크나큰 위협이 아닐 수 없었다. 게다가 대원군은 섭정 10년을 맞으면서 경복궁 중건 등으로 실정을 거듭하여 민심을 잃고 있는 중이었다. 이에 병인양요와 신미양요가 일어나 민심은 더욱 뒤숭숭해지고 있었다.

이러한 가운데 일본의 정한론이 공론에 그치지 않을 것이라는 소식이 전해지자 백성들은 임진왜란의 화를 떠올리며 두려움에 떨었다. 대원군 정권에 대해 민비측이 공세를 펴기 시작한 것은 이러한 정세를 등에 업을 수 있었기 때문이다.

민비는 사람을 움직여 고종에게 "대원군의 섭정이 이대로 계속된다면 임진왜란과 같은 국난을 피할 수 없게 된다"는 진언을 하게 하는 동시에, 유림의 거두인 최익현崔益鉉을 동부승지에 등용하여 대원군 탄핵의 선봉에 서게 했다.

대원군의 실정을 낱낱이 고하는 최익현의 상소는 조정을 온통 뒤집어놓았다. 나라 안 모든 세력들이 대원군의 하야와 최익현의 처벌을 주장하는 두 편으로 갈리어 상소가 빗발치듯 했다.

고종은 어찌할 수 없이 최익현의 유배와 대원군의 정치참여 금지의 교지를 동시에 내렸다. 이로써 대원군은 섭정 10년 만에 권좌에서 완전히 물러나게 되었다.

대원군이 실각한 직후 민비는 국왕 친정의 이름을 내걸고 재빨리 정권을 장악했다. 왕비의 몸으로 정치 전면에 나설 수는 없었지만, 뒤에서 자파 세력을 교묘하게 움직여 대원군 계열의 사람들을 남김없이 숙청해나갔다. 그후부터 조선조의 정치는 민비라는 젊은 여자의 손에 쥐어지게 된 것이다.

그러나 민비는 여기서 그치지 않았다. 이듬해에 다시 원자를 낳았으니, 그가 바로 순종이다. 민비는 영의정 이유원의 활약으로 청국의 승인을 얻어 1875년 고종 12년 세자책봉 문제까지 깨끗하게 매듭짓는 수완을 발휘해 보였다.

1880년, 일찍이 왕과 대원군이 애지중지해 마지않던 궁인 이씨 소생인 완화군이 자기의 생일 바로 다음날 원인 모를 죽음을 맞았으며, 생모 이씨도 얼마 후 억울한 누명을 쓰고 궁에서 쫓겨나는 신세가 되고 말았다. 세상 사람들은 민비에게 의심의 눈초리를 보냈지만 누구 하나 입을 여는 사람이 없었다. 이미 그때는 민비의 세도가 하늘을 찌를 듯했기 때문이다.

그러나 이러한 민비에게도 좋은 일만 계속되지는 않았다. 구식군대의 오랜 불만이 폭발하여 일어난 이른바 임오군란을 맞아 신변에 위험을 느낀 민비는 재빨리 궁녀복으로 위장하여 궁을 탈출, 충주·장호원으로 피난가지 않을 수 없었다.

다시 며느리에게서 정권을 빼앗은 대원군은 민비의 죽음을 단정하고 중전의 국장을 선포했으나, 민비는 유태준을 고종에게 보내 자신의 건재함을 알리는 한편, 청나라에 원군을 청해 단숨에 대원군으로부터 다시 정권을 탈취하는 기민함을 보였다. 뿐만 아니라 청군을 움직여 대원군을 청나라로 납치해가게 했다. 그리하여 최대의 정적을 처리한 후 다시 민씨 세상을 만들었다.

그후 민비는 차츰 정권을 농단하여 대원군파에 대한 복수에 열중하고, 풍운이 중첩할수록 수천, 수만 금을 아끼지 않고 무당을 궁궐에 끌어들여 허구한 날 굿판을 벌이는가 하면, 명산대첩을 찾아 치성한다는 명목으로 국고를 탕진했다. 급기야는 시중에서 속된 노래를 부르는 짠지패를 궁궐 안으로 끌어들이기까지 했다.

정권을 잡은 민씨 일족의 부패상이 극도에 달해 조선조는 이미 말기증상을 나타내고 있었다.

1884년 개화파가 일으킨 갑신정변으로 민씨 일족이 실각하자, 민비는 심상훈 등을 움직여 청나라의 개입을 성사시킴으로써 개화당 정권을 3일천하로 끝나게 만들었다.

그러나 외세에 기대는 민비의 이러한 줄타기 외교가 스스로 명운을 단축시키리라고는 그녀도 예측하지 못했다. 민비가 러시아 쪽으로 기울어지는 것을 불안한 눈으로 지켜보던 일본이 마침내 정치깡패인 낭인 무리들을 동원하여 궁궐에 난입, 건청궁에서 민비를 난자하여 살해하고 말았던 것이다. 일본 낭인배들은 민비의 시신을 궁 밖으로 옮겨 석유를 끼얹고 불살랐다. 이것이 이른바 을미사변이라 불리는 치욕적인 사건이다.

이 만행을 처음부터 끝까지 지휘한 인물은 일본공사 미우라 고로(三浦梧樓)였으며, 이에 대한 국제적인 비난의 여론이 분분하자 그는 본국으로 소환당해 재판에 부쳐졌지만, 결국 증거불충분이라는 이유로 무죄 석방되었다.

민비 시해에 가담했던 고야마 가와(小早川)라는 자가 남긴 〈수기〉에는 민비에 관한 다음과 같은 기술이 나온다.

"한낱 가냘픈 여성임에도 불구하고, 일세의 호걸인 대원군마저 제대로 저항하지 못했던 것을 보면 민비의 수완이나 재능 그리고 도량이 얼마나 비상했던가를 알 수 있다. 민비는 지략과 원모로써 한 세상을 주름잡았던 여장부이다……." ■

루 살로메
— 라이너 마리아 릴케의 연인

> 그녀의 존재가 발산하는 눈부신 빛은 수많은 남성의 생명을 타오르게 했지만, 한편으론 어둠 속으로 파멸시키기도 했다.

안드레아스 살로메는 1861년 2월 12일 러시아 성 페테르스부르크에서 태어났다. 아버지 구스타프 폰 살로메는 군인으로 최고지위에 올라 있었으며, 살로메 위로는 5명의 사내아이들이 있었다.

루가 청춘기를 맞이할 당시 러시아 사회는 혁명 열기에 들끓고 있었다. 그녀는 오빠와 그 친구들의 이야기에 열심히 귀를 기울였다. 그녀는 신성한 조국 러시아의 이름 아래 혁명운동에 아낌없이 몸 바치는 용감한 젊은이들을 동경했으며, 당시 유행하고 있던 가상결혼, 즉 한쌍의 남녀가 서로의 발전을 위해 맺는 정신적 혼인과 남녀 친구 사이의 공동생활에 관심을 가졌다.

17살이 된 루의 인생을 결정적으로 바꿔놓은 사람은 개혁파 교회 목사 헨드리크 길로트였다. 그는 미남의 박식한 웅변가였고, 두 딸을 가진 기혼남이었다. 루는 길로트의 설교를 듣고 이 사람이야말로 자신을 구제해줄 사람이라고 직감했다.

　길로트는 루에게 체계적인 지적 훈련을 시켰다. 사제간의 결속은 날이 갈수록 튼튼해졌으며, 애정도 차츰 깊어갔다. 어느 날 길로트는 루를 포옹하며 사랑을 고백했다. 그러나 루에게 그는 신격화된 우상이며 이상이었다. 루는 그를 만나지 않기 위해 러시아를 떠나야겠다고 결심했다.

　1880년 9월, 19살의 루 살로메는 어머니와 함께 스위스 취리히에 도착했다. 루는 취리히 대학에서 철학·종교학·신학·윤리학·형이상학·미술사 등을 공부했다.

　2년 뒤, 힘든 공부와 길로트와의 감정 체험으로 심신이 지친 루는 요양을 위해 로마로 건너갔고, 그곳에서 파울 레를 만났다. 파울 레는 프로이센 태생으로, 철학을 공부하며 니체와 동지적 우정을 나누는 사이였다. 레는 루에게 사랑을 느꼈다. 그렇지만 루의 생각은 좀 다른 것이었다. 그녀는 두 명의 남자 친구와 큰 방을 함께 쓰며, 방 중앙에 꽃과 책으로 가득 찬 서재를 두고 자신과 두 남자 친구가 완전한 조화를 유지하면서 밤낮을 가리지 않고 공부하고 진리를 탐구하는 그런 공동생활을 꿈꾸고 있었던 것이다. 레는 흥미를 느끼고, 그 공동생활에 니체를 끌어들이고자 했다.

　루를 만난 니체는 곧 그녀에게 빠져버렸다. 루의 나이 21살, 니체는 38살, 레는 33살이었다. 이 무렵 친구에게 보낸 편지에서 니체는 루에 대해 이렇게 묘사했다.

　"그녀는 독수리 같은 혜안을 가졌고, 사자처럼 용감하고, 그러면서 오래 살 수도 없을 것 같은 소녀와 같은 아이다…… 그녀는 믿을 수 없을 만큼 빈틈없는 성격을 지녔으며, 자신이 의도하는 것을

△루 살로메. 그녀는 릴케, 니체 등 수많은 '스타'들을 휘어잡았던 미스터리한 매력의 여성이었다.

너무나 정확하게 알고 있다."

그러나 루는 니체를 떠나 베를린에서 레와 동거생활을 시작했다. 세 사람의 공동생활은 실현되지 못했으며, 니체는 상실감과 마음의 고통으로 파멸 직전까지 방황을 거듭한다. 이러한 고통 속에서 혼신의 힘으로 창조적 의지를 발휘하여 쓴 작품이 바로 〈차라투스트라는 이렇게 말했다〉이다.

루 살로메와 레의 동거생활은 5년 동안 지속되었다. 루는 레와 함께 젊은 문학가들이나 과학자 그룹에 드나들며 토론과 연구에 열중했다. 루는 그룹에서 가장 어렸지만 언제나 중심이 되었고, 모두들 그녀에게 매혹되었다.

이 무렵 루는 처녀작 〈신을 둘러싼 투쟁〉을 앙리 루라는 가명으로 썼다. 이 책은 호의적인 평가를 받았으며, 루는 이로써 어엿한 작가로 인정받기 시작했다.

26살이 된 루에게 예기치 않은 사건이 일어났다. 갑자기 결혼을 하게 된 것이다. 상대는 프리드리히 칼 안드레아스라는 남자로, 베를린의 동양어 연구소에서 페르시아 어와 터키 어 교수로 있는 41

살의 살찌고 땅딸막한 중년이었다.

　안드레아스는 루를 처음 본 순간부터 자기 여자로 만들려고 했으며, 루는 동양적 분위기의 안드레아스에게 감추어져 있는 생명의 에너지에 압도되었다. 루는 두 사람의 결혼이 우정관계에 머물고 레와의 교제가 자유롭게 허용되어야 한다는 조건 아래 결혼을 승낙했다. 안드레아스는, 루가 내세운 이러한 조건은 시간이 지나면 사라질 젊은 여자의 공상이라고 가볍게 넘겼다. 하지만 그것은 한평생 지속되었다.

　루는 안드레아스에게 전혀 여자로서의 반응을 보이지 않았다. 그녀는 결코 성애를 부정하는 불감증의 여자가 아니었다. 오히려 성애는 사랑의 극히 자연스러운 극치라고 생각했다.

　한편 레는 버림받았다고 생각하고 '행복하기를 바랍니다. 나를 찾지 말아주십시오' 라는 편지를 남기고는 자취를 감추었다.

　성애를 동반하지 않은 결혼생활은 안드레아스를 화나게 했고, 루는 자유를 찾아 여행을 떠났다. 남편에게는 마리라는 가정부를 대리처로 삼게 해주었다. 그후 마리는 마리헨이라는 딸을 낳았으며, 이들은 루가 죽을 때까지 가족 관계를 유지하며 함께 살았다.

　파리·빈·뮌헨 등 유럽 여기저기를 여행하며 루는 작가들과 사귀는 한편 정력적인 작품활동을 했다. 그녀의 작품에는 예전과는 다른 무엇이 있었다. 그것은 지성의 이면에 숨겨진 감성적 충동, 열정이었다.

　1895년 봄, 루는 프리드리히 피네레스를 만났다. 그는 루보다 7살 아래인 27살의 정열적인 청년이었다. 두 사람은 거의 12년 동안 관계를 지속했다.

루 살로메와 라이너 마리아 릴케가 만난 것은 루의 나이 36살 되던 해 4월이었다. 릴케는 당시 22살밖에 안된 문학청년이었으며 무명시인이었다. 첫 만남 이후 두 사람은 급속히 가까워졌으며, 릴케는 집에 돌아가서는 자신의 심정을 시로 쓰곤 했다. 이런 릴케의 서정적인 공격 앞에 루는 드디어 저항할 수 없게 되고 말았다. 어린아이처럼 생각했던 릴케는 사실은 사랑의 기교가 뛰어난 정열적인 청년이었다.

5월 말, 두 사람은 뮌헨 교외에서 이틀간 함께 지냈으며, 6월 중순부터 9월 초까지 근교의 농가를 빌려 보헤미안 적인 생활을 했다. 이는 두 사람의 신혼생활이기도 했다.

두 사람은 서로를 열렬히 사랑했다. 릴케는 절망적일 정도로 루에게 달라붙었고 그녀와 헤어지는 것을 바라지 않았지만, 루는 릴케가 원하는 대로 자신의 전 생활을 송두리째 그에게 바칠 수는 없었다.

다시 베를린으로 간 루는 남편과 함께 살았고, 릴케는 이웃 마을에 살며 함께 연구하고 글을 썼다.

1900년 루와 릴케는 함께 러시아 여행을 떠났다. 이 여행에서 두 사람은 미묘한 상위점을 발견하게 되고, 루는 릴케와 헤어질 것을 결심했다. 릴케의 영혼 속에 감추어진 어두운 병적 자학과 불안을 감지하고서 계속 관계를 갖는 것은 위험하고 거추장스럽다고 생각한 것이다. 그리고 릴케의 예술적 천재를 꽃피울 자유를 위해선 그를 떠나야 한다고 결심했다.

루에게 거절당한 릴케는 조각가 클라라 베스트호프와 결혼했지만, 실패하고 파리로 떠났다. 그러나 그후에도 인생의 위기에 봉착

할 때마다 릴케는 언제나 루에게 도움을 청했고, 그때마다 루는 친절하면서도 냉정하게 응대했다.

릴케와 헤어진 루에게 파울 레가 절벽에서 몸을 던져 자살했다는 소식이 들려왔다. 그 절벽은 루와 레가 함께 여름을 보낸 곳이었다. 루를 잃은 슬픔을 14년 동안이나 삭여온 레의 최후였던 것이다.

루는 깊은 회한에 빠졌으며, 의사인 피네레스에게 구원을 청했다. 두 사람은 1902년 여름을 함께 지냈다. 그리고 루는 임신을 했다. 그녀의 나이 41살이었다. 루는 어머니가 된다는 것을 무척 기뻐했지만, 피네레스 가족의 반대에 부딪혀 아기를 낙태시키고 말았다.

1911년 루는 드디어 프로이트를 만나게 되었다. 이 무렵 루는 인간 내면에 대한 심층적 탐구에 관심을 기울이고 있었다. 자신의 경험을 통해 성애가 남자와 여자의 인생에서 가장 강한 힘의 하나라는 것을 알았고, 그런 사랑의 운명적 힘을 느끼기 시작하고 있었다. 프로이트의 정신분석 이론은 루에게 커다란 영향을 주었다.

그녀는 정신분석 연구에 몰두하여 여러 논문을 써냈다. 이 무렵 15살 연하의 기혼남성이며 정신요법 전문의인 폴 비에레와 근 2년 동안 생활과 여행을 함께 했다. 1915년부터는 16살 연하의 빅토르 타우스크 박사와 열애에 빠졌다. 나이가 들면서 그녀의 성적 매력은 증가할 뿐이었다.

루가 안드레아스에게 돌아가자, 충격을 받은 타우스크는 분노를 학업으로 돌려 연구에 골몰, 정신과 의사가 되었다. 그러나 결혼을 1주일 앞두고 자신의 성기를 거세하고 자살해버렸다.

루 살로메는 만년을 괴팅겐에 있는 집에서 정신분석에 몰두하며 보냈다. 러시아 혁명은 그녀에게 커다란 불안을 가져다주었으며, 건강도 눈에 띄게 나빠져 있었다.

　남편 안드레아스는 1930년 사망했으며, 릴케는 1926년에 죽고 없었다. 그녀는 점점 고독해졌다. 그래서 회고록을 집필하고 과거를 되새기는 것으로 소일했다.

　1937년 1월, 루 살로메는 요독증이 원인이 되어 세상을 떠났다. 그녀의 나이 76살이었다. 그녀는 자기가 죽으면 화장해서 뜰에 재를 뿌려달라고 부탁했다. 그렇지만 유골은 화장한 뒤 남편의 무덤 속에 나란히 놓였다. 익명으로 해달라는 본인의 요청을 존중하여 그녀의 이름은 묘비에 새겨지지 않았다.

　루는 어떤 의미에서 프리 섹스의 선구자였다. 그러나 그녀에게 변덕스런 요소는 찾아보기 어렵다. 그녀는 모든 기성의 도덕에 도전한 여성이었지만, 사랑에 빠져 상대방 남성에게 송두리째 자신을 봉사하는 여성은 아니었다. 그녀의 헌신은 자기를 잃지 않는 헌신이었고, 자기가 진실이라고 생각하는 것을 위해 영원히 노력하는 헌신이었다. 그녀의 존재가 발산하는 눈부신 빛은 수많은 남성의 생명을 타오르게 했지만, 한편으론 수많은 남성의 생명을 어둠 속으로 파멸시켰다. 그 자신은 미처 생각지 못했지만 말이다. ■

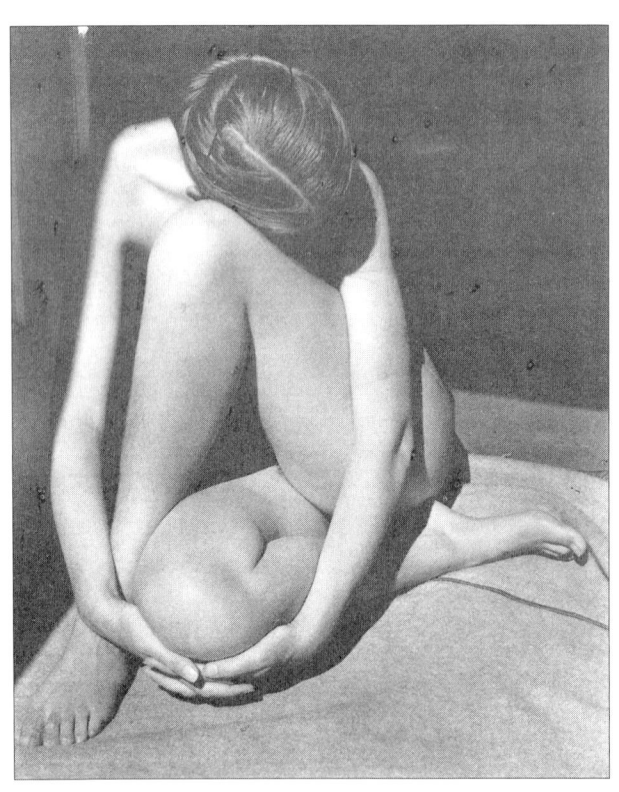
〈누드〉, 1936, 에드워드 웨스턴

박마리아
— 퍼스트레이디를 꿈꾼 시골 소녀

> 퍼스트레이디를 꿈꾼 시골 소녀의 꿈은 남편 이기붕을
> 더욱 파멸의 길로 내몰았으며, 마침내 일가족 집단자
> 살이라는 비극으로 막을 내리게 되었다.

*서대문 경무대*라고 불리는 이기붕의 집. 아담한 양옥집에는 없는 것이 없었다. 널따란 응접실에는 이 집 주인의 높은 지위를 말해주듯 값진 물건들이 즐비하게 놓여 있다.

 마당을 건너 현관 입구에는 몇 명의 경찰관이 드나드는 손님을 맞기에 분망한 일요일 한낮, 서대문 내리막길이 좁을세라 이기붕의 집 앞에는 많은 차량이 줄지어 서 있었다.

 대문 밖에서 자기 차례를 부르기만 기다리고 있는 이들 차주인들은 모두 권력이나 금력이 있다고 뽐내는 자들로, 거의가 서대문 경무대에 무엇인가 또 청탁을 하러 온 것이다. 서대문 경무대만 통하면 대한민국에 안되는 일이 없고 못하는 일이 없다는 것을 아는 이들은, 서대문 경무대를 통하는 작은 빽줄이나 연고자를 찾기 위해 혈안이 되어 있었다.

 이 집의 안주인인 박마리아의 눈에만 들면 하루아침에 장·차관

이 되고, 도지사가 되고, 별을 달 수도 있었다. 그래서 이런 것을 아는 무리들은 세상의 귀한 것, 값진 것을 구하기에 바빴고, 구하기만 하면 곧바로 서대문 경무대 안방으로 보내왔다.

　한가한 가을 일요일, 이기붕의 안방에는 야심가인 최인규 내무장관, 한희석, 장경근, 이재학 국회의장 등이 모여 자리에 누운 이기붕과 담소를 즐기고 있었다.

　이들의 뱃속에는 지금, 이승만의 4선 출마와 관계된 엉뚱한 생각이 들어차 있었다. 그 옆방인 박마리아의 방에서 터지는 간드러지는 웃음소리가 응접실까지 울려나왔다.

　지금 박마리아와 마주 앉아서 웃음을 나누는 여인은 박마리아의 학교 동창인 임숙이었다. 그녀는 자기 남편 박건을 외국 대사직에 나갈 수 있게 해달라고 박마리아에게 졸라대고 있는 중이었다. 그녀는 며칠 전부터 박마리아를 만나기 위해 값비싼 녹용을 잔뜩 구해 들고 이날 아침 일찍 찾아온 것이다. 그 옛날 학교 동창이라는 끈을 들고…….

　"이봐요, 사모님, 그러니 꼭 좀 힘써주셔야 하겠어요."

　"그래, 부탁이란 뭐니?"

　"뭐 부탁이랄 건 없어요, 다만 사모님이 나라를 다스리는 높은 분을 보필하고 있으니, 그분에게 잘 말씀드려서 국사를 바르게 처리해달라고 하는 것이지."

　"왜? 무슨 정보라도 들었니?"

　"정보라고 할 수 없겠지만 사모님도 잘 아시고 계실 거예요. X국 대사로 있는 K씨 말인데, 그분이 한국에 다녀갈 때마다 보석장사를 한다는 소문이 짜하게 퍼져 있다구요."

△박마리아. 순박한 시골 소녀로 성장했으나, 지나친 야망으로 일가의 파멸을 불러왔다.

"K대사가?"

"소문에 의하면 많은 다이아를 가지고 와서 경무대에도 바치고 나머지는 시장에 내다 판다는 거예요. 그래서 그 부인은 보석으로 몸을 싸감고 다닌다지 않아요."

박마리아는 금방 얼굴색이 변했다. 그는 며칠 전에 다녀간 K대사의 얼굴이 떠올랐다. 그때 와서도 인사만 하고 갔을 뿐이다.

"그러니 그런 사람 오래도록 그 자리에 두면 나라 꼴이 뭐가 되겠어요. 사모님이 의장님께 잘 말씀드려서 선처하도록 하세요."

"어디 적당한 사람 있으면 말해봐."

그네들은 잠시 귓속말을 주고받았다.

"오, 그 미스터 박 말이야?"

"예."

"그것 참 좋겠다. 네가 있으니 배반하지도 않을 것이구."

박마리아는 그날 동창생이 남편의 출세를 위해 왔다는 것을 알았다. 하지만 그녀가 들려준 얘기가 사실이라면 박마리아는 대사를 갈아치우도록 해야겠다고 생각했다.

한나절 꽃 가꾸기를 마친 이박사는 이기붕과 박마리아 그리고 프란체스카와 같이 잔디밭에 마련된 간이식탁에서 점심을 나누며 한낮의 한가로움을 즐기고 있었다.
단풍이 물들어가는 북악산 잔디밭의 등의자에 앉아 강석과 강욱이 잔디밭에서 노는 것을 바라보는 이박사의 눈에는 그들 형제가 무척 귀여워 보였다.
아이들이 노는 것을 바라보던 프란체스카는 이박사에게 다가와 말을 건넸다.
"우리도 저런 아이를 가져보았으면 좋겠어요."
"그렇게 좋으면 달라지 뭐."
이 말을 들은 박마리아의 가슴은 두근거렸다. 자기 아들이 귀엽다고 말하는 프란체스카의 표정에서 무엇인가를 재빠르게 알아차렸던 것이다. 그녀의 머리는 마치 전자 계산기같이 빠르게 움직이고 있었다.
'노인들이 나의 아이를 원한다. 그러면 세상은 우리들 천하가 된다. 80 고령의 노인들이 살면 얼마나 더 살겠어?'
계산이 선 그녀는 아이들을 달라고 하면 서슴없이 줄 생각이었다. 하지만 이기붕은 선뜻 내켜 하지 않는 눈치였다.
"주려나? 안 주려나?"
이박사가 다시 물었다. 언성까지 높인 이박사는 이기붕 옆에 서서 생글생글 웃음을 띄우고 있는 박마리아에게 재촉을 했다.

박마리아는 서슴지 않고 대답했다.
"어른님들이 원하시는 것은 무엇이든 구해 올리겠어요. 어른님 의향대로 하시지요."
아내의 말이 떨어지자 이기붕은 의외라는 듯이 박마리아를 돌아보았다. 그러나 이박사는 이기붕이 시원스레 대답을 안하자 화가 나서 경무대 안쪽으로 사라져버렸다.
"오늘 당신 참 이상해요. 왜 이런 때 당신답게 말씀 못하세요?"
"그럼 당신은 강석이를 양자로 보내겠다는 말이오?"
"얼마 남지 않은 사람들인데, 그 사이를 참지 못해요? 설사 강석이를 준다고 해도 그애가 영원히 가는 거예요?"
이기붕이 눈을 한번 꿈벅이더니 크게 고개를 주억거렸다.
"당신 참 똑똑한 여자군, 그래. 하지만 아무리 어른들도 좋지만 제 자식을 남에게 주자는 에미가 이 세상에 어디 있어?"
"어디 나 혼자만 잘 되겠다고 하는 소리예요? 모두 당신 위하고 집안 위해서 하는 소리지. 그러니 어서 가서 말씀드려요. 어른님들 뜻대로 하시라고."
이기붕은 그래도 매우 착잡한 표정이었다.
서대문 이기붕의 집. 경무대를 나온 이기붕과 박마리아는 서로 화가 난 채 말이 없었다.
"당신, 오늘 보셨죠, 어른님이 화내시는 것을?"
"그래서 어떻게 하라는 거야?"
"승낙을 하셔야지요."
"승낙이고 뭐고 당신이 알아서 해요, 당신이!"
남편의 방을 나온 박마리아는 신바람이 났다.

그렇다면 남은 문제는 하나도 없다. 그러니 주저할 필요도 없다. 강석이 이박사의 양자로 들어가고, 또 이박사가 죽고 나면 그 재산뿐 아니라 사실상 이승만의 모든 것이 강석에게 돌아오는 것이다.

그렇다면 그 다음은 이기붕이 있고, 이기붕의 뒤에는 자기가 있다는 생각까지 미치자 박마리아는 뛸 듯이 즐거웠다.

인간의 욕심이란 한이 없는 것인가? 천하를 움직이는 대자유당의 부당수이며 국회의장의 부인인 그녀가 그 이상의 부귀영화를 누려서 무엇하겠다고, 또 한 나라의 안주인이 되겠다는 욕심을 내는 것일까?

박마리아—. 그녀는 오늘이 있기 전에는 보잘것없는 한 시골 소녀에 지나지 않았다.

강릉에서 태어난 그녀는 선교사의 도움으로 미국에 갔다. 미국에서 이기붕을 알게 되어 결혼했고, 갖은 고생을 다하며 남편의 뒷바라지를 했다.

그 당시의 박마리아는 부지런하고 영리하며 아름답다고 소문이 난 여성이었다. 그러나 어쩌다가 권력의 맛을 알고 권력을 사용할 줄 알고부터는 성격까지 달라지기 시작했다.

콩나물장사로 자라온 그녀가 대한민국을 쥐고 흔드는 제2인자의 아내가 되고 보니 대한민국이 손바닥만하게 보였는지도 모를 일이다. 온 국민이 노애국자의 애국심을 받들어 시키는 대로 순종하고 따르는 것이, 마치 그녀의 집안을 위해서 복종해주는 것인 양 착각을 했는지도 모른다. 그녀는 불어나는 몸무게와 함께 욕심도 자꾸 늘어났다.

지금도 부러울 것 하나 없는 그녀에게는 이화여대 부총장, 대한부인회 최고위원, 여성청년단 고문, 대한소녀단 고문, YWCA 회장 등 각종 감투가 씌워져 있었다. 그러나 그것마저 마음에 차지 않는지 그녀는 퍼스트레이디가 되는 길을 포석해나가고 있는 중이었다.

효자동 경무대 밀실에서는 일본에서 들여왔다는 고급 양품을 한 아름 안고 들어온 박마리아가 프란체스카에게 연신 귓속말을 속삭였다. 매우 심각한 문제를 논의하는 듯 이들 주위에는 두 사람 외에는 아무도 없었다.

아무래도 효자동 프란체스카 할머니의 마음을 단단히 붙들어두어야겠다고 생각한 마리아는 프란체스카에게 다음과 같은 말을 속삭였다.

지금 자유당 일부 사람들이 조병옥과 내통하여 다음 대통령 선거에 조병옥을 자유당 후보로 공천할 움직임이 있다는 것이다.

"마리아, 그게 될 법이나 한 말이에요? 나, 닥터 조 매우 싫어요. 그리고 다알링(이승만)도 이의장님 생각을 나와 같이 하고 있어요."

"하지만 어른님께서도 당에서 공천을 하면 어쩔 도리가 없으실 테니 마님께서 미리 말씀을 좀……."

"마리아, 걱정 말아요. 내 눈이 감기지 않는 이상 다알링이 결심을 바꾸지 않을 거예요."

"감사합니다."

"그러니 마리아, 아무 걱정 말고 이의장님 건강이나 잘 살펴드려요. 나와 마리아 사이에는 강석이가 있지 않아요."

"이 은혜를 무엇으로 갚아야 할지……."

박마리아는 남편에게 경무대에 다녀온 보고를 했다. 그리고 경무대 어른님의 뜻이 이기붕을 후계자로 생각하는 데 변함이 없더라고 했다.

그러나 이들에게도 종말이 얼마 남지 않았음이 그후의 역사가 말해주고 있다. 4·19혁명이 일어나 박마리아의 헛된 꿈을 여지없이 깨뜨려놓았던 것이다.

3·15 부정선거에서 어거지로 부통령에 당선되어 환호했던 이기붕과 박마리아의 기쁨도 그리 오래 가지 않았다. 이 나라 젊은이들이 성난 파도와 같이 일어났던 4·19혁명은 늙은 독재자와 그 후계자의 헛된 꿈을 단숨에 휩쓸어버렸다. 이기붕은 국민의 분노 앞에 어쩔 수 없이 부통령에서 사임했으며, 퍼스트레이디를 꿈꾸던 박마리아의 야심도 한순간에 날아가고 말았다.

4월 25일 하오. 서울대 교수회관에 모인 대학교수들은 플래카드를 들고 일어났다.

'제자들의 흘린 피에 보답하자!'

그리고 그날 밤 8시쯤 데모대가 서대문 경무대 입구에 도착했다.

"이기붕 나와라!"

"박마리아 이년 나와라!"

빗발치는 고함소리가 들려왔다. 다급해진 이들은 그 숱한 보증수표, 그 많은 보석과 패물, 그 많은 현찰을 집에 고스란히 둔 채 지프차를 타고 경무대로 향했다. 언젠가는 다시 '서대문 경무대'로 돌아올 줄로만 믿었던 이들. 그러나 경무대에서 장남 강석에 의해 박마리아, 이기붕, 강욱이 차례차례 권총 앞에 쓰러졌고, 강석 자신도 그들과 함께 목숨을 끊었다.

  퍼스트레이디를 꿈꾸던 박마리아의 야욕은 남편 이기붕을 더욱 파멸의 길로 내몰았으며, 급기야는 일가족 집단자살이라는 끔찍한 비극을 스스로 불러들였던 것이다. ■

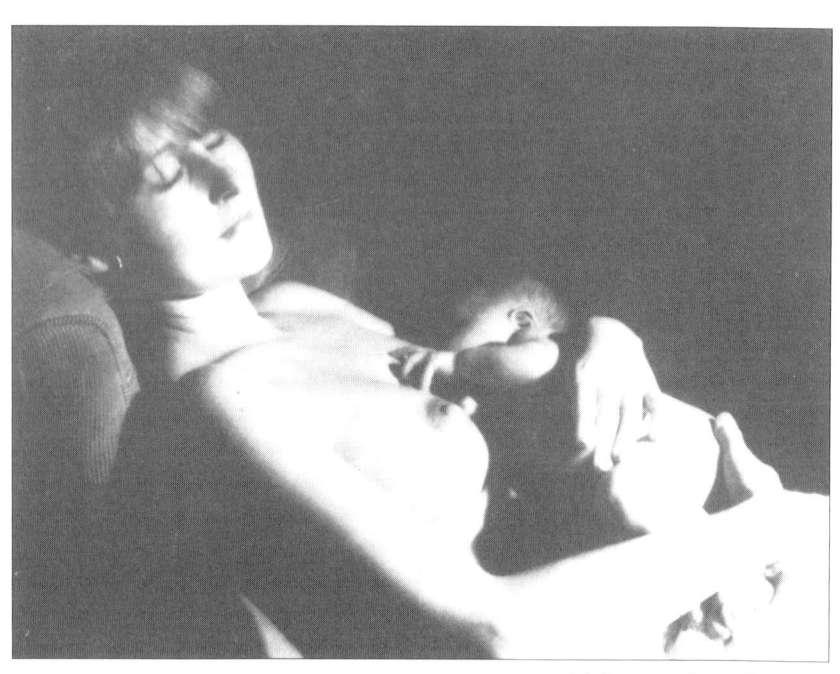

〈제인〉, 1986, 마요트 마그뉴

에바 페론
— 아르헨티나 노동자의 어머니

> 초등학교만을 졸업하고 14살에 가출하여 마침내 퍼스 트레이디가 된, 20세기에 가장 아름다운 악녀 에비타의 역사는 그 누구도 능가하지 못할 것이다.

에바 페론. 일명 에비타. 그녀의 본명은 마리아 에바 두아르테로, 1919년 5월 7일 아르헨티나의 대초원 지대에 자리잡은 로스 톨도스라는 작은 마을에서 태어났다.

그녀는 후안 두아르테와 후아나 이바르구렌 사이에서 태어난 5명의 아이들 중 넷째였는데, 이 두 사람은 정식결혼을 하지 않은 관계였다. 아버지 후안에게 본처가 있었기 때문이다. 아버지 후안은 농부였으며, 어머니 후아나는 말수가 적은 상냥한 여성으로, 하숙을 치며 아이들을 양육했다. 후안은 1924년 사망한 것으로 알려져 있다.

에바는 검은 눈에 창백한 얼굴을 한 소녀였다. 나이에 비해 키가 크고 바짝 마른 몸집을 하고 있었다. 그녀의 별명은 라 플라카, 즉 '빼빼'였다.

에바는 초등학교를 졸업하고 아무 하는 일 없이 집에서 지냈다.

수줍고 꿈 많은 틴에이저, 그러나 창백한 살결과 가느다란 팔다리를 지닌 허약한 소녀 에바는 자기 방에 혼자 틀어박혀 공상에 잠기거나, 하숙집 응접실에서 연예계 잡지를 뒤적이며 어린 시절을 보냈다.

1934년 어느 가을날, 에바는 아르헨티나 대도시 부에노스 아이레스의 레티로 역에 내려섰다. 마분지로 만든 슈트케이스를 들고 낡은 코트를 팔에 걸친 초라한 그녀의 모습은 시골에서 갓 올라왔다는 것을 한눈에 알게 해주었다. 그녀는 어머니가 소개해준 하숙집으로 발걸음을 옮겼다. 그곳에서 에바는 6년이나 살았다.

에바의 꿈은 배우가 되는 것이었다. 그렇지만 경험은 물론 충분한 교육도 받지 못한 14살짜리 소녀에겐 행운조차 찾아올 것 같지 않았다. 유일한 재산은 불타는 의지와 아름다운 용모, 그리고 절망할 줄 모르는 의욕뿐이었다.

당시의 심경을 에바는 후일 자서전에서 이렇게 말하고 있다.

"어린 시절을 보낸 곳은 부자보다 가난뱅이가 더 많았다. 그렇지만 대도시는 오직 부자만 사는 멋진 곳이라고 생각했었다. 어느 날 그곳에 왔을 때, 내가 상상했던 그런 도시가 아님을 깨달았다."

가진 것 없고 힘없는 여자가 대도시에서 홀로 살아갈 수 있는 가장 안전한 방법은 남성 후원자를 찾는 것이었다. 그러나 에바는 자신을 매춘부처럼 아무에게나 내맡기지는 않았다. 그녀는 필요에 따라서 냉정과 이성을 잃지 않고 남성 후원자들과의 관계를 맺어나갔다. 온갖 난관에도 불구하고 꿋꿋하게 출연계약 사무소에 나갔으며, 유명 연예인이나 거물 인사들이 출입하는 술집에 드나들며 기회를 엿보았다.

△에바 페론. 초등학교 졸업, 14세에 가출, 마침내 퍼스트 레이디가 된 여성. 별명 에비타.

  2년 뒤인 1936년, 에바는 비로소 연극 무대에 출연할 수 있게 되었다. 대사가 고작 여섯 줄에 불과한 단역이었지만, 어쨌든 그후로 계속 무대에 설 수 있게 된 것이다. 39년부터는 라디오 방송에 나갔으며, 41년에는 영화에도 출연했다.
  에바 두아르테—이제 그녀의 이름은 조금씩 세상에 알려지기 시작했다. 수십만의 주부들에게 사랑받는 존재가 된 것이다.
  에바와 후안 페론의 첫 만남은 1943년에 이루어졌다. 라디오 방송국 벨그라노가 베푼 파티에서 만난 두 사람은 금방 가까워졌다. 에바의 나이 24살, 후안 페론의 나이 48살 때였다.
  당시 아르헨티나는 군부 쿠데타로 새 정부가 들어서 있었으며, 후안 페론은 새 정권의 실력자로 부상하는 중이었다. 그의 아내는 얼마 전 암으로 병사했다.
  에바는 당시를 이렇게 회고하고 있다.

"…… 내 운명이 페론의 운명과 만난 바로 그날이었습니다. …… 나는 이렇게 말했지요. 당신 말씀대로 만일 국민이 바로 당신 자신의 목적이라면, 아무리 커다란 희생일지라도 죽는 날까지 당신 곁을 떠나지 않겠습니다. 그가 내 제의를 수락했고, 그날이 바로 나의 기적의 날이 된 것입니다."

에바는 페론의 정치적 성공에 필수적인 대중적 기반을 마련하는 데 결정적인 역할을 했다. 그녀는 무명 시절 자신을 괴롭혔던 가난과 치욕을 잊어버리지 않고 있었다. 노동자들 편에 선 정책을 펴려는 페론에게 에바는 자신의 경력과 경험을 통해 얻은 풍부한 내용을 전달해줄 수 있었다. 그녀는 라디오 극예술가 조합을 결성하고 회장이 되었다.

에바는 노동자들에게 아주 뛰어난 연설가였다. 그녀의 안으로부터 우러나오는 지배계급에 대한 분노는 노동자들을 일깨우고 힘을 주었으며, 그들의 아내나 어머니처럼 느껴지게 하는 꾸밈없는 소박한 말씨는 감동을 주기에 충분했다. 게다가 배우라는 에바의 직업과 타고난 천부적 소질은 그녀로 하여금 뛰어난 선전가가 되게 했다. 페로니즘의 신화, 그 상징적 존재가 바로 에바였으며, 에바는 페로니즘의 산파이기도 했다.

1945년 10월 22일, 에바와 페론은 결혼식을 올렸다. 밑바닥 출신의 풋내기 여배우와, 권력의 정상에 서 있는 두 사람의 결합은 세인들의 주목을 받기에 충분했다. 에바에게는 페론에 의해 발굴된 민중의 대변자인 동시에, 남자를 사로잡아 권력의 사다리에 올라선 여인이라는 평판이 뒤따라다녔다.

이듬해 2월, 18년 만에 국민투표가 실시되었고, 페론은 가장 유력한 대통령 후보로서 대권을 향해 줄기차게 나아가고 있었다. 에바는 페론의 가장 가까운 동료가 되어 모든 회의에 참석하고 전국 순회 유세에 동반했다.

군중들은 "페론! 페론! 에비타! 에비타!"를 연호하며 열광했다. 에바의 노동자들에 대한 애정은 각별한 것이었다. 에바는 그들을 '나의 데스카미사도스(셔츠 없는 사람들이란 뜻)' 라 부르곤 했다.

페론은 선거에서 대승리를 거두었다. 이제 에바는 아르헨티나의 퍼스트레이디가 되었다. 초등학교만을 간신히 마치고 낡은 구두에다 떨어진 코트 차림으로 무작정 도시로 온 14살짜리 소녀가 아르헨티나 최고 통치자의 아내가 된 것이다.

페론과 에바의 집권 첫 5년 동안, 국가 수입 가운데 노동자들의 몫은 거의 두 배가 되었으며, 오두막 대신 안락한 집을, 콩 대신 스테이크를, 벽만 쳐다보며 밤을 보내는 대신 영화를 볼 수 있게 되었다.

노동자들에게 페로니즘은 약속의 땅이었다. 부유층들은 떨어져 나갔지만 노동자들은 충성스러웠고, 에바는 그들의 훌륭한 지도자였다.

에바에게 또 하나의 열성적인 지지자들은 여성들이었다. 에바는 여성들에게 참정권을 부여했으며, 어린이와 불우한 여성들을 위한 자선활동에 열성적인 힘을 기울였다.

그녀의 사무실엔 언제나 많은 사람들이 줄지어 그녀를 기다리곤 했다. 그녀에게 하찮은 일이란 없었다. 아무리 사소한 청원이라도 에바는 성심껏 들어주었고 무언가 실질적인 도움을 주었다.

"나 자신이 마치 비천한 모든 사람들의 어머니인 것처럼 그들에 대한 책임감을 스스로 느끼고 있습니다."

그녀의 말처럼 에바는 자신의 불우한 시절을 결코 잊지 않고 스스로 그들의 짐을 덜어주고자 노력한 것이었다.

그러나 그녀에 대한 질시와 비난의 소리 또한 대단했다. 페로니즘 때문에 돈과 권력을 잃은 자들은 에바의 과거 경력에 대한 비난을 일삼았다. 그들은 에바를 매춘부, 창녀라고 불렀으며, 그녀의 세련되지 못한 말투와 행동을 저속하다고 비웃었다. 그들에게 에바는 남편을 조종하여 권력과 부귀를 탐하는 악녀로밖에 보이지 않았으며, 천한 매춘부요, 촌스런 시골뜨기에 불과했다. 그러나 노동자들과 가난한 여성들에게 에바는 성녀였고 우상이었다.

1952년 7월 26일, 에바 페론은 숨을 거두었다. 그녀의 나이 33살, 한창 무르익을 나이였다. 사인은 암으로, 육체와 정신을 심하게 혹사한 결과였다. 암세포는 자궁, 유방, 간, 허파, 왼쪽 정강이에 이르기까지 온몸에 퍼져 있었다.

그러나 에바는 숨을 거두기 직전까지 일을 했다. 라디오 연설을 하고, 행사장에 모습을 드러냈다. 에바가 남긴 유언장의 끝부분을 보면, 그녀가 얼마나 헌신적으로 페론과 국민들을 사랑했는가를 잘 알 수 있다.

"끝으로 내가 잘못을 저질렀다면, 내가 사랑으로써 그렇게 했다는 사실을 이해해주기 바라며…… 나의 마지막 말은 처음과 똑같습니다. 나는 페론과 국민들과 영원히 함께 있기를 기원합니다."

에바 페론이 세상을 떠난 지 50년이 다 되어가지만, 그녀의 숭배자들은 아직도 외치고 있다.

"결코 에바 페론이 죽었다고 말하지 말라"고. ■

이멜다 마르코스
— 필리핀의 독재자 마르코스의 아내

> 망명지 하와이에 홀로 남겨진 이멜다, 그녀는 지금 무엇을 생각하고 있을까? '타클로반의 장미'로 춤추고 노래하던 그 꾸밈없던 시절을 회상하고 있지나 있을까?

필리핀의 독재자 페르디난드 마르코스 대통령의 부인 이멜다 마르코스, 그녀의 본명은 이멜다 로무알데스이다. 그녀는 1929년 7월, 명성 높은 로무알데스 집안에서 태어났다.

아버지 빈센테 로무알데스는 변호사로, 죽은 전처와의 사이에 5명의 아이들을 두고 있었다. 이멜다는 젊은 후처 레미디오스 트리니다트가 낳은 6명의 아이들 중 맏딸이다.

로무알데스 집안은 부와 명성이 자자한 가문으로서, 이멜다의 큰아버지는 법률가이자 언어학자였고, 둘째 작은아버지는 재계의 실력자였다. 그러나 이멜다의 아버지는 두 형과는 달리 사회적으로나 가정적으로 그다지 성공하지 못한 인물이었다.

어머니 레미디오스는 명랑하고 재능있는 여성이었다. 특히 노래를 꽤 잘했으며, 요리·자수 솜씨도 뛰어났다. 그렇지만 전처 아이들과의 불화가 심각했다. 게다가 남편은 사사건건 아이들 편만 들었을 뿐 아내를 이해해주지 못했다.

　그녀는 견디지 못해 한때 집을 나가기도 했으며, 돌아온 후에도 차고에서 자신이 낳은 아이들과 함께 생활하기도 했다. 한 집안에서 별거를 한 셈이었다. 그러다가 여섯번째 아이를 낳은 지 얼마 되지 않아 폐렴으로 죽고 말았다. 이멜다의 나이 9살 때의 일이었다.

　아버지 빈센테는 가산을 정리하여 레이테 섬의 타클로반으로 이사를 했다. 그는 이곳에서 은둔하다시피 지냈다. 타클로반 시절의 이멜다 가족은 퍽 어려운 생활을 했다. 금방 허물어질 듯한 집, 허름한 변소, 벽을 두른 곳은 침실뿐이었으며, 가족이 많았기 때문에 항상 먹을 것이 모자랐다.

　이멜다는 매우 활발했고, 곱슬곱슬한 머리에 혈색 좋은 건강한 소녀였다. 그리고 무척 미인이었다. 학창시절의 성적은 평균 80점 정도, 그렇지만 노래만큼은 뛰어나게 잘했다. 그녀는 친구들과 근처에 주둔중인 미군 캠프에 곧잘 놀러가곤 했는데, 거기서도 그녀의 훌륭한 노래솜씨와 미모로 미군들의 마음을 사로잡았다고 한다.

　미인 콘테스트에서 '타클로반의 장미'로 선출된 후로는 축제나 퍼레이드에 수시로 뽑혀 나갔으며, 행사 때 축가를 불러달라는 요청도 끊이지 않았다.

　23살 되던 1952년, 이멜다는 마닐라로 왔다. 성악 공부를 하기 위해서였다. 사촌의 주선으로 성악 개인지도를 받으면서 필리핀 여자대학 음악예술학부 청강생이 될 수 있었던 것이다. 그녀는 사촌의 집에 머물면서 낮에는 직장에 나가고 저녁엔 성악공부를 하며 꿈을 키워나갔다.

　그러던 중 이멜다는 미스 마닐라 콘테스트에 나갈 결심을 하게

△이멜다와 마르코스(가운데). 일본 도쿄에서 축배를 들고 있는 전성기의 모습.

되었다. 후원자는 성악 개인지도를 해주던 레이에스 교수 부부였다. 심사위원회에 제출된 이멜다의 사진은 연한 하늘색 옷에 머리를 양 갈래로 갈라 리본을 단 모습으로 무언가를 갈망하는 듯한 표정을 담고 있었다.

그녀는 표를 모으기 위해 이리 뛰고 저리 뛰었다. 당선을 낙관하던 어느 날, 신문에 다른 사람이 미스 마닐라에 선출되었다는 기사가 실렸다. 이멜다와 레이에스 부부는 즉각 시장에게 탄원서를 냈다. 표 집계에 시장 대리인이 입회하지 않았으므로 승복할 수 없다는 내용이었다.

며칠 후 시장과의 면회가 약속된 날, 이멜다는 대담하게 혼자 시장을 찾아갔다. 레이에스 교수가 부득이한 일로 참석할 수 없게 되었기 때문이다. 이멜다의 눈물 앞에서 시장은 마음이 움직였으며,

이멜다를 새롭게 미스 마닐라로 지명했다. 이제 그녀는 마닐라 지구 대표로 미스 필리핀을 선출하는 자리에 나가게 된 것이다. 비록 미스 필리핀의 왕관은 차지하지 못했지만, 그녀의 대담한 행동은 신문지상에 떠들썩하게 보도되었다.

이 무렵, 이멜다는 아리스톤 나크필이란 남성과 사랑에 빠졌다. 그는 마닐라에서 가장 유서 깊은 가문 출신으로, 큰 키에 성격이 활달하고 학식도 매우 풍부하여 젊은 여성들 사이에 동경의 대상이 되고 있었다.

두 사람의 로맨스는 무르익어갔고 급기야 결혼을 생각하기에 이르렀다. 그런데 중대한 장애물이 있었다. 그것은 아리스톤이 법률상 기혼이라는 사실이었다. 아리스톤은 그 결혼이 무효라고 주장하면서 법원에 취소청구소송을 제기해놓은 상태였다. 카톨릭에서는 이혼이 허용되지 않기 때문에 재혼하려면 그 전 결혼이 무효라는 법원의 판결이 필요했다.

이멜다의 가족은 이 결혼을 극구 반대했다. 사랑의 상처를 안은 이멜다 앞에 나타난 사람이 바로 페르디난드 마르코스였다.

페르디난드 마르코스는 이멜다에게 "한눈에 반했다"고 후에 털어놓았다. 그는 우수한 법률가, 수많은 훈장을 받은 전쟁영웅, 순풍에 돛단배처럼 성공가도를 달려온 36살의 젊은 정치가였다.

그는 이멜다를 처음 본 순간 그녀야말로 자기가 줄곧 찾아온 이상적인 여성이라고 판단하고 즉시 결혼하기로 마음먹었다. 그렇지만 이멜다는 마르코스에게 별반 흥미를 느끼지 못했다. 그녀는 키 큰 남성을 동경했지만, 마르코스는 그리 큰 키가 아니었다. 게다가 정치가라니, 그녀는 정치보다는 문화예술 쪽에 더욱 흥미를 가지고 있었던 것이다.

하지만 결심을 굳힌 마르코스의 결혼작전은 곧바로 집요하게 시작되었다. 그의 작전은 11일 만에 성공리에 끝났다. 이멜다가 결혼에 동의한 것이다.

전격결혼이었다. 이멜다의 손가락엔 11개의 다이아몬드가 박힌 반지가 빛나고 있었다. 11일 동안의 구애를 기념하여 마르코스가 준 선물이었다.

"그는 내게 다이아몬드로 사랑을 보여주었어요."

이멜다는 신이 나서 말했다. 이제 그녀는 가난뱅이가 아니었다. 거추장스럽기만 하던 로무알데스라는 성도 지금부터는 당당함을 더해주는 것으로 뒤바뀌었다.

그렇지만 선천적인 미모와, 결혼으로 얻은 사회적 지위라는 재산으로도 상류사회에서 유유히 헤엄치기에는 아직 부족했다. 이멜다는 정치가의 아내가 되기 위해 적지 않게 고심해야 했다. 그 결과 편두통과 신경과민 증세를 보여, 정신과 치료를 받기 위해 미국으로 갔다.

돌아온 이멜다는 눈부시게 변모하기 시작했다. 소박하고 소극적이던 지난날과는 달리 아주 적극적으로 행동했다. 남편의 정치적 입지를 위해 사람들을 열성적으로 만나고 모임에도 얼굴을 내밀었다. 그녀는 눈물이라는 무기를 적절히 사용할 줄 알았다.

그러는 동안 그녀는 차츰 사치스러워졌다. 마르코스 상원의원 부인은 진주며 다이아몬드, 그밖에 믿을 수 없을 만큼 많은 보석을 수집하고 있다는 소문이 퍼지기 시작했다.

1964년 마르코스는 대통령 선거에 나섰다. 그는 이멜다를 비밀

병기라고 불렀다. 사실 이멜다는 마르코스의 기대 이상으로 자기 역할을 잘 해냈다. 그녀는 우아함이라든가 기품은 아직 없었지만, 순진한 태도며 젊음·미모·노래솜씨 등 타고난 자질을 십분 활용할 줄 알았다.

그녀는 승리를 향한 집념에 불타고 있었다. 과거의 울분을 벗기 위해서라도 기필코 이기지 않으면 안되었던 것이다.

사람들은 그가 당선되면 어떤 대통령이 되느냐 하는 것보다, 가장 젊고 아름다운 대통령 부인이 탄생한다는 것에 대해 얘기하곤 했다.

1965년, 드디어 이멜다 로무알데스 마르코스는 필리핀 대통령의 부인이 되었다. 이후 20년간 지속된 장기집권 속에서 이멜다는 역대 퍼스트레이디 중 가장 강력한 실력자가 되었다. 그녀는 단지 영부인의 지위에 만족하지 않고, 내정에서부터 외교까지 요직을 두루 거치며 정치적 수완을 발휘했다. 그녀에겐 '강철 나비'라는 별명이 붙여졌다. 그녀는 남편 마르코스와 함께 또 한 사람의 대통령으로서 국민 위에 군림했다.

그러나 이들의 장기집권은 1986년 2월 끝이 났다. 두 사람이 허겁지겁 하와이로 망명한 뒤 공개된 바에 의하면, 말라카냥 궁에 있는 그녀의 신발장에는 구두가 3천 켤레나 있었으며, 5단의 선반에는 한 번도 써보지 않은 구치 핸드백이 가득 차 있었다고 한다. 그뿐 아니라 5백 가지에 이르는 브래지어와 거들, 대형 향수병, 크리스찬 디오르 제 크림, 보석 상자 따위가 그녀의 방을 가득 메우고 있었다. 또한 대형 금고 속에는 해외로 도피, 은닉시킨 막대한 재산에 관한 문서가 수도 없이 들어 있었다.

 군부와 재벌, 정상배 집단, 이들이야말로 마르코스-이멜다 체제를 지탱해준 3대 지주였다. 마르코스는 그 위에 서서 독재자라는 비난을 받으면서도 위대한 아버지의 이미지로 군림해왔다. 이멜다 역시 맹렬한 비난의 대상이 되면서도 아이로니컬하게도 성모 마리아의 이미지를 뿌려왔다. 그녀는 도시 인텔리나 여성들에겐 비난의 대상이었지만, 일반대중이나 농촌에선 적잖은 인기를 누렸다.

 마르코스는 이미 죽었다. 망명지 하와이에 홀로 남겨진 이멜다, 그녀는 지금 무엇을 생각하고 있을까? '타클로반의 장미'로 춤추고 노래하던 그 꾸밈없던 시절을 회상하고 있지나 않을까? ■

찾아보기

간무 천황　126
갈스빈타　95
거안제미　82
고든 드 상트 클로와　206~210
고력사　118, 122, 124
고야마 가와　295
고종　290~293
〈골짜기의 백합〉　241
공녕　20
공왕 돈(남송 광종)　132~137
구스코　125~130
구스코의 난　129
구천　31~35
구후　11
굴무　21
권순임　148, 149
〈금계만필〉　176
금엽　158
기자　9
기즈 공　185
나카나리　125~129
나탈리야　249~253
남송 효종　131~136
네로　85~92
노스트라다무스　183
노애　57~59
니체　298, 299
니콜라이 1세　249
다비드 리초　192
달기　9~14

당 고종(이치)　110~115
당 예종　115
당 중종　115
당 태종　110~112
대원군　288~295
덕종 광서제　278, 279
던리 경　191~194
데클레　211
동관오　27
두우　159
라 쇼세　209, 211
레미디오스 트리니다트　321
레이에스　323
레피다　89
레피두스　85
로드리고　165
루 살로메　297~303
루이 16세　216~224
루크레티아　161
〈루크레티아의 능욕〉　162
르네 피앙코　187
릴케　301, 302
마리　300
마리 앙투아네트　213~224
마리아 안나　225~229
마리아 테레지아 여제　213, 214
마리헨　300
만귀비　153~160
망소　247
맹광　77~83

맹모 45~51
맹모단기 48
맹모삼천 46
맹자 45~51
메로베 97, 98
메리 스튜어트 189~196
메리메 184, 245
메살리나 86, 87
명 헌종 153~160
명성황후 민비 289~296
모로아 187
모차르트 225, 227, 231~236
목공 15
문정왕후 윤비 169~174
문종 147
뮈세 245, 246
박건 306
박마리아 305~313
발란치노아 여공(애비 디안 드 포와체) 182, 184
발자크 237~241
방과(정종) 144
방원(태종) 139~145
'배빙턴 음모사건' 195
백거이 142
백비 158
범여 32~36
베르니 부인(루이즈 앙투아네트 로울) 237~241
베르텡 부인 220
보르자 가 162
〈보르자 가의 독약〉 162
보스웰 백작 192, 193
보우 173, 174
봉여 151

부차 31~35
브랑빌리에 후작부인(마리 마들렌 도브레) 205~211
브룬힐트 95~99
브리타니쿠스 89, 91
비간 13
비사글리아 공 알폰소 165
비중 12
비크 264~267
빅토르 타우스크 302
빈센테 로무알데스 321
〈빛은 어둠 속에서 빛난다〉 286
4·19혁명 312
〈사랑의 요정〉 247
3·15부정선거 312
삼공 11
샤를 9세 184~186
〈샤를 9세 연대기〉 184, 186
샤토랄 192
서경덕 180
'서대문 경무대' 305, 312
서백 11, 12, 13
서시 31~36
서태후(난아, 난귀비) 273~280
석가이 149
'성 바르톨로뮤 축일의 대학살 사건' 185
세자빈 김씨 147
세자빈 봉씨 147~152
세종 147, 152
소동파 40, 41
소쌍이 148, 149
소크라테스 37~44
'소크라테스의 변명' 39
'소크라테스의 아내' 40

소피스트　38
소피아　281~286
소헌왕후　150
〈송도기이〉　177
송도삼절　175
쇼팽　246, 247
〈수기〉　295
수왕　117~119
순종　294
슈만　263~272
스테판　244
〈스페이드 여왕〉　251
신노 친왕(사가 천황)　128, 129
신생　23
〈신을 둘러싼 투쟁〉　299
아그리피나　85~92
아로이지아　227, 232
아리스톤 나크필　324
아헤노바르부스　85, 89
악래　12
악후　11
안국군(효문왕)　53~57
〈안나 카레니나〉　282, 283
안록산　122, 123
안토니우스　74, 75
알렉산데르 6세　162
알빈　265, 266
알폰소 1세　166
앙리 2세　181~184
앙리 3세　184, 187
앙투안 고블랭 드 브랑빌리에 후작
　　　　205~209
'애로호 사건'　275
양귀비(양옥환)　117~124
양오　27

양홍　79~82
에바 페론(에비타)　315~320
엘리자베스 여왕　195
엘리자베트 바토리　197~203
엥겔스　259
여불위　53~59
〈여씨춘추〉　57
여의　64
여주　120, 121
여태후(여치)　61~67
여희　23~29
〈열녀전〉　48, 49, 78, 82
영(혜제)　62~66
영공　17
영왕　121
예니 베스트팔렌 마르크스　255~261
오드베르　93~95
오자서　33, 34
오황후　156, 157
옥타비아　89, 91
옥타비아누스　74, 75
와신상담　31, 32
왕황후　113, 157
우극　158
우시　25
우영　158
울슬라　198~201
원경왕후 민씨　139~146
유방(한 고조)　61~63
유비　158
은 주왕　9~11
이강석　312
이궁　10
이기붕　305~313
이덕동　176

이덕형　177
이멜다 마르코스　321~327
이사종　178, 179
이승만　308
이오　23
이요 친왕　127, 128
이재학　306
이현　115
이홍　114, 115
이화원　280
이황후　131~137
인성왕후　172
인종　169~173
임숙　306
자초(장양왕)　53~58
자코미노　163
장경근　306
장고　121
〈장한가〉　118, 142
전태후　153, 157
정(진시황)　57~59
제갈　23
조르주 단테스　252, 253
조르주 상드(아망딘 오로르 뒤팽)
　　　　243~247
조반니 보르자　162~165
조반니 스포르차　163, 164
주 문왕　12
주매신　43
주아　159
〈주자가례〉　170
주태후　153
주희　53~59
〈죽창야사〉　175, 176
줄 상드　244

〈중경지〉　175
중이　23
중종　169
쥘 드 폴리냐크　221
지게베르트 1세　93~97
지족선사　177, 178
진계상　40, 41
징서　19, 20
〈차라투스트라는 이렇게 말했다〉　299
척부인　63~66
청 목종　275~277
청 문종　273~275
체사레 보르자　162~165
체이테 성　200, 203
첼트코프　285
촉루의 검　33
최익현　293
최인규　306
측천무후(무재인, 무소의)　109~116
카를 마르크스　255~261
카이사르(시저)　70~73
카지밀 뒤드방　243, 244
카트린 드 메디시스　181~188
칼리굴라　85
케사리온　72
'코퀴'　238
콘스탄체　228, 231~236
콜리니　185
크리스푸스　85
크산티페　37~44
클라라 베스트호프　301
클라라 비크 슈만　263~272
클라우디우스　86~90
〈클레브 공작부인〉　181
클레오파트라　69~76

'타클로반의 장미' 322
태공망 여상 42
태조 142~145
테레제 226, 227
톨스토이 281~286
트리아농 성 221
파룰라스 88, 90
파울 레 298, 299, 302
팽월 62
페라라 166
페렌츠 나다스디 197~202
페로니즘 318, 319
페르디난드 마르코스 324~327
포락 11
포테이노스 70, 71
포파에아 91
푸슈킨 250~253
프란체스카 308, 311
프랑수아 2세 184, 189, 190
〈프랑스 사〉 187
프레데군트 93~99
프로이트 302
프리드리히 칼 안드레아스 299, 300, 303
프리드리히 피네레스 300, 302
프톨레마이오스 12세 69
프톨레마이오스 13세 69~72
프톨레마이오스 14세 70, 72, 73

하간 101
하간의 여인 101~107
하동 유씨 40~42
하어숙 18, 19
하이든 225~229
하희 15~21
한신 62
한희석 306
합로 31
해제 25
헌공 23~29
헤이제이 천황 126~130
헨드리크 길로트 297, 298
헬레네 260
현종 117~124
형처 77, 82
화양부인 54
황보탄 131
황준량 176
황진이 175~180
효정황후(동태후) 274
〈후궁으로부터의 도주〉 233
후아나 이바르구렌 315
후안 두아르테 315
후안 페론 317~320
흡정도기 16
힐페리히 1세 93~98

〈한 권으로 보는 역사 100장면〉 시리즈

한 권으로 보는 세계사 101장면
김희보 지음 | 신국판 | 값 8,000원
인류의 출현에서 소련의 붕괴까지 세계의 역사 가운데 전기를 이루었다고 생각되는 101대 사건을 간명하게 정리, 세계사의 흐름을 파악할 수 있게 했다.

한 권으로 보는 한국사 101장면
정성희 지음 | 신국판 | 값 10,000원
한반도의 구석기문화 출현에서 문민정부의 등장까지 우리 역사에서 전기를 이루었다고 생각되는 101대 사건을 엄선, 정리했다.

한 권으로 보는 중국사 100장면
안정애 · 양정현 지음 | 신국판 | 값 10,000원
북경원인이 출현에서부터 최근의 한 · 중 수교에 이르기까지 장구한 중국의 역사에서 100대 사건을 엄선, 다기한 중국사의 흐름을 간명하게 제시했다.

한 권으로 보는 러시아사 100장면
이무열 지음 | 신국판 | 값 12,000원
러시아 대륙에 최초로 나타난 나라 키예프 러시아에서 '인류의 위대한 실패'로 기록된 소련의 붕괴까지, 격동의 러시아사에서 100대 사건을 간명하게 정리했다.

한 권으로 보는 미국사 100장면
유종선 지음 | 신국판 | 값 10,000원
신대륙 발견에서 LA 흑인폭동에 이르기까지, 건국 200년 아메리카 합중국의 역사에서 일대 전기를 이루었다고 생각되는 100대 사건을 엄선, 간명하게 정리했다.

한 권으로 보는 해방후 정치사 100장면
(증보판)
김삼웅 지음 | 신국판 | 값 9,000원
해방에서부터 김대중 집권까지 반세기 동안 격동했던 한국 현대정치사 중에서 역사의 전기를 이루었다고 생각되는 102대 정치사건을 엄선, 정리했다.

한 권으로 보는 서양철학사 100장면
김형석 지음 | 신국판 | 값 10,000원
철학의 탄생에서 20세기 현대사상에 이르기까지 3,000년 서양철학사를 에세이풍으로 시원스레 풀어나간 노교수의 명강의.

한 권으로 보는 불교사 100장면
임혜봉 지음 | 신국판 | 값 10,000원
석가의 탄생에서부터 성철 큰스님의 입적까지 우리 불교를 중심으로 100대 사건을 엄선, 2500년 불교사의 가닥을 간명하게 정리했다.

한 권으로 보는 북한현대사 101장면(증보판)
고태우 지음 | 신국판 | 값 9,000원
김일성의 입북에서 사망, 김정일의 후계계승, 최근의 남북정상회담까지 북한의 역사에서 101대 사건을 엄선, 북한사의 흐름을 쉽게 짚을 수 있도록 엮었다.

한 권으로 보는 세계 탐험사 100장면
이병철 편저 | 신국판 | 값 12,000원
중세의 바다를 주름잡았던 바이킹에서부터 에베레스트를 무산소로 등정한 라인홀트 메스너까지, 이제까지 있었던 인류의 탐험사를 100장면으로 정리.

한 권으로 보는 20세기 대사건 100장면
(증보판)
양동주 지음 | 신국판 | 값 9,500원
격동의 20세기, 어떤 대사건들이 일어났나? 20세기 100년 동안 세계사의 흐름을 뒤바꾼 대사건 100개를 엄선한, 살아 있는 세계현대사.

한 권으로 보는 20세기 결전 30장면
정토웅 지음 | 신국판 | 값 12,000원
20세기 100년간 일어난 수많은 전쟁 중 주요 전투, 곧 '결전' 30개를 뽑아 그 전개경과와 전술, 승패요인, 전사적인 의미 등을 쉽게 풀어쓴 20세기 전쟁사의 결정판.

한 권으로 보는 전쟁사 101장면
정토웅 지음 | 신국판 | 값 9,000원
트로이 전쟁에서 대 이라크 전쟁인 걸프 전쟁까지, 인류 역사의 물줄기를 바꾸어온 중요 전쟁 101개를 엄선한 전쟁사 입문서.

한 권으로 보는 일본사 101장면
강창일 · 하종문 지음 | 신국판 | 값 10,000원
선사문화에서 의회 부전결의까지, 일본역사의 전기를 이룬 101장면을 추려 시대순으로 정리하여 일본사의 흐름을 한눈에 파악할 수 있게 한 '새로운 일본사 읽기'.

한 권으로 보는 한국 최초 101장면
김은신 지음 | 신국판 | 값 9,000원
'파마 값이 쌀 두 섬이었던 최초의 미장원'에서부터, 남자가 애 받는 '해괴망측한 산부인과 병원'까지 우리 근대문화의 뿌리를 들춰 보는 재미있는 문화기행.

한 권으로 보는 한국미술사 101장면
임두빈 지음 | 변형 4*6배판 | 올 컬러 | 값 20,000원
선사시대 원시인들의 암각화에서 현대미술에 이르기까지 101개의 주요 작품을 위주로 일목요연하게 해설, 부담없이 읽어나가는 동안 한국미술 5000년의 역사를 파악할 수 있도록 한 역작.
〈98 한국간행물윤리위원회 제32차 청소년 권장도서〉 선정.

한 권으로 보는 중국미술사 101장면
장훈 지음 | 노승현 옮김 | 변형 4*6배판 | 올 컬러 | 값 20,000원
동양미술의 첫 샘, 중국미술을 이해하지 않고서는 우리 미술을 이해할 수 없다. 반파 채도에서 제백석까지, 7000년 중국미술사로의 재미있는 여행.
〈99 이달의 청소년도서〉 선정.

한 권으로 보는 스페인 역사 100장면
이강혁 지음 | 신국판 | 값 12,000원
알타미라 동굴 벽화에서 유로화까지, 한때는 세계 제패를 꿈꾸던 강대국에서 내전의 소용돌이와 민주화를 위한 소용돌이를 거쳐 다시 부활을 꿈꾸기까지 스페인의 길고 웅대했던 역사가 펼쳐진다.

서양음악사 100장면
박을미·김용환 지음 | 변형 4*6배판 | 올 컬러
값 1권 18,000원, 2권 22,000원
모차르트, 베토벤 등 고전시대 이후를 다룬 책은 많아도 바흐 이전의 고음악을 쉽게 알려주는 책은 거의 없던 터라 반갑다. 고음악 애호가들에게는 좀더 지적인 감상을 위한 나침반이고, 고음악을 잘 모르던 사람에게는 호기심을 일으키는 자극제다. —〈한국일보〉

이 책은 오랜 세월의 소리가 묻어 있는 문화예술의 결정체 음악의 자취를 더듬는다. 또한 르네상스 시대 레오나르도 다빈치가 건축과 회화 외에 음향악에도 조예가 깊었다는 새로운 사실을 발견하는 즐거움도 준다. —〈세계일보〉

조선사회사 총서

조선의 왕
신명호 지음 | 신국판 | 값 9,000원
'조선의 왕'을 전공한 젊은 사학자 신명호씨가 왕과 왕실문화의 비밀을 꼼꼼히 파헤친 책. 출생부터 임종까지 왕의 일생을 비롯한 왕의 모든 것이 담겨 있다.

조선의 성풍속
정성희 지음 | 신국판 | 값 9,000원
"유교적 성 모럴이 지배하던 시대, 조선시대 사람들은 어떻게 살았을까?" — 조선시대의 성풍속도를 조감하면서 성 모럴이 권력과 사회구조와 얽히게 되는 복합적인 상관관계에 접근한 책.

조선시대 조선사람들
이영화 지음 | 신국판 | 값 9,000원
조선의 신분제도는 상류층에는 피나는 생존경쟁의 장이였고, 하층민에게는 가혹한 인간의 굴레였다. 신분별로 살펴본 조선시대의 사람살이.
〈99 이달의 청소년도서〉 선정.

사관 위에는 하늘이 있소이다
박홍갑 지음 | 신국판 | 값 9,000원
세계 역사상 유례가 없는 500년 〈조선왕조실록〉을 탄생시킨 조선의 사관들, 후세에 바른 역사를 전하기 위해 붓 한 자루에 목숨을 걸었던 조선의 사관, 그들은 누구인가?
〈2000 한국출판인회의 이달의 책〉 선정.

민란의 시대
고성훈 외 지음 | 신국판 | 값 9,000원
500년 조선왕조가 체제모순과 관료들의 극에 달한 부정부패로 말기 현상을 보이고 있을 때, 더 이상 물러설 곳 없이 벼랑 끝까지 몰린 조선민중들이 보여준 피맺힌 생존투쟁의 기록!

지워진 이름 정여립
신정일 지음 | 신국판 | 값 9,000원
조선조 4대 사옥의 희생자들의 합보다 더 많은 1,000여 호남인맥의 희생을 가져온 '조선조의 광주사태' — 정여립 사건. 조선조 최대의 옥사, 기축옥사의 전모를 최초로 파헤치고 재조명한 역저.

조선역사 바로잡기
이상길 지음 | 신국판 | 값 9,000원
조선시대 역사·인물·땅에 대한 잘못된 상식 바로잡기. 너무도 상식적인 역사 이야기가 철저한 고증을 통해 새롭게 재조명된다.
〈2000 한국간행물윤리위원회 청소년 권장도서〉 선정.

시장을 열지 못하게 하라
김대길 지음 | 신국판 | 값 9,000원
민초들의 삶의 터전이었던 장시의 이해는 조선시대의 전반적인 시대상을 이해하는 또 다른 방법이 될 수 있다. 조선시대 시장의 형성과 상인, 상업의 발달, 장터 문화에 대해 깊이 있고 재미있게 풀어놓았다.

'언론'이 조선왕조 500년을 이끌었다
김경수 지음 | 신국판 | 값 9,000원
사헌부·사간원·홍문관, 그리고 역사를 기록했던 사관들이 백성과 나라를 위해 보여주었던 빛나는 언론정신이 어떻게 시대의 흐름을 선도하고 바로잡아 나갔는가? 오늘의 관점에서 조명해보는 조선시대의 언론·출판 이야기.
〈한국간행물윤리위원회 이달의 읽을 만한 책〉 선정.

임진왜란은 우리가 이긴 전쟁이었다
양재숙 지음 | 신국판 | 값 9,000원
전쟁이 아닌 난동으로 인식되고 있는 임진왜란에 대해 저자는 이기고도 이긴 줄을 몰랐던, 단지 참담한 민족의 수난사로만 인식되어온 기존의 시각을 바로 새롭게 잡았다.

양반나라 조선나라
박홍갑 지음 | 신국판 | 값 9,000원
오늘날까지 그 맥이 이어지고 있는 조선시대의 양반문화·관료문화의 명암을 한자리에 묶은 책. 조선시대 양반사회에서의 여러 모습들 중에서 우리의 상식을 뛰어넘는 10개의 테마를 잡아 깊이 있게 재조명했다.

너희가 포도청을 어찌 아느냐
허남오 지음 | 신국판 | 값 9,000원
'세계에서 가장 오랜 역사를 지닌 경찰기관'으로서의 포도청과 포졸, 해괴한 범죄와 그 처벌 등을 통해 조선시대의 사회상과 경찰상을 생생하게 들여다본다.

강정일당
이영춘 지음 | 신국판 | 값 9,000원
가난 속에서도 참답고, 선하고, 품위 있게 살았던 한 조선 여성의 자아실현 — 각고의 수양과 심오한 학문 그리고 도덕적 실천을 훌륭한 문장으로 남겼다.
〈2002 한국출판인회의 이달의 책〉 선정!

사치하는 자는 장 100대에 처하라
KBS 〈TV조선왕조실록〉 제작팀 지음 | 신국판 | 값 9,000원
500년 조선왕조의 역사를 오늘의 시각에서 살펴볼 수 있도록 한 KBS-1TV의 야심적인 역사 다큐멘터리 'TV조선왕조실록'을 책으로 재구성했다.

전하! 뜻을 거두어주소서
KBS 〈TV조선왕조실록〉 제작팀 지음 | 신국판 | 값 9,000원
KBS-1TV의 야심적인 역사 다큐멘터리 〈TV조선왕조실록〉을 책으로 재구성했다. 직접 인터뷰, 리포트, 증언, 500년 조선시대를 실감 넘치게 재구성한 흥미진진한 이야기 조선시대사.

청계천은 살아 있다
이경재 지음 | 신국판 | 값 9,000원
청계천을 둘러싼 재미있는 일화와 함께 조선시대 서민들의 땀과 애환이 얽힌 그 주변 이야기들이 옛날이야기처럼 구수하게 펼쳐진다.

조선의 공신들
신명호 지음 | 신국판 | 값 12,000원
조선왕조 500년, 태조 때의 개국공신부터 영조 때의 분무공신에 이르기까지 총 28회의 공신 책봉으로 태어난 1,000여 명의 공신을 통해 본 격동의 조선사 읽기.

조선의 암행어사
임병준 지음 | 신국판 | 값 9,000원
암행어사란 무엇이며, 그들은 누가 임명하고 어떤 행동을 했는가? 세계의 역사에서 그 유례를 찾아보기 어려운 탁월한 공직자 부패방지제도인 암행어사의 모든 것을 살펴본다.

한양 이야기
이경재 지음 | 신국판 | 값 12,000원

조선왕조 500년의 도읍 한양의 역사와 그 땅에 얽힌 재미있는 이야기들. 거래와 영욕을 함께한 한양의 역사와 곳곳에 얽힌 일화들은 시대를 뛰어넘어 지금 우리에게 생생한 '서울의 숨결'을 전해준다.

조선의 청백리
이종춘 외 지음 | 신국판 | 값 10,000원

예의염치와 청렴을 몸소 실천한 조선의 대표적인 청백리 34인과 그들을 태동시킨 조선의 청백리 제도 및 정신, 그리고 그들의 청백한 삶에 대한 이야기.

조선의 왕릉
이호일 지음 | 신국판 변형 | 올 컬러 | 값 20,000원

태조 이성계의 건원릉에서 고종과 순종의 능인 홍·유릉에 이르기까지, 조선 500년 역사와 영욕을 함께한 42릉 2묘의 왕릉 기행. 1994년 출간한 《왕릉》을 전면 개정, 보완했다.

조선의 무기와 갑옷
민승기 지음 | 신국판 | 값 15,000원

환도 한 자루에서 대형 전함까지 조선시대에 사용된 무기와 갑옷의 역사와 용도, 특징 등을 폭넓게 정리한 책으로 고전문헌을 중심으로 서술하고 있으며, 300여 장의 도판을 수록하여 이해를 돕고 있다.

분야별 작은사전 시리즈

한국 고중세사 사전
한국사사전편찬회 편 | 신국판 | 20,000원

우리 역사의 태동기인 구석기시대부터 근대에 이르는 1800년대 중반까지, 생활과 학습, 자료조사에 있어서 꼭 필요하다고 인정되는 1,400여 항목을 가려뽑아 간명하고 적절한 해석을 가한 역작.

한국 근현대사 사전
한국사사전편찬회 편 | 이이화 감수 | 신국판 | 20,000원

진주민란에서 한·소 국교 수립까지 격동의 한국 근현대사 130년 중 학습과 사회생활에 꼭 필요한 기본적인 사항을 1,200여 항목을 가려뽑아 시대순으로 배열한 최초의 사전. 사건·인물·제도·문물 등을 고리처럼 엮어 역사의 흐름과 관련성을 파악할 수 있게 했다.

한국 현대문학 작은사전
편집부 엮음 | 신국판 | 양장 | 26,000원

한국 현대문학 탄생 100년을 맞아 신문학의 태동부터 최근의 신세대 작가군까지, 주요 작가·작품·문학용어 등을 엄선해 1,600여 항목으로 간명히 요약정리한 우리 현대문학사전의 결정판!

세계문학사 작은사전
김희보 편저 | 신국판 | 양장 | 35,000원

세계문학의 흐름을 개괄적으로 서술하되 이론적인 측면보다는 더 많은 작품을 소개하고 감상하는 데 중점을 두었다. 방대한 분량 속에는 작가와 작품, 주요 항목 및 사진을 통해 문학사는 물론 구체적인 작품감상도 용이하도록 했다.

세계사 작은사전
이무열 엮음 | 신국판 | 양장 | 35,000원

인류 문명의 발생부터 사회주의권 붕괴까지, 세계사의 영역에서 중심이 되는 사건, 인물, 지명, 용어 등 5,800여 항목을 간추려 시대순으로 배열하여 쉽게 찾아볼 수 있도록 했다.